W0256557

Kundennutzen durch digitale Transformation

Elke Brucker-Kley
Denisa Kykalová
Thomas Keller
(Hrsg.)

Kundennutzen durch digitale Transformation

Business-Process-Management-Studie –
Status quo und Erfolgsmuster

Herausgeber

Elke Brucker-Kley
Institut für Wirtschaftsinformatik
ZHAW School of Management and Law
Winterthur, Schweiz

Thomas Keller
Institut für Wirtschaftsinformatik
ZHAW School of Management and Law
Winterthur, Schweiz

Denisa Kykalová
Sanacare AG
Winterthur, Schweiz

ISBN 978-3-662-55706-8   ISBN 978-3-662-55707-5 (eBook)
https://doi.org/10.1007/978-3-662-55707-5

Die Deutsche Nationalbibliothek verzeichnet diese Publikation in der Deutschen Nationalbibliografie; detaillierte bibliografische Daten sind im Internet über http://dnb.d-nb.de abrufbar.

Springer Gabler

Danksagung

Das Studienteam der ZHAW School of Management and Law dankt allen an den Fallstudien beteiligten Unternehmensvertretern, die ihre wertvolle Zeit für die Erarbeitung, Diskussion und Auswertung bereitgestellt haben. Auf der Grundlage ihrer Erfahrungen ist es gelungen, Herausforderungen, Lösungswege und Erfolgsmuster im Kontext der digitalen Transformation für ein breites Spektrum an Branchen und Anwendungsfällen zusammenzutragen und zu teilen.

Die Business-Process-Management-Studie und das BPM-Symposium an der ZHAW School of Management and Law sind Gefässe der angewandten Forschung und Entwicklung, die ohne die Beiträge von Wirtschaftspartnern nicht möglich sind. Das Studienteam der ZHAW School of Management and Law dankt den Unternehmen Appway, AMAG Leasing, Swisscom und Vontobel nicht nur für die finanzielle Unterstützung, sondern insbesondere für die Sicherstellung der Praxisrelevanz der Studie.

Herausgeber und Autoren

Die Praxisvertreter und Co-Autoren der Fallstudien

Patrick Frauchiger, Leiter Marketing und Verkauf, AMAG Leasing AG, Baden-Dättwil

Esad Ceranic, Projektverantwortlicher & Business Analyst, AMAG Leasing AG, Baden-Dättwil

Markus Schneider, Leiter Operation Services, Vontobel, Zürich

Philipp Klauser, Applikationsverantwortlicher Jira, Vontobel, Zürich

Andreas Hilber, Head of Process Architecture Network & IT Operations, Swisscom AG, Zürich

Marco Peyer, Head BPM & Service Operations, Swiss Re, P&C Reinsurance, Adliswil

Lukas Steudler, Leiter Geschäftsstelle egovpartner.zh.ch, Staatskanzlei des Kantons Zürich, Zürich

Die Herausgeber und das Autorenteam der Zürcher Hochschule für Angewandte Wissenschaften School of Management and Law, Winterthur

Elke Brucker-Kley ist Leiterin des BPM Research Lab am Institut für Wirtschaftsinformatik der ZHAW School of Management and Law. Sie betreut studentische Arbeiten in Kooperation mit Wirtschaftspartnern und leitet Forschungs- und Beratungsprojekte in den Themenbereichen Solution Design, Prozessmanagement und Enterprise Architecture. Ihr Forschungsschwerpunkt liegt auf der Nutzung interdisziplinärer Ansätze zur Gestaltung wirksamer soziotechnischer Systeme.

Denisa Kykalová ist Fachspezialistin für medizinische Programme bei der Sanacare AG in Winterthur. Sie war zum Zeitpunkt der Studie wissenschaftliche Mitarbeiterin und Projektleiterin am Institut für Wirtschaftsinformatik der ZHAW School of Management and Law und leitete dort Forschungs- und Beratungsprojekte in den Themenbereichen Informations- und Prozessmanagement in verschiedensten Branchen mit einem Fokus auf dem Energiesektor.

Thomas Keller ist Professor am Institut für Wirtschaftsinformatik der ZHAW School of Management and Law. Er doziert zu den Themen Prozessautomatisierung und Enterprise Architecture im Bachelor- und Masterstudiengang Wirtschaftsinformatik und in der Weiterbildung. Zu seinen Forschungsschwerpunkten zählen Prozessautomatisierung, Prozessintegration und Enterprise Engineering.

David Grünert ist wissenschaftlicher Mitarbeiter am Institut für Wirtschaftsinformatik der ZHAW School of Management and Law. Er unterrichtet Software Engineering im Studiengang Wirtschaftsinformatik und forscht zu neuen Modellierungsansätzen für Geschäftsprozesse sowie dem Einsatz von Gesten- und Sprachsteuerung zur Bearbeitung von Modellen.

Simon Näpflin ist wissenschaftlicher Assistent am Institut für Wirtschaftsinformatik der ZHAW School of Management and Law.

Sandro Graf ist Dozent am Institut für Marketing Management der ZHAW School of Management and Law und leitet die Fachstelle Service Lab. Er unterrichtet Konsumentenverhalten, Service Design und Customer Experience Management. Sein Team beschäftigt sich vorwiegend mit der Wahrnehmung von Konsumenten und unterstützt Unternehmen bei der Verbesserung der vermittelten Kundenerlebnisse.

Amélie-Charlotte Körner ist wissenschaftliche Mitarbeiterin am Institut für Marketing Management der ZHAW School of Management and Law. Neben ihrer Lehrtätigkeit leitet und unterstützt sie mit ihrem Hintergrund als Psychologin und qualitative Marktforscherin vor allem qualitative Forschungsprojekte.

Inhaltsverzeichnis

IV   Fazit und Ausblick

V Anhang

Abbildungsverzeichnis

Tabellenverzeichnis

Studienrahmen

Prozessmanagement als Gestaltungshebel der digitalen Transformation?

Elke Brucker-Kley, Thomas Keller und Denisa Kykalová

© Der/die Autor(en) 2018
E. Brucker-Kley et al. (Hrsg.), *Kundennutzen durch digitale Transformation*,
https://doi.org/10.1007/978-3-662-55707-5_1

Bietet das Hype-Thema «digitale Transformation» die Chance, Prozessmanagement in ein ganz neues Licht zu rücken? Ist Prozessmanagement vielleicht sogar eine wesentliche Voraussetzung, um den digitalen Wandel zielgenauer zu gestalten? Oder wird Prozessmanagement im Zeitalter der selbstorganisierenden Teams und Customer Journeys letztlich überflüssig? Nicht nur Branchen, sondern auch Managementdisziplinen sind herausgefordert, sich mit der Relevanz der digitalen Transformation zu beschäftigen, sich neu zu ordnen, sich besser zu verzahnen und sich letztlich zu wandeln. Ziel der Business-Process-Management-Studie 2016, mit der das Institut für Wirtschaftsinformatik der Zürcher Hochschule für Angewandte Wissenschaften, School of Management and Law seit 2011 regelmässig Status quo und Best Practices im deutschsprachigen Raum erhebt, war es, die Rolle des Prozessmanagements als Gestaltungshebel der digitalen Transformation zu beleuchten.

1.1   Forschungsgegenstand und Begriffsbestimmung

» Nach und nach wird jede Branche und jeder Lebensbereich von der Digitalisierung erfasst werden – von Produktion bis Dienstleistung, von Bildung bis Gesundheit. Der technische Fortschritt verheisst ein besseres, angenehmeres und längeres Leben und bedroht zugleich praktisch jedes etablierte Geschäftsmodell (GDI: Die Zukunft der vernetzten Gesellschaft (Frick und Höchli 2014)).

Die Business-Process-Management (BPM)-Studie 2016 widmet sich einem Thema, das für viele bereits zum Reizwort geworden ist. Das Schlagwort «digitale Transformation» dominiert nicht nur die Veranstaltungskalender, sondern in zunehmendem Masse die strategischen Diskussionen in Unternehmen aller Grössen und Branchen. Im Rampenlicht stehen mobile Apps oder vielversprechende digitale Helfer und technologische Gadgets, wie Serviceroboter oder Augmented-Reality-Brillen, die Kunden und Mitarbeitenden neue Dimensionen der Interaktion eröffnen sollen. Die Faszination ist gross, doch für Unternehmen ist häufig unklar, welche Relevanz diese Innovationen für ihr Geschäftsmodell haben und wie sie sie in die bestehenden Prozess- und Systemlandschaften integrieren können. Auch die allgegenwärtigen Warnungen, dass ein Moment der Unachtsamkeit genüge, um von einem innovativen Startup aus dem Markt gedrängt zu werden, tragen nicht gerade dazu bei, sich freudig dem Thema «Digitalisierung» zuzuwenden.

- Digitale Transformation – Für wen?

Dabei ist häufig unklar, was sich konkret hinter dem Begriff «digitale Transformation» verbirgt. Dass sich Unternehmen verändern und kundenzentriert sein sollen, ist nichts Neues. Auch Digitalisierung ist mehr als vier Jahrzehnte nach Erfindung des Mikroprozessors und mehr als zwei Jahrzehnte nach der Geburt des World Wide Webs keine neues Phänomen. Neu zu sein scheint die Geschwindigkeit, die diese Transformation aufgenommen hat und die Reichweite, mit der sie in alle Lebensbereiche eindringt und die Grenzen zwischen Mensch, Maschine und Unternehmen zunehmend aufweicht. Diese Tendenz wird nicht erst seit kurzem beobachtet. Die Suche nach einer Definition der digitalen Transformation zeigt, dass der Begriff bereits zur Jahrtausendwende in einem sehr ähnlichen Licht diskutiert wurde. So definieren (Stolterman und Fors 2004) in ihrem Research Position Paper «Technology and the Good Life» digitale Transformation als die Summe aller Veränderungen, die digitale Technologien in allen Aspekten des menschlichen Lebens verursachen (◨ Abb. 1.1). Sie leiten daraus die Forderung an die Informatikforschung ab, das eindimensionale Verständnis von Informationstechnologie um die Perspektive des menschlichen Erlebens zu erweitern. Technologien werden unter diesem Blickwinkel nicht nach rein funktionalen Kriterien für Nutzer in bestimmten Rollen (z. B. Kunde, Entscheider) entworfen, sondern für Menschen, die ein Leben führen und Bedürfnisse haben, die sich nicht ausschliesslich auf eine Lebenswelt begrenzen lassen, sondern kontextübergreifend sind. Sie reihen sich damit in eine Strömung des Information Systems Engineering ein, die seit Ende der 1990er-Jahre mit Disziplinen wie «Human-Centered Computing», «User Experience» oder «Interactions Design» das Anwendererlebnis in den Mittelpunkt des Systementwurfs stellt. Im selben Zeitraum entsteht der Begriff der «Customer Experience», erstmals erwähnt von (Pine und Gilmore 1998) in einem Artikel im Harvard Business Review, die mit einer sehr ähnlichen Haltung das positive Kundenerlebnis als wesentliche Basis einer nachhaltigen und für alle Seiten wertstiftenden Kundenbeziehung einstufen. Die sich in der Folge entwickelnde Disziplin des «Customer Experience Management» ist jedoch grundsätzlich technologieunabhängig und bezieht sich auf jeden Berührungspunkt mit dem Kunden, egal ob physisch oder digital. Wesentlich dabei ist die Anerkennung des Kundennutzens als relativen Wert aus Kundensicht («perceived value»). Beim wahrgenommenen Kundennutzen werden Preis und Qualität zu subjektiven Grössen, die von jedem Kunden individuell für jede Situation und abhängig von Erfahrungen, Vergleichen und Werthaltungen definiert werden (McDougall und Levesque 2000).

» As goods and services become commoditized, the customer experiences that companies create will matter most … A Rolling Stones concert-goer, for example, will pay a premium for an official T-shirt emblazoned with the date and city of the concert. That's because the price points are a function less of the cost of goods than of the value the buyer attaches to remembering the experience (Pine und Gilmore 1998).

■ Digitale Transformation – Wozu und wie?

Doch welche Möglichkeiten haben Unternehmen, diese Kundenerlebnisse bewusst zu gestalten und ihre Produkte und Dienstleistungen auf Kundenbedürfnisse auszurichten, die sich kaum einschätzen lassen? Obwohl Pine und Gilmore (1998) die Wichtigkeit von Gerüchen und haptischen Erlebnissen betonen, sehen sie das Potenzial neuer Technologien. So beschreiben sie das Visionarium Reality Center des Grafikworkstation-Herstellers Silicon Graphics, das bereits 1996 dreidimensionale Produktvisualisierungen ermöglichte, mit denen Produktentwickler und Kunden verschiedene Produktvarianten mit allen Sinnen erproben konnten, um die vielversprechendsten frühzeitig zu erkennen. Seither ist viel geschehen. 3D-Virtual-Reality-Brillen für das ultimative Gaming- und Filmerlebnis sind heute für jedermann erschwinglich. Mobile Technologien, Social Media und Wearables gehören zum digitalen Alltag. Konsumenten verfügen über digitale Möglichkeiten und Kompetenzen, die Unternehmen zunehmend ausnutzen, um Interaktionen und Transaktionen unmittelbarer und schneller zu gestalten. Dieser Einsatz neuer Technologien steht folglich auch im Mittelpunkt vieler Definitionen und Analysen zum Thema «digitale Transformation». Auch die oft zitierte Definition der MIT Sloan Management Review, die im Rahmen einer Studie mit Cap Gemini entstand, stellt digitale Transformation mit der Anwendung neuer Technologien (Social Media, Mobile etc.) gleich (Fitzgerald et al. 2014, S. 2; ◨ Abb. 1.1). Der Blick auf den Anwendungszweck dieser Technologien ergibt jedoch ein deutlich differenzierteres Bild. Mit den drei Bereichen «Customer Experience», «Operational Improvements» und «Business Model Change» wird der Rahmen für die Gestaltung der digitalen Transformation gesteckt. Innerhalb der operationalen Verbesserungen finden sich «alte Bekannte» wie Prozessdigitalisierung, Worker Enablement und Performance Management, die nicht perfekt in das Bild der neuen Technologien pas-

Für wen?

«The digital transformation can be understood as the changes that the digital technology causes or influences in all aspects of human life. This research challenge has to be accepted on behalf of humans, not in their roles as users, customers, leaders, or any other role, but as humans living a life.»

(Stolterman & Fors, 2004)

Wozu?

«We define Digital Transformation as the use of new digital technologies (social media, mobile, analytics or embedded devices) to enable major business improvements (such as enhancing customer experience, streamlining operations or creating new business models).»

(MIT Sloan Management Review Report, 2014)

Wie? Womit?

«It's tempting to look for simple definitions, but to be meaningful and sustainable, we believe that digital should be seen less as a thing and more a way of doing things. To help make this definition more concrete, we've broken it down into three attributes: creating value at the new frontiers of the business world, creating value in the processes that execute a vision of customer experiences, and building foundational capabilities that support the entire structure.»

(McKinsey, 2015)

◘ Abb. 1.1 Definitionen für digitale Transformation

sen, aber dennoch von Unternehmen als wesentliches Element der digitalen Transformation betrachtet werden. Digitale Transformation scheint also nicht nur im Front-End, in der Interaktion mit Kunden stattzufinden, sondern beeinflusst auch die Gestaltung und Ausführung der operativen Prozesse. Ist dies der naheliegende Ansatzpunkt für das betriebliche Prozessmanagement? Oder greift diese Betrachtung, die das Prozessmanagement im Back-End-Silo der operativen Verbesserungen einordnet, zu kurz? Hat das Prozessmanagement auch Einfluss auf die Gestaltung der Kundenerlebnisse oder sogar das Potenzial, das Geschäftsmodell zu verändern und Produkt- und Serviceinnovationen zu schaffen? Könnte Prozessmanagement, sowohl im fachlich-strategischen als auch im technisch-operativen Sinn, eine der grundlegenden Fähigkeiten («foundational capabilities») sein, die gemäss (McKinsey und Co 2015) in Unternehmen vorhanden sein müssen, um ihr Geschäft wertstiftend digital transformieren zu können (◘ Abb. 1.1)?

An diesem Punkt setzt die BPM-Studie 2016 an und stellt sich folgende Frage: «Welche Rolle spielt Prozessmanagement als Gestaltungselement der digitalen Transformation?» Sie widmet sich den Themenschnittstellen der drei Wirkungsfelder «Kundenutzen – Digitalisierung – Prozessmanagement» und untersucht im Rahmen einer qualitativen und quantitativen Studie:

- ▪ Den Status quo in der Praxis: In welcher Ausprägung setzten Unternehmen im deutschsprachigen Raum Konzepte, Methoden und Technologien an diesen Schnittstellen ein?
- ▪ Erfolgsmuster in Unternehmen: Welche Erfahrungen, Lösungsansätze und Resultate weisen Unternehmen auf, die den Kundennutzen und die Möglichkeiten der Digitalisierung ins Zentrum ihrer BPM-Initiativen stellen?

1.2 Forschungsfragen und Studiendesign

«Welche Rolle spielt das Prozessmanagement als Gestaltungshebel der digitalen Transformation?» lautet die Forschungsfrage der BPM-Studie 2016. Mögliche Chancen und Potenziale der Digitalisierung für das Prozessmanagement wurden in Forschungsfragen und Hypothesen formuliert. Im Rahmen einer quantitativen Online-Befragung wurde der Status quo in Unternehmen erhoben. Gemeinsam mit Unternehmen wurden Fallstudien erarbeitet und Erfolgsmuster abgeleitet.

Die Ergebnisse der BPM-Studie 2015 haben gezeigt, dass Unternehmen Prozessmanagement zunehmend mit dem Ziel einer stärkeren Kundenorientierung einsetzen (Brucker-Kley et al. 2015). Rund die Hälfte der befragten Unternehmen gab die Erhöhung der Kundenzufriedenheit als Motivation für das betriebliche Prozessmanagement an. Effizienz war in der Studie 2015 mit 61 % die dominierende Zielsetzung für das Prozessmanagement, jedoch wurde Kundenzufriedenheit auf Platz zwei sogar häufiger genannt als das Ziel der Transparenz (38 %). Die Frage nach der Umsetzung ergab jedoch ein ernüchterndes Bild. Durchgängige und am Kundenbedarf ausgerichtete Prozesse standen nur für rund ein Viertel der befragten Unternehmen im Fokus. Fast 40 % setzten keine Methoden oder Technologien ein, um ihre Prozesse flexibel an den Kontext oder die Bedürfnisse ihrer Kunden anzupassen und wenn, dann nutzten sie vordefinierte Geschäftsregeln, um komplexe stark strukturierte Prozesse zu steuern. Innovation war nur für rund 16 % der befragten Unternehmen ein Thema für das Prozessmanagement. Lediglich 22 % der befragten Unternehmen erhoben systematisch Automatisierungspotenzial. Ausgehend von den Ergebnissen der Studie des Vorjahres stellt sich die Frage, ob das Prozessmanagement in Unternehmen strategisch und operativ für die Herausforderungen des digitalen Wandels gerüstet ist. Kann das Prozessmanagement über Effizienzsteigerung und Automatisierung standardisierter Back-End-Prozesse hinaus einen Beitrag zu veränderten Kundenerlebnissen und innovativeren Produkten und Dienstleistungen leisten?

- ▪ **Effizienz versus Kundenerlebnis?**
Auch die Ergebnisse anderer jüngerer Studien zur Ausprägung des Prozessmanagements deuten darauf hin, dass es noch Entwicklungspotenziale in den für die digitale Transformation essentiellen Bereichen Kundenorientierung und Digitalisierung gibt. So resümiert der 2016 aktualisierte Digital Maturity & Transformation Report (Universität St. Gallen und Crosswalk 2016), der auf einer Befragung von mehr als 500 Schweizer Unternehmen beruht, dass es insbesondere in den Bereichen Customer Experience und Prozessdigitalisierung niedrige Erfüllungsraten und einen hohen Aufholbedarf gäbe. Überprüft wurden beim Kriterium Prozessdigitalisierung unter anderen Geschäftsfähigkeiten wie Prozessautomatisierung, die Entscheidungsunterstützung durch Big-Data-Analysen und die Planung und die Durchführung von digitalen Marketingmassnahmen. Eine Studie von BPM&O und BearingPoint (2015) bei 270 Unternehmen im deutschsprachigen Raum kam zum Schluss, dass das Prozessmanagement

im Vergleich zu den Back-End-Operations und Supportprozessen (z. B. IT, Finanzen) in den Bereichen mit Kundenkontakt wie Marketing, Sales und Service vergleichsweise schwach ausgeprägt ist. Auch der Einfluss von Ergebnissen der Kundenzufriedenheitsmessungen auf die Prozessgestaltung ist laut dieser Studie noch begrenzt. Dass Unternehmen aber auch beim Thema Digitalisierung primär an stark strukturierte back-end-lastige Prozesse denken, erstaunt und bestätigt zugleich, dass Effizienzsteigerung auch im Zeitalter der digitalen Transformation eine Notwendigkeit bleibt. Diesen Schluss legt eine Studie von (Crisp Research 2015) mit über 500 Führungskräften in Deutschland nahe. Sie zeigt, dass 42 % der befragten Unternehmen den grössten Einfluss der digitalen Transformation in der Optimierung von Produktions- und Logistikprozessen sehen, wohingegen die Digitalisierung der Kundenbeziehung mit 31 % auf Platz zwei landet. Dieser Balanceakt zwischen Kundenperspektive und internem Fokus, zwischen technologischen Möglichkeiten und finanzieller Machbarkeit stellt Unternehmen unabhängig von Grösse und Branche vor grosse Herausforderungen.

- Prozessmanagement – Kundenutzen – Digitalisierung

Das spürt auch das traditionell auf Transparenz und Effizienzgewinne ausgerichtete Prozessmanagement, das sich vermehrt der Frage stellen muss, welche Rolle die durch den technologischen Wandel veränderte Kundenbeziehung beim Entwurf, bei der Operationalisierung und bei der Optimierung von Prozessen spielt. Wie lassen sich die neuen Möglichkeiten, die sich aus neuen Interaktionsformen mit Kunden und Mitarbeitenden ergeben, mit den vorhandenen oder zu schaffenden Fähigkeiten im Back-End in Einklang zu bringen? Wie lassen sich dabei sowohl durchgängige und effiziente Prozesse als auch überzeugende digitale und physische Kundenerlebnisse realisieren? Diese hohen Anforderungen an den Themenschnittstellen zwischen Prozessmanagement, Kundennutzen und Digitalisierung wurden im Rahmen der vorliegenden Studie als Forschungsfragen formuliert (◙ Abb. 1.2), mit den nachfolgenden Hypothesen hinterlegt und in den quantitativen und qualitativen Elementen der Studie adressiert.

1.2.1 Hypothesen und Forschungsfragen

- **Strategische Ausrichtung – Kundenzentrisches und technologienahes BPM**

Unternehmen nennen die verstärkte Kundenorientierung neben Effizienz und Transparenz als wichtige Motivation für das Prozessmanagement (Brucker-Kley et al. 2015). Dennoch spielt der Kundennutzen für Rechtfertigung und konkrete Ausgestaltung des Prozessmanagements eine untergeordnete Rolle. Prozessdesign, -automatisierung und -optimierung in Unternehmen sind primär auf Effizienz ausgerichtet. Auch die Business Cases für BPM-Investitionen (organisatorisch und technisch) basieren in der Regel auf Effizienzgewinnen. Kundenzufriedenheit bleibt ein strategisch formuliertes Ziel, das indirekt über Qualität, Geschwindigkeit und Preis unterstützt wird, das jedoch noch kaum mit unmittelbar wirksamen Massnahmen des operativen Prozessmanagements – wie etwa individualisierten Prozessen – adressiert wird.

- **Interne Sicht versus Kundenperspektive**

Digitale Transformation wird von Kunden und Mitarbeitenden getrieben, die die Potenziale moderner Technologien kennen und selbstverständlich erwarten, dass Unternehmen diese ausnutzen. Die Anforderungen an den Technologieeinsatz kommen somit vom Kunden und anwendenden Mitarbeitenden und können nicht isoliert formuliert werden. Diese konsequente und frühzeitige Einnahme der Kundenperspektive muss auch für die Gestaltung, Ausführung und Weiterentwicklung der Prozesse (Prozessziele, -struktur, IT-Unterstützung)

- Welchen Beitrag leistet das Prozessmanagement für die Maximierung des **Kundennutzens** durch:
    - die Veränderung des **Kundenerlebnisses**?
    - die Schaffung von **Operational & Service Excellence**?
    - die **Innovation** von Produkten und Dienstleistungen?

- Wird durch diesen Beitrag das **Geschäftsmodell** erneuert/erweitert?
    - Entstehen neue digitale oder digital erweiterte Produkte und Dienstleistungen?
    - Entstehen neue Partner-Plattformen/Netzwerke?
    - ➲ Werden **Ertragskraft** und Wettbewerbsposition gestärkt?

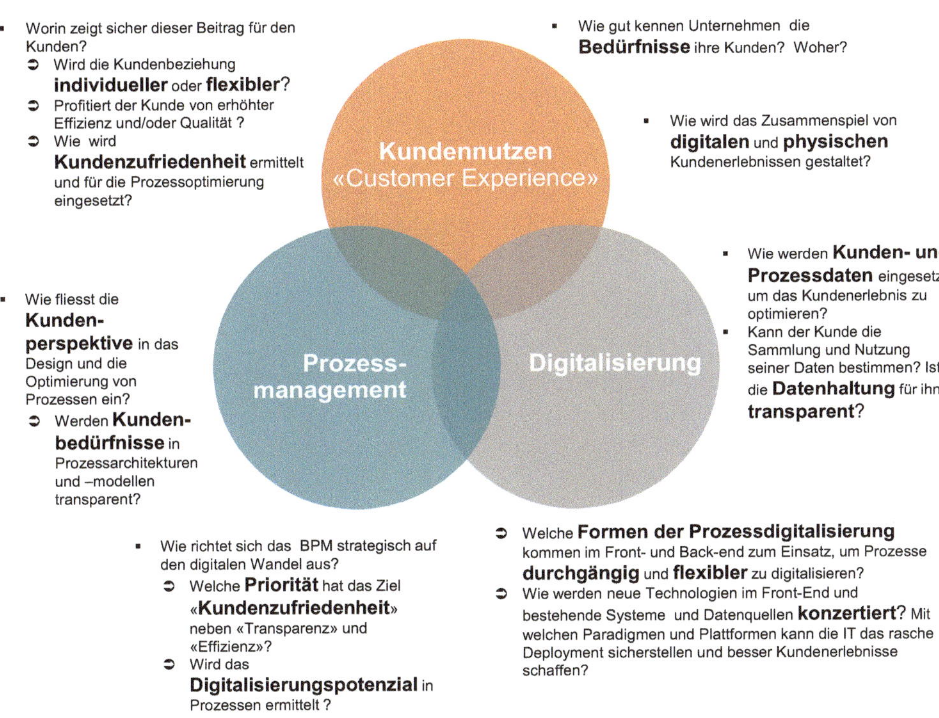

- Worin zeigt sicher dieser Beitrag für den Kunden?
    - ➲ Wird die Kundenbeziehung **individueller** oder **flexibler**?
    - ➲ Profitiert der Kunde von erhöhter Effizienz und/oder Qualität ?
    - ➲ Wie wird **Kundenzufriedenheit** ermittelt und für die Prozessoptimierung eingesetzt?

- Wie gut kennen Unternehmen die **Bedürfnisse** ihre Kunden? Woher?

- Wie wird das Zusammenspiel von **digitalen** und **physischen** Kundenerlebnissen gestaltet?

- Wie fliesst die **Kunden-perspektive** in das Design und die Optimierung von Prozessen ein?
    - ➲ Werden **Kunden-bedürfnisse** in Prozessarchitekturen und –modellen transparent?

- Wie werden **Kunden- und Prozessdaten** eingesetzt, um das Kundenerlebnis zu optimieren?
- Kann der Kunde die Sammlung und Nutzung seiner Daten bestimmen? Ist die **Datenhaltung** für ihn **transparent**?

- Wie richtet sich das BPM strategisch auf den digitalen Wandel aus?
    - ➲ Welche **Priorität** hat das Ziel «Kundenzufriedenheit» neben «Transparenz» und «Effizienz»?
    - ➲ Wird das **Digitalisierungspotenzial** in Prozessen ermittelt ?

- ➲ Welche **Formen der Prozessdigitalisierung** kommen im Front- und Back-end zum Einsatz, um Prozesse **durchgängig** und **flexibler** zu digitalisieren?
- ➲ Wie werden neue Technologien im Front-End und bestehende Systeme und Datenquellen **konzertiert**? Mit welchen Paradigmen und Plattformen kann die IT das rasche Deployment sicherstellen und besser Kundenerlebnisse schaffen?

◘ Abb. 1.2 Forschungsfragen

gelten. Die konsequente Ausrichtung auf den Kundenbedarf wird im Prozessmanagement heute vor allem unter dem Prinzip «End-to-End-Prozessmanagement» zusammengefasst. End-to-End-Prozessmanagement konzentriert sich jedoch auf das Kundenbedürfnis im Sinne eines Prozessinputs und dessen Erfüllung im Sinne eines Prozessoutputs, der häufig mit dem Prozessziel gleichgesetzt wird. Der durchgängige Prozess selbst wird aus der unternehmensinternen Perspektive gestaltet, ohne den Berührungspunkten zum Kunden besondere Beachtung zu schenken. Für die Kundenbeziehung oder das Kundenerlebnis kritische Aktivitäten oder Informationsflüsse sind in Prozessmodellen typischerweise nicht speziell gekennzeichnet. Customer Journeys hingegen, die die Befindlichkeiten des Kunden an allen Berührungspunkts mit dem Unternehmen abbilden (Gartner Research 2014), werden isoliert im Marketing eingesetzt und haben häufig keinen Bezug zu den Prozessmodellen.

- **Prozessdigitalisierung: die richtige Form und das richtige Mass**

Digitalisierung wird in vielen Unternehmen heute ausschliesslich im Front-End für die Optimierung des Kundenerlebnisses oder ausschliesslich im Back-End für Standardisierung und Effizienzsteigerung betrieben. Diese isolierten Aktivitäten sind nicht zielführend. Durchgängige und flexible Prozesse, die Effizienz und Kundenerlebnis gleichermassen optimieren, werden nur durch Integration von Front- und Back-End und gegebenenfalls externen Partnern und Informationssystemen möglich. Insbesondere kleinen und mittleren Unternehmen fehlt häufig die Infrastruktur, um diese Integration rasch und wiederverwendbar zu realisieren. Diese «harte Realität» der digitalen Transformation wird mit Blick auf prestigeträchtige Technologien an der Schnittstelle zum Kunden (z. B. mobile Apps), gerne ausgeblendet. Auch das breite Spektrum der Prozessdigitalisierung wird häufig nicht ausgenutzt. Prozessdigitalisierung umfasst mehr als nur die Automatisierung von Standardprozessen. Die IT-Unterstützung schwach strukturierter, wissensintensiver Prozesse, ein wesentlicher Aspekt des digitalen Arbeitsplatzes, ist in Unternehmen immer noch schwach ausgeprägt. Methoden, um zielgerichtet Prozesse zu digitalisieren, das heisst, die passende Digitalisierungsform und den optimalen Grad an Standardisierung beziehungsweise Flexibilisierung oder Befähigung zu finden, existieren kaum. Auch die Frage, ob Technologieeinsatz Kundennutzen immer erhöht oder unter Umständen auch minimiert oder gar zerstört, wird in Zeiten hektischer Digitalisierungsinitiativen nicht systematisch adressiert.

- **Digitalisierung = datenzentrisches Prozessmanagement**

Daten sind der Treibstoff der digitalen Transformation und spielen auch für die kundenorientierte Ausgestaltung, Flexibilisierung und Optimierung der Prozesse eine zentrale Rolle. Die Digitalisierung der Kundenbeziehung führt zwangsläufig zu einem massiven Wachstum der Kundendaten. Damit verbunden sind nicht nur neue Möglichkeiten, Kundenerlebnisse auch in der digitalen Welt individuell zu gestalten oder innovative Produkte und Dienstleistungen anzubieten, sondern die Verantwortung der Unternehmen, über das gesetzliche Mindestmass hinaus Transparenz über die Haltung und Verwendung dieser Daten herzustellen. Unternehmen sind sich dieser Verantwortung bewusst und auf der Suche nach geeigneten Mechanismen, diese Transparenz zu gewährleisten und so eine vertrauensvolle Kundenbeziehung nachhaltig sicherzustellen.

1.2.2 Vorgehen und Ergebnisse

Die Studie umfasst einen quantitativen und qualitativen Forschungsteil:

- Quantitativ – Status quo in der Praxis: Im Rahmen einer Online-Befragung wird die Ausprägung, mit der Unternehmen im deutschsprachigen Raum Konzepte, Methoden und Technologien an den Schnittstellen von Prozessmanagement, Kundenorientierung und Digitalisierung einsetzen, erhoben.
- Qualitativ – Erfolgsmuster in Unternehmen: Im Rahmen offener Interviews und eines ganztägigen Workshops werden Fallstudien mit Unternehmen erarbeitet, die ihre Erfahrungen, Lösungsansätze und Resultate aus kundenzentrischen Digitalisierungs- bzw. Prozessmanagement-Initiativen aufzeigen.

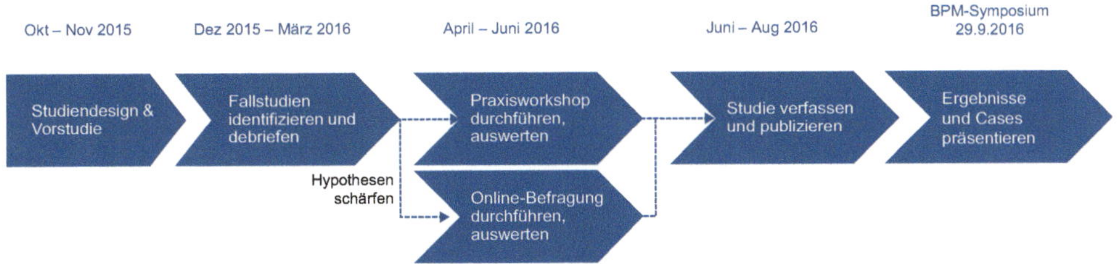

Abb. 1.3 Studiendesign und Ablauf

Tab. 1.1 Elemente und Ergebnisse der Studie

	Vorgehen	Ergebnisse (→ Kapitel)
Was ist digitale Transformation? Welche Handlungsfelder eröffnen sich für das Prozessmanagement?	**Vorstudie:** – Definitionen und Gestaltungsebenen der «digitalen Transformation» – Stand der Forschung «BPM & digitale Transformation»	Forschungsfragen und Hypothesen (► Abschn. 1.2) Rahmenwerk der Studie (► Abschn. 1.3)
In welcher Ausprägung setzen Unternehmen Konzepte, Methoden und Technologien an den Schnittstellen zwischen Prozessmanagement, Kundennutzen und Digitalisierung ein?	**Quantitativ:** – Online-Befragung von Unternehmen im deutschsprachigen Raum (April–Mai 2016)	Umfrage-Ergebnisse (► Kap. 2) Fazit: Status quo (► Abschn. 9.1)
Welche Erfahrungen, Lösungsansätze und Resultate weisen Unternehmen auf, die den Kundennutzen und die Möglichkeiten der Digitalisierung ins Zentrum ihrer BPM-Initiativen stellen?	**Qualitativ:** – Debriefings mit Fallstudienkandidaten – Ganztägiger Praxis-Workshop mit 5 Unternehmen	Fallstudien von Amag Leasing, Vontobel, Kanton Zürich, Swiss Re und Swisscom (► Kap. 4–8) Fazit: Erfolgsmuster (► Abschn. 9.2)
Welche Konsequenzen ergeben sich für das Prozessmanagement?		Fazit: Quo vadis BPM? (► Abschn. 9.3)

Abb. 1.3 skizziert das Vorgehen. **Tab. 1.1** fasst den Inhalt der vorbereitenden sowie quantitativen und qualitativen Forschungsteile und deren Ergebnisse zusammen.

1.3 Das Rahmenwerk der Studie

«Kundennutzen durch digitale Transformation?» lautet der Untertitel der Business-Process-Management-Studie 2016. Das Fragezeichen steht für eine Vielzahl offener Fragen und Zweifel, die sich bei der Realisierung dieses Heilsversprechens früher oder später einstellen. Die Vision des Endzustands kling verlockend: Kunden profitieren von innovativen Produkten und Dienstleistungen, die nicht nur effizienter erbracht werden, sondern eine neue Dimension von Kundenerlebnissen eröffnen. Unternehmen stehen allerdings vor der Aufgabe, die Voraussetzungen zu schaffen, das heisst nicht nur ihr traditionelles Geschäftsmodell, ihre Strategien und

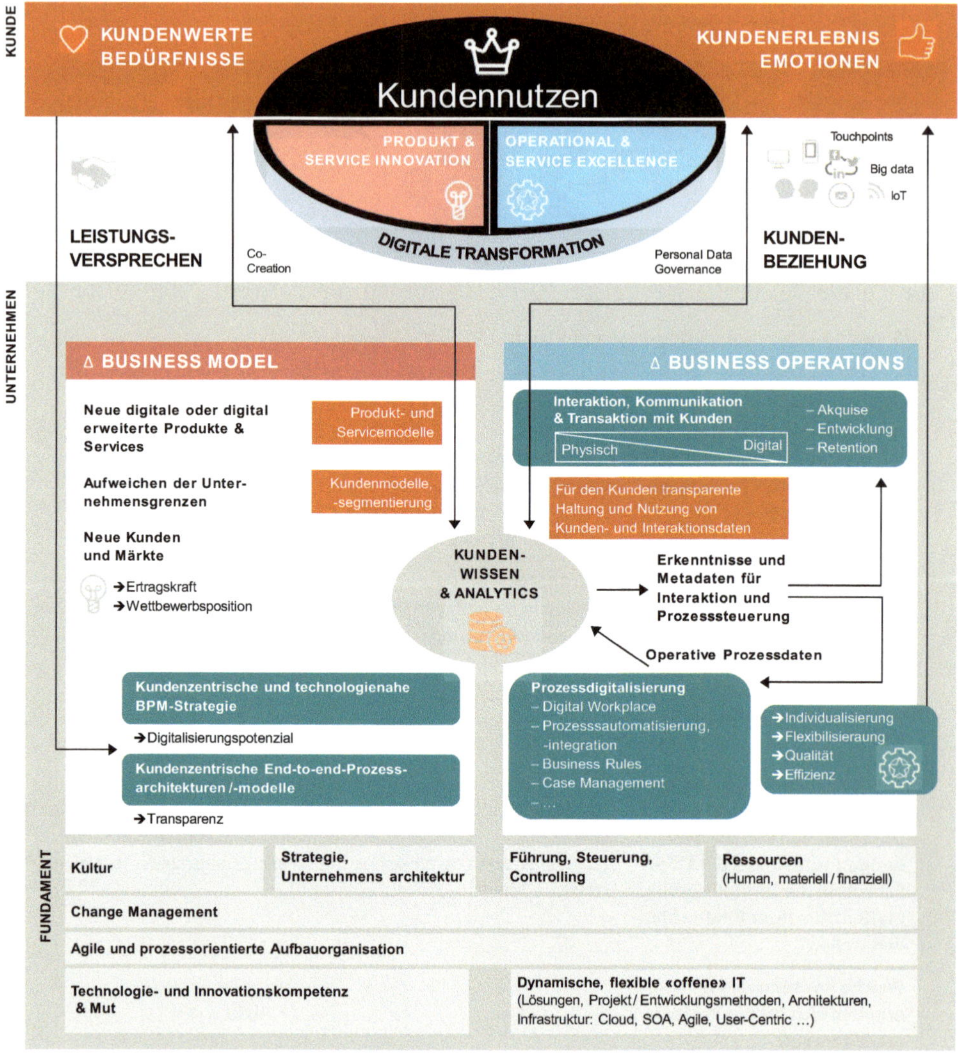

◘ Abb. 1.4   Rahmenwerk der BPM Studie: Kundennutzen durch digitale Transformation? Gestaltungsfelder und Potenziale für das Prozessmanagement

ihre Kultur zu hinterfragen, zu verändern oder zumindest anzupassen, sondern auch ihre betrieblichen Strukturen, Abläufe und Systeme so weit zu entwickeln, dass sie eine Öffnung in Richtung Kunde zulassen. Gestaltungsfelder sind also vorhanden. Doch wo und wie wirkt das Prozessmanagement?

Um mögliche Wirkungsbereiche des Prozessmanagements im Kontext der digitalen Transformation herauszuarbeiten, wurde im Rahmen der Vorstudie ein Rahmenwerk entworfen, das die Gestaltungsfelder der digitalen Transformation aufzeigt (◘ Abb. 1.4). Das Rahmenwerk diente zum einen als Arbeitsdefinition für den Begriff der digitalen Transformation und zum anderen als Projektionsfläche, um strategische, fachliche sowie technische Lösungselemente des Prozessmanagements in diesem Gestaltungsrahmen zu platzieren. Im qualitativen

Forschungsteil wurde das Rahmenwerk eingesetzt, um die Fallstudien der beteiligten Unternehmen einzuordnen, Erfolgsfaktoren zu identifizieren und Entwicklungspotenziale zu diskutieren.

Das Rahmenwerk basiert auf bestehenden Definitionen (▶ Abschn. 1.1) und betrachtet die digitale Transformation aus drei Perspektiven:

1. **Wozu und für wen wird digital transformiert?**
   - Kundennutzen
   - Produkt- und Service-Innovation
   - Operational und Service Excellence
2. **Was wird digital transformiert?**
   - Kundenerlebnis
   - Geschäftsmodell
   - Business Operations
3. **Wie beziehungsweise womit wird digital transformiert (Fokus: Prozessmanagement)?**
   - Strategisch, konzeptionell:
     - Kundenzentrische und technologienahe BPM-Strategien: Digitalisierungspotenzial (und Digitalisierungsgrenzen) identifizieren
     - Kundenzentrische End-to-End-Prozessarchitekturen und -modelle: Transparenz: Kundennutzen und für die Kundenbeziehung kritische Punkte sichtbar machen
   - Operativ, technisch:
     - Formen der Prozessdigitalisierung zweckmässig einsetzen für:
       - Optimierung von Effizienz und/oder Qualität
       - Flexibilisierung und Individualisierung von Kundeninteraktionen
       - Synchronisierung von physischen und digitalen Kundenerlebnissen
     - Kundenwissen & Customer Analytics:
       - Kundendaten und operativen Prozessdaten für die flexible Prozesssteuerung einsetzen (retrospektiv und in Echtzeit)
       - Transparenz der Datenhaltung für Kunden sicherstellen

1.3.1 Digitale Transformation – Wozu und für Wen?

Was möchten Unternehmen durch digitale Transformation erreichen und wer profitiert von diesen Errungenschaften (◘ Abb. 1.5)? Wie bereits in ▶ Abschn. 1.1 ausgeführt, steht der Kunde mit seinen Bedürfnissen, Emotionen und persönlichen Werthaltungen im Fokus der digitalen Transformation. Technologien einzusetzen, um positive Kundenerlebnisse zu schaffen, ist eine nachvollziehbare Motivation. Die Realisierung dieser Erlebnisse und der effektive Wirkungsnachweis fallen jedoch schwer. Kundenbedürfnisse sind häufig nicht ausgesprochen und werden von Unternehmen lediglich angenommen und in Anforderungen formuliert, sei es für die Entwicklung eines Produkts oder einer Dienstleistung oder für den Entwurf eines Prozesses oder einer Softwarelösung. Der **Kundennutzen** wird im Customer Experience Management als relativer Wert betrachtet («perceived value»), der je nach Situation und Erfahrungshintergrund von jedem Kunden individuell empfunden wird. Objektive, auch vom Prozessmanagement traditionell anvisierte Grössen wie Schnelligkeit, Qualität oder Preis werden so zu subjektiven Grössen, die den Kundennutzen zweifelsohne beeinflussen, jedoch nicht für jeden Kunden und in jedem Kontext gleichermassen relevant sind.

Dies hat auch Einfluss auf die kontinuierliche Entwicklung der **Operational und Service Excellence**. Die Optimierung von Prozessen im Back- und Front-End hinsichtlich Qualität

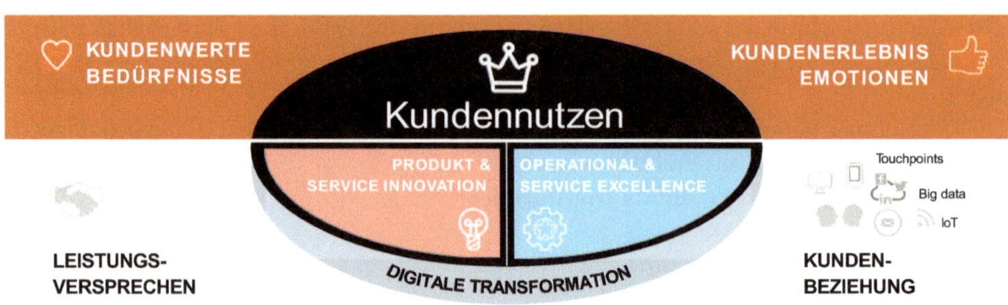

Abb. 1.5 Gestaltungsziele der digitale Transformation – Wozu und für Wen?

und Effizienz stellt eine weitere wesentliche Motivation für die digitale Transformation in Unternehmen dar. Vor allem an der Schnittstelle zum Kunden, aber auch zu Partnern und einer neuen Generation von Mitarbeitenden, ist jedoch nicht immer fassbar, welche Leistung unter welchen Bedingungen als exzellent betrachtet wird. Flexibilität und Reaktionsfähigkeit, in der Regel in Echtzeit, sind eine neue Dimension von Operational und Service Excellence, die hohe Anforderungen an Daten und Prozessintegration mit sich bringt.

Die **Innovation von Produkten und Services** ist Motivation und Treiber der digitalen Transformation zugleich. Technologische Neuerungen sind die wesentliche Kraft hinter vielen Produkt- und Service-Innovationen in den verschiedensten Branchen. Neue Wettbewerber nutzen diese Chance, um mit innovativen digitalen Dienstleistungen in den Markt zu drängen. Aber auch etablierte Anbieter erweitern ihr Produkt- und Dienstleistungsportfolio um digitale Innovationen. Grundvoraussetzung ist ein offenes Innovationsmanagement, das neue Konzepte wie Design Thinking in interdisziplinären, unternehmensweiten und -übergreifenden Teams und die Einbindung von Kunden in Produktentwicklungs- und Innovationsprozesse («Co-Creation») aufgreift.

1.3.2 Digitale Transformation – Was wird transformiert?

Reichweite und Wirkungsfelder der digitalen Transformation innerhalb des Unternehmens und für den Kunden können unterschiedlich ausgeprägt sein: von der Ergänzung oder Optimierung eines Online-Kanals, über die Ausstattung von Aussendienstmitarbeitern mit mobilen Applikationen oder der durchgängigen Automatisierung eines Prozesses bis hin zu einer Veränderung oder Erweiterung des Geschäftsmodells. Grosses Potenzial liegt vor allem in den Wirkungszusammenhängen zwischen den Transformationsbereichen Kundenerlebnis, Geschäftsmodell und Business Operations (**Abb. 1.6). Werden Produkte, Dienstleistungen oder Distributionskanäle digital erweitert, muss sich dies auch in den Prozessarchitekturen und -modellen niederschlagen, die wiederum einen Beitrag leisten, neue und veränderte Prozesse durchgängig und konsequent am Kundenbedarf ausgerichtet zu entwerfen. Voraussetzung ist eine enge Verzahnung der Prozessarchitektur und -modelle mit der Geschäfts- und Informationssystemarchitektur (z. B. durch die Hinterlegung von Geschäftsobjekten, Applikationen, Datenquellen), um Integrationsherausforderungen, Informationsbedürfnisse und Digitalisierungspotenziale oder -defizite offenbar werden zu lassen. Im Idealfall spielt ein derart kundenzentrisch und technologienah aufgestelltes Prozessmanagement eine aktive Rolle in der Identifikation von Business Cases für die die Prozessdigitalisierung im Front- und Back-End.

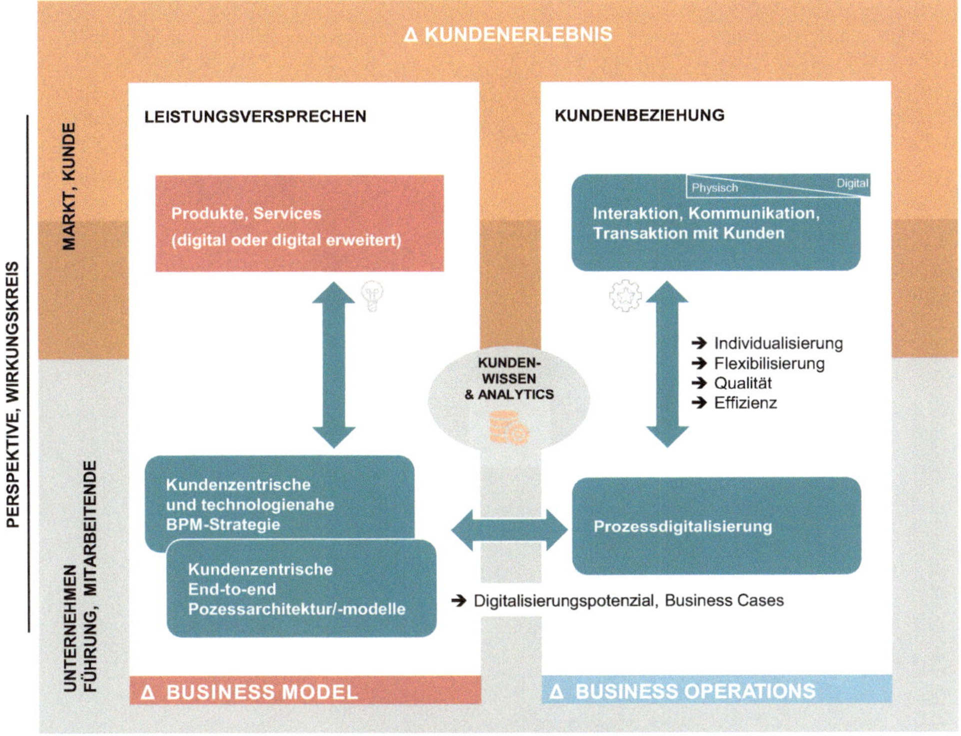

Abb. 1.6 Gestaltungsfelder der Digitalen Transformation – Was wird transformiert?

1.3.3 Digitale Transformation – Womit? (Fokus: Formen der Prozessdigitalisierung)

Digitalisierung wird häufig mit technologischen Gadgets, Sozialen Netzwerken und mobilen Applikationen assoziiert, die in erster Linie Kunden neue Interaktionsmöglichkeiten mit dem Unternehmen und dessen Produkten und Dienstleistungen eröffnen. Prozessdigitalisierung rückt erst beim Stichwort «Operational Excellence» ins Bild und wird typischerweise mit der Automatisierung stark strukturierter und standardisierter Prozesse gleichgesetzt. Doch diese enge Sicht deckt nur einen Teil des Spektrums ab. Die Schaffung herausragender Kundenerlebnisse im Front-End und durchgängiger Prozesse setzt eine sehr viel breitere Technologiebasis in Unternehmen voraus (Abb. 1.7), die teilweise bereits vorhanden, aber nicht immer integriert ist und nicht immer auf den neuesten Technologien oder Systemarchitekturen beruht. Im Rahmen der vorliegenden Studie werden unter dem Begriff Prozessdigitalisierung insbesondere auch der Technologieeinsatz für schwach strukturierte und wissensintensive Prozesse verstanden, die die Kollaboration und Entscheidungsunterstützung von Mitarbeitenden, gegebenenfalls mit Einbezug von Kunden oder Partnern, unterstützen.

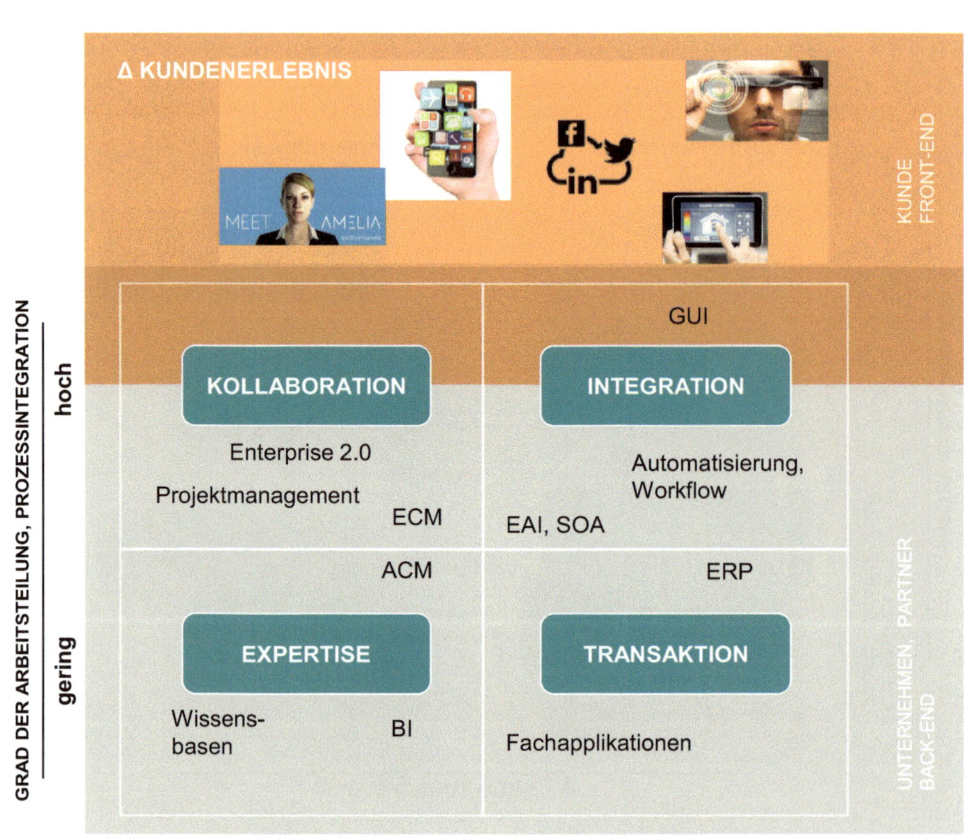

◘ Abb. 1.7 Digitale Transformation – Wie und Womit? (Formen der Prozessdigitalisierung)

Literatur

BPM&O, & BearingPoint (2015). *Business Process Management Studie 2015 – Messbare Verbesserung der Leistungsfähigkeit durch Prozessmanagement.* Frankfurt am Main: BearingPoint.

Brucker-Kley, E., Kykalová, D., Grünert, D., Keller, T., Schertenleib, R., Schlatter, U., & Schwer, K. (2015). *Business Process Management 2015: Status quo und Best Practices »Prozessintelligenz« – Eine Studie des Instituts für Wirtschaftsinformatik.* Winterthur: ZHAW School of Management and Law.

Crisp Research (2015). *Digital Leader – Leadership im digitalen Zeitalter.* Kassel: Crisp Research.

Fitzgerald, M., Kruschwitz, N., Bonnet, D., & Welch, M. (2014). Embracing digital technology: a new strategic imperative. *MIT sloan management review, 55*(2), 1–12.

Frick, K., & Höchli, B. (2014). *Die Zukunft der vernetzten Gesellschaft.* Rüschlikon, Zürich: GDI.

Gartner Research (2014). *Use journey maps in user experience design.* Stamford: Gartner.

McDougall, G., & Levesque, T. (2000). Customer satisfaction with services: putting perceived value into the equation. *Journal of services marketing, 14*(5), 392–410.

McKinsey & Co (2015). What digital really means. http://www.mckinsey.com/insights/high_tech_telecoms_internet/what_digital_really_means. Abgerufen am 26.06.2017

Pine, B. J., & Gilmore, J. H. (1998). Welcome to the experience economy. *Harvard Business Review, 76,* 97–105.

Stolterman, E., & Fors, A. C. (2004). Informationtechnology and the good life. *Information Systems Research, 143,* 687–692.

Universität St.Gallen; Crosswalk (2016). *Digital maturity & transformation report.* St.Gallen: Institut für Wirtschaftsinformatik, Universität St.Gallen.

Die Quantitative Studie – Status quo

Kapitel 2 Ergebnisse der Umfrage: «Status quo: Kundennutzen durch digitale Transformation?» – 21

Ergebnisse der Umfrage: «Status quo: Kundennutzen durch digitale Transformation?»

Denisa Kykalová, Elke Brucker-Kley und Simon Näpflin

© Der/die Autor(en) 2018
E. Brucker-Kley et al. (Hrsg.), *Kundennutzen durch digitale Transformation*,
https://doi.org/10.1007/978-3-662-55707-5_2

Welchen Beitrag leistet das Prozessmanagement für die Maximierung des Kundennutzens? Wie lassen Unternehmen die Kundenperspektive in die Prozessgestaltung einfliessen? In welcher Ausprägung setzen Unternehmen Kunden- und Prozessdaten ein, um Kundenerlebnisse zu individualisieren? Ist dabei Transparenz und Datenherrschaft für Kunden sichergestellt? Erheben Unternehmen systematisch Digitalisierungspotenzial in ihren Prozessen? Wie steht es um die Durchgängigkeit der Prozesse und welche Formen der Prozessdigitalisierung kommen dabei zum Einsatz? Diese und weitere Fragen standen im Mittelpunkt der Online-Befragung, die im Rahmen der vorliegenden Studie im Mai 2016 durchgeführt wurde.

«Welche Rolle spielt das Prozessmanagement als Gestaltungselement der digitalen Transformation?» lautet die Forschungsfrage der BPM-Studie 2016, die sich den Themenschnittstellen der drei Wirkungsfelder Kundenutzen – Digitalisierung – Prozessmanagement widmet. Ziel der quantitativen Befragung war es, den Status quo des Methoden- und Werkzeugeinsatzes innerhalb und an den Schnittstellen dieser drei Wirkungsfelder zu erheben und Erkenntnisse über die Ausrichtung und den Reifegrad des Prozessmanagements in Unternehmen im Hinblick auf die Herausforderungen des technologischen Wandels zu gewinnen. Ausgehend von den in Abschn. 1.2 formulierten Forschungsfragen und Hypothesen sowie dem in ▶ Abschn. 1.3 vorgestellten Rahmenwerk wurden für die quantitative Erhebung Unterforschungsfragen in sechs Themenbereichen formuliert (◘ Abb. 2.1) und ein Fragenkatalog ausgearbeitet[1]. Die Ergebnisse der Online-Befragung werden in den nachfolgenden Kapiteln nach diesen sechs Themenbereichen gegliedert präsentiert.

◘ **Abb. 2.1**   Unterforschungsfragen für die 6 Themenbereiche

---

[1] Der vollständige Fragenkatalog findet sich im Anhang der Studie. Das Studiendesign sowie die zugrundeliegenden Forschungsfragen und Hypothesen sind Gegenstand von ▶ Abschn. 1.2.

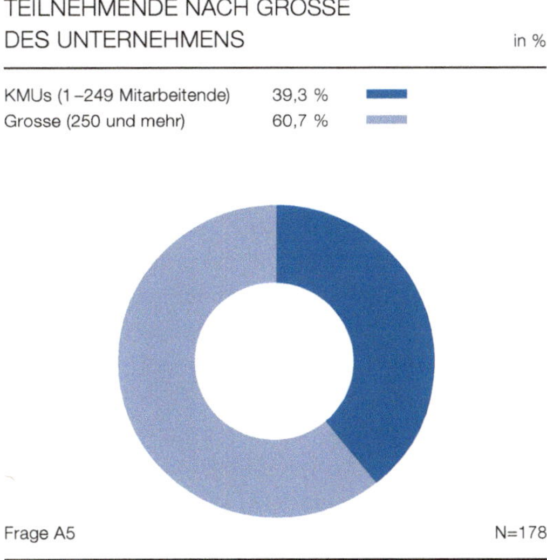

◘ Abb. 2.2 Teilnehmende nach Grösse des Unternehmens (KMU vs. Grosse Unternehmen)

Die Online-Befragung richtete sich an Unternehmen im deutschsprachigen Raum und wurde mehrheitlich von Teilnehmenden aus Unternehmen mit Tätigkeitsschwerpunkt in der Schweiz (81 %) beantwortet[2] (◘ Abb. 2.2). 178 Personen aus unterschiedlichen Funktionsbereichen und aus Unternehmen diverser Branchen haben sich an der Online-Umfrage beteiligt und haben dazu beigetragen, den Status quo des Prozessmanagements im Kontext der digitalen Transformation zu erheben. Fast drei Viertel der Befragten sind in der Unternehmensleitung (20 %), im Projekt-, Qualitäts- oder Prozessmanagement oder in der Informatik tätig und stellen eine unternehmensweite Betrachtung der erhobenen Themenkreise sicher. Nahezu 80 % der Befragten nehmen eine spezifische Prozessmanagement-Funktion (z. B. Prozessverantwortlicher, Process-Manager, Chief Process Officer etc.) wahr, so dass von einem fundierten Fach- und Erfahrungswissen bei der Beantwortung der Fragen ausgegangen werden kann.

Der Blick auf die Unternehmensgrösse der Teilnehmenden zeigt ein Verhältnis von 1:1,5 zwischen KMUs und grossen Unternehmen: 70 befragte Personen repräsentieren dabei kleinste, kleine und mittlere Unternehmen (KMU), was 39,3 % der Gesamtteilnehmerzahl entspricht, 108 Befragte bzw. 60,7 % gehören grossen Unternehmen (in den folgenden Abbildungen als GrossU bezeichnet) mit 250 oder mehr Mitarbeitenden an[3].

---

[2] Die vollständigen Daten zur Zusammensetzung des Teilnehmerkreises der Online-Befragung finden sich im Anhang der Studie.

[3] In einigen der folgenden Auswertungen wird auf die relative Beteiligung der Unternehmen zu ihrer Grössen-Gruppe, die gesamthaft an der Umfrage teilgenommen hat, hingewiesen (z. B. «29 % der befragten KMUs und 42 % der befragten grossen Unternehmen geben Transparenz als wichtigsten strategischen Treiber für das Prozessmanagement an», vgl. ◘ Abb. 2.5). Dies soll helfen, grössentypische Fokus-, Reifegrad- und Vorgehensunterschiede zu erkennen. Wird auf die Unternehmensgrösse nicht eingegangen, gibt es keine signifikanten Unterschiede zwischen den Grössengruppen.

2.1   Strategische Ausrichtung

Transparenz und Wirtschaftlichkeit sind die etablierten Zielsetzungen des strategischen Prozessmanagements in Unternehmen. Die Studie geht von der Hypothese aus, dass Prozessmanagement auch einen relevanten Beitrag leisten kann, um Kundenerlebnisse zu optimieren oder Produkte, Dienstleistungen und Geschäftsmodelle zu innovieren. Um dies zu erreichen, müssen die Weichen bereits bei der strategischen Ausrichtung des Prozessmanagements gestellt werden. Haben Organisationen die Weichen entsprechend gestellt?

Die Frage nach den drei wichtigsten strategischen Treibern für das Prozessmanagement ergibt ein gewohntes Bild (◘ Abb. 2.3): Wie bereits in der letztjährigen BPM-Studie (Brucker-Kley, et al., 2015) ist die Steigerung der Wirtschaftlichkeit die Topmotivation für das Prozessmanagement (83 %), dicht gefolgt von den Transparenzthemen (78 %) Prozessbewusstsein, Qualitätssicherung und Governance/Risk/Compliance (GRC). An Relevanz gewonnen hat erneut die Kundenzufriedenheit (64 %), die 2015 bereits 49 % der Befragten als Motivation angegeben hatten. Treiber wie Flexibilität (34 %) und Innovation (25 %) hingegen, die im Kontext der digitalen Transformation eine zentrale Rolle spielen, stehen für Unternehmen weniger im Mittelpunkt des Prozessmanagements, nahmen gegenüber dem Vorjahr jedoch um 10 % zu. Der Blick auf die Unternehmensgrösse zeigt (ohne Abbildung), dass die KMUs, relativ betrachtet, häufiger als die grossen Unternehmen Kundenzufriedenheit (71 % aller befragten KMUs, 63 % aller befragten GrossU) und Innovation (34 % der KMUs, 21 % der GrossU) als Motivationen für das Prozessmanagement nennen. Diese Themen scheinen für KMUs wichtiger zu sein als für grosse Unternehmen. Dies bestätigen auch die weiteren Befragungsergebnisse (vgl. ◘ Abb. 2.7 und 2.24).

Ein interessantes Bild ergibt die Frage nach der Priorisierung der drei genannten Ziele von 1 (höchste Priorität) bis 3 (◘ Abb. 2.4). Hier zeigt sich, dass Transparenz immer noch die vorrangigste Motivation für das Prozessmanagement der befragten Unternehmen ist (36 %), gefolgt von Kundenzufriedenheit (28 %) und dem auf den ersten Blick dominierenden Wirtschaftlichkeitsthema (26 %). Dieses Resultat unterstreicht die hohe Relevanz der Transparenz als wesentliche Voraussetzung für die nachgelagerte Operationalisierung, Standardisierung und Optimierung der Prozesse.

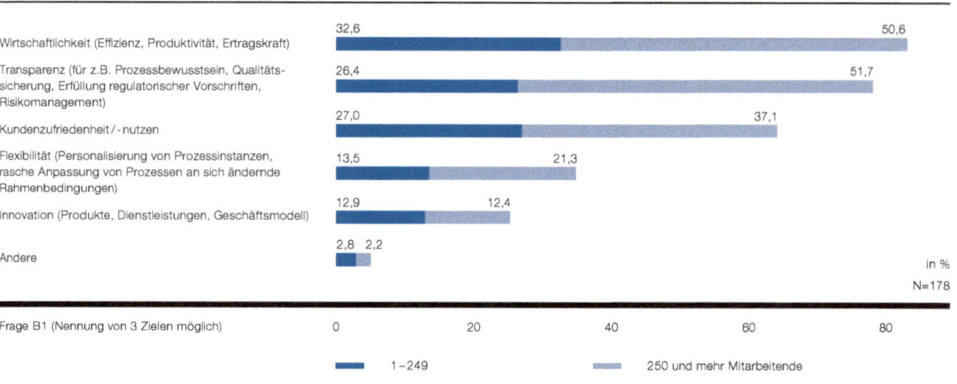

◘ Abb. 2.3 Strategische Ziele des Prozessmanagements

◘ Abb. 2.4 Strategische Ziele des Prozessmanagements – priorisiert

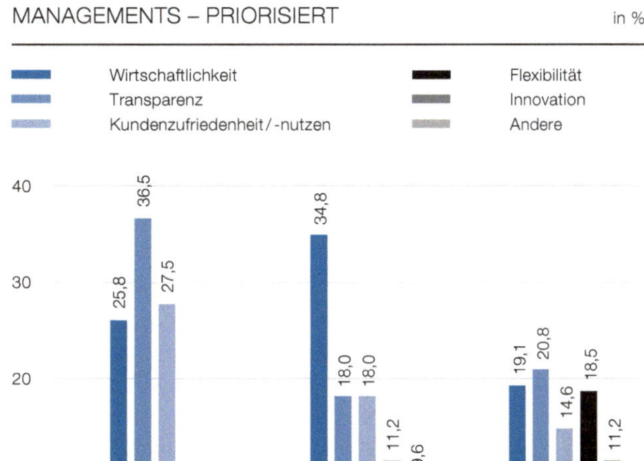

Der Detailblick auf die Ziele erster Priorität nach Unternehmensgrösse (◘ Abb. 2.5) zeigt, dass bei den KMUs Transparenz, Kundenzufriedenheit und Wirtschaftlichkeit ähnlich hoch gewichtet wurden. Bei den grossen Unternehmen dominiert klar die Transparenz mit 42 %, gefolgt von Kundenzufriedenheit (28 %) und Wirtschaftlichkeit (25 %). Interessant ist, dass Innovation nur von KMUs als wichtigster BPM-Treiber gewählt wurde. Die absolute Zahl ist jedoch zu klein (4 Teilnehmende), um Schlussfolgerungen ziehen zu können.

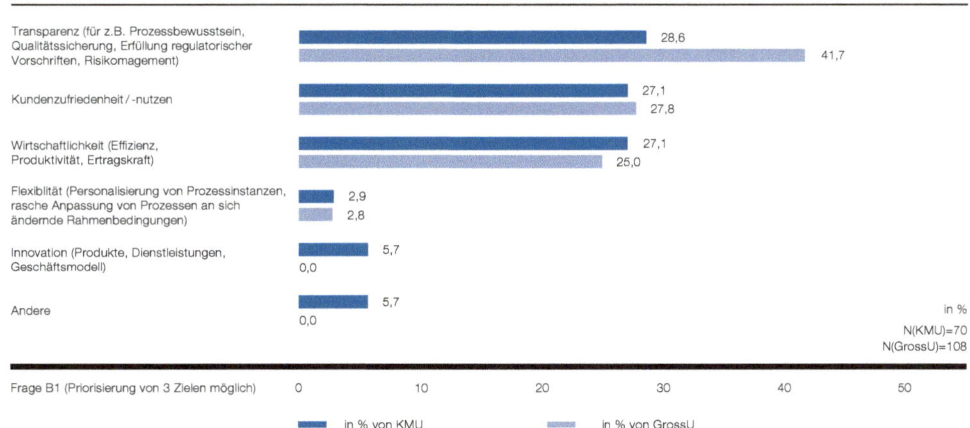

◘ Abb. 2.5 Strategische Ziele des Prozessmanagements – «1. Priorität» nach Unternehmensgrösse

■ Strategische Impulse durch Potenzialanalysen

Unternehmen sehen sich im Wettbewerb mit einem hohen Druck konfrontiert, auf den digitalen Wandel zu reagieren. Offen bleibt die Frage, wo sie mit der Digitalisierung beginnen sollen, das heisst, wie sie Anwendungsfelder und Technologien mit einem hohen Nutzenpotenzial identifizieren können. Die Studie geht von der Hypothese aus, dass Unternehmen das Prozessmanagement noch nicht systematisch einsetzen, um Digitalisierungspotenziale zu erkennen, zum Beispiel indem sie relevante Informationen in strategischen Prozesslandkarten oder Prozessmodellen visualisieren bzw. hinterlegen oder operative Prozessdaten analysieren.

Die Frage nach diesbezüglichen Aktivitäten führt jedoch zu einem optimistischeren Bild (◨ Abb. 2.6): Zwei Drittel der Unternehmen führen gelegentlich oder systematisch Potenzialanalysen in mindestens einem der erfragten Bereiche durch. Mehr als drei Viertel der Unternehmen identifizieren erfolgskritische Prozesse oder Prozesse, die für die Kundenzufriedenheit kritisch sind. Ähnlich viele Unternehmen identifizieren Standardisierungs- und Automatisierungspotenzial sowie Digitalisierungspotenziale für kollaborative, schwach strukturierte Prozesse oder Kundeninteraktionen. Ernüchternd hingegen ist der geringe Anteil der Unternehmen, die diese Potenzialanalysen systematisch durchführen, was Zweifel an der Wirkungskraft der durchgeführten Analysen aufkommen lässt. Insbesondere Analysen, die Digitalisierungspotenziale über die Unternehmensgrenzen hinweg (17 %) sowie Sourcing-/Outsourcingpotenziale (11 %) ermitteln, werden kaum systematisch durchgeführt. Auch die für das Kundenerlebnis wichtigen Optimierungspotenziale von Nutzeroberflächen (UX) werden noch kaum systematisch identifiziert (13 %).

Die Detailauswertung nach Unternehmensgrösse (◨ Abb. 2.7) offenbart, dass beide Gruppen ähnlich aktiv sind und zumindest gelegentlich Potenzialanalysen durchführen (zwischen 54 und 89 % der jeweiligen Grössengruppe). Bei der Identifizierung der kundenkritischen Prozesse sind jedoch die KMUs leicht aktiver (89 % vs. 82 % von grossen Unternehmen), für die diese Analyse die meist eingesetzte ist. Bei den grossen Unternehmen liegt ein etwas stärker ausgeprägter Fokus auf der Erhebung des Standardisierungs- und Automatisierungspotenzials

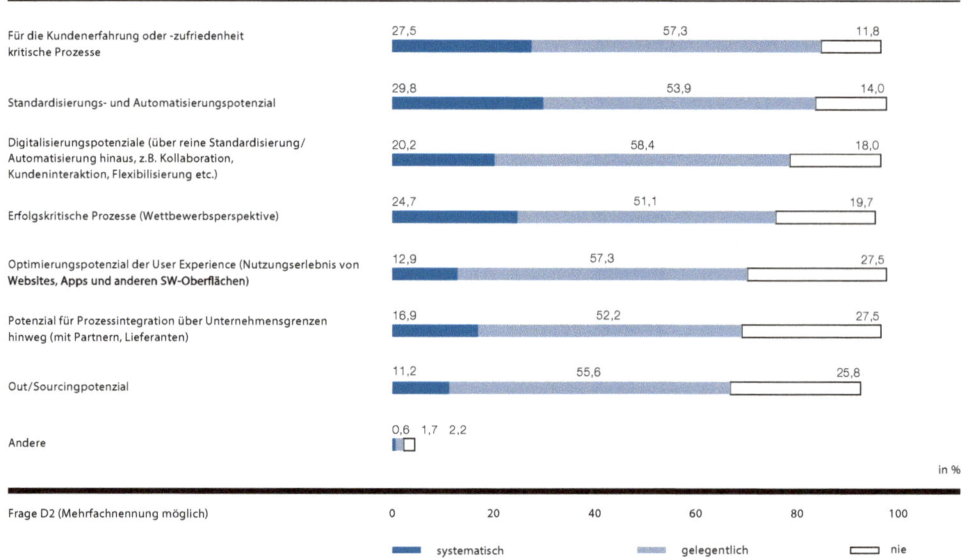

◨ **Abb. 2.6** Potenzialanalysen für die Unterstützung strategischer Entscheide

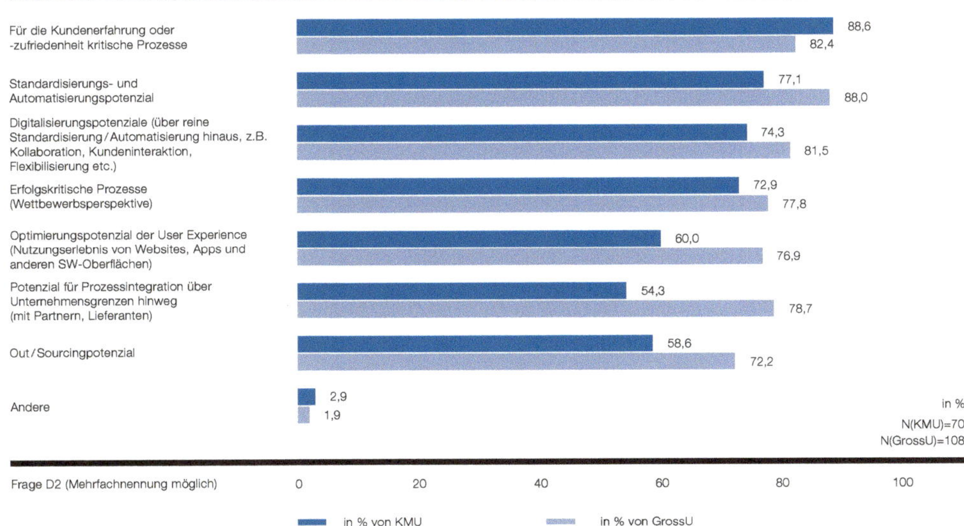

Abb. 2.7 Prozessmanagement-Mittel für strategische Entscheidungsunterstützung – «systematisch & gelegentlich» nach Unternehmensgrösse

vor. Dieses Resultat entspricht den oben identifizierten Zielprioritäten nach Unternehmensgrösse.

2.2 Prozessdigitalisierung

Modellierung, Standardisierung und Automatisierung sind die klassischen Methoden des Prozessmanagements, um Transparenz und Wirtschaftlichkeitsziele zu erreichen. Prozesse durchgängig zu machen und Medienbrüche zu beseitigen, sind die zentralen Bestrebungen. Sollen jedoch Prozesse über die Unternehmensgrenzen hinaus in Richtung Kunden oder Partner geöffnet werden und sich gar flexibel an den Kontext des Kunden anpassen, muss das Standardrepertoire der Prozessdigitalisierung erweitert werden.

■ Durchgängigkeit der Prozesse

Durchgängige Prozesse sind eine wesentliche Voraussetzung sowohl für Effizienz als auch für bessere Kundenerlebnisse. Bearbeitungs- und Reaktionszeiten werden verkürzt. Kundenanliegen können rasch und im Idealfall in Echtzeit erledigt werden. Der hohe Stellenwert der Wirtschaftlichkeit und der Kundenzufriedenheit als Ziel des Prozessmanagements (■ Abb. 2.3) und die Tatsache, dass über 80 % der befragten Organisationen Standardisierungs- und Automatisierungspotenziale erheben, könnte den Schluss nahelegen, dass Unternehmen mit Zielrichtung «Operational und Service Excellence» in die Durchgängigkeit ihrer Prozesse investieren. Ein Blick in den Alltag der befragten Unternehmen zeigt jedoch, dass Scannen, Drucken und das handschriftliche Unterzeichnen von Dokumenten bei der Hälfte der befragten Unternehmen noch zum Unternehmensalltag gehören (■ Abb. 2.8). Die restlichen Unternehmen geben an, dass dieser Umgang mit Papierdokumenten nicht mehr täglich geschieht. Nur ein sehr geringer Anteil ist in der Digitalisierung so weit fortgeschritten, dass Papier komplett aus der Aufgabenerledigung verbannt ist (<9 % beim Drucken, <6 % beim Scannen, <5 % beim

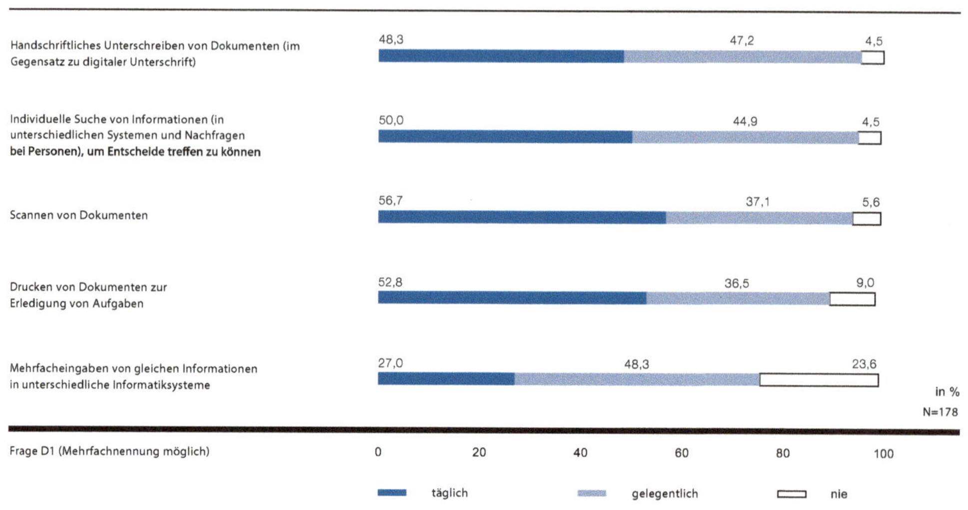

 **Abb. 2.8**   Medienbrüche im Unternehmensalltag

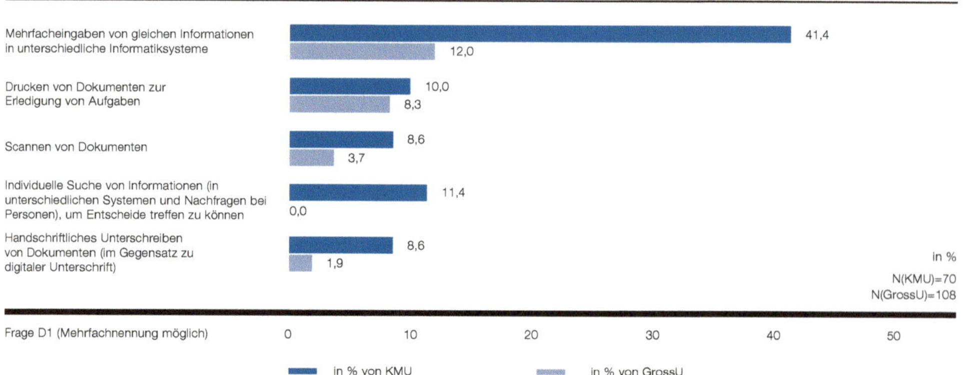

Abb. 2.9   Medienbrüche im Unternehmensalltag – «Nie» nach Unternehmensgrösse

Unterschreiben). Auch bei der Systemintegration sind Defizite vorhanden: Bei rund der Hälfte der Unternehmen gehört die Suche in verschiedenen isolierten Informationssystemen, um Entscheide treffen zu können, zum Alltag (50 %). In weiteren 45 % ist dies gelegentlich erforderlich. Mehrfacheingaben von gleichen Informationen in unterschiedliche Informationssysteme hingegen konnten in immerhin 23 % der befragten Unternehmen bereits eliminiert und in weiteren 48 % reduziert werden, sind aber in mehr als einem Viertel der Unternehmen immer noch alltäglich (27 %).

Interessant ist, dass verhältnismässig mehr KMUs angeben, dass diese Tätigkeiten bei ihnen nie vorkommen (Abb. 2.9), was auf eine höhere Durchgängigkeit der Prozesse, das heisst weniger Medienbrüche und bessere Systemintegration, hindeutet. Insbesondere bei den Mehrfacheingaben von gleichen Informationen in unterschiedlichen Systemen scheint die Grösse des Unternehmens eine Rolle zu spielen: 41 % der KMUs geben an, nie Mehrfacheingaben tätigen zu müssen, bei grossen Unternehmen sind es nur 12 %. Eine Erklärung könnte darin liegen,

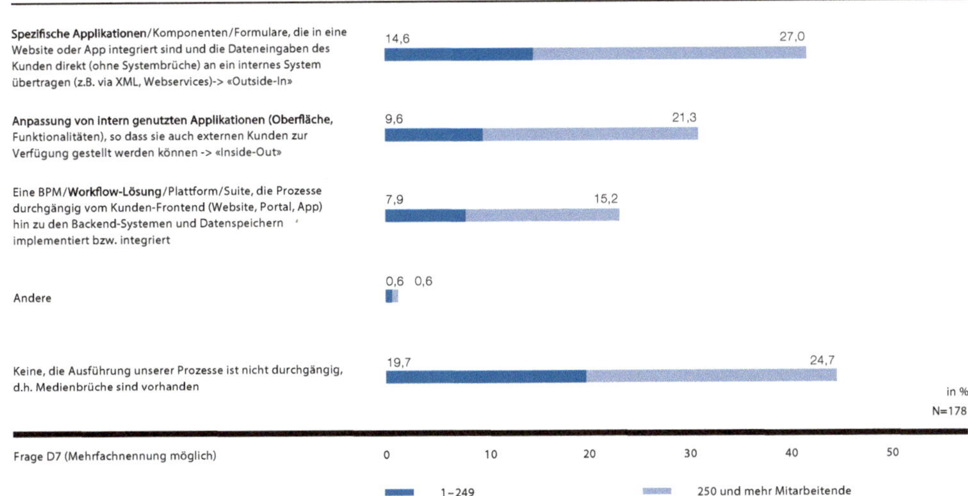

Abb. 2.10 Einsatz technischer Methoden für durchgängige Prozesse vom und zum Kunden

dass die IT-Landschaften der KMUs weniger komplex als bei grossen Unternehmen sind und deshalb die Integration der Systeme und die Durchgängigkeit der Prozesse einfacher umsetzbar ist.

Die mediale Präsenz des digitalen Wandels ist stark von Optimierungen und Erweiterungen im Front-End in Form von mobilen Applikationen, sozialen Plattformen etc. geprägt. Dies garantiert jedoch noch keine Durchgängigkeit der Prozesse Front-to-Back bzw. Back-to-Front. Die Frage nach den Methoden, die Unternehmen einsetzen, um Prozesse durchgängig von und zum Kunden-Front-End zu realisieren, offenbart den Stand dieser Durchgängigkeit (Abb. 2.10): 44 % der befragten Unternehmen räumen ein, dass sie keine Methoden einsetzen, und ihre Prozesse folglich noch nicht durchgängig sind und Medienbrüche aufweisen. Wenn Durchgängigkeit realisiert wird, dann implementieren Unternehmen diese mehrheitlich ausgehend vom Front-End, indem sie Dateneingaben des Kunden z. B. über Web Services an interne Systeme übertragen (41 %). Die zweithäufigste Strategie ist die Simplifizierung oder Optimierung von internen Applikationen, so dass auch Kunden oder Partner diese Systeme und Oberflächen nutzen können (31 %). Einen plattformbasierten Ansatz über eine BPM- oder Workflow-Lösung wählen hingegen nur 23 % der befragten Unternehmen. Dies könnte darauf hinweisen, dass Unternehmen die durchgängige Digitalisierung von Prozessen projektbezogen, ausgehend von individuellen Anwendungsfällen und Business Cases, aber nicht unternehmensweit angehen.

Unternehmen scheinen diese Defizite der Prozessdurchgängigkeit erkannt zu haben und investieren deshalb aktuell intensiv in Automatisierung bzw. Digitalisierung durchgängiger Prozesse und den digitalen Arbeitsplatz (siehe Abschn. 2.3 Digitale Transformation, Abb. 2.12).

- Flexibilisierung der Prozesse

Durchgängige Prozesse sind ein erster Schritt, um Kundenerlebnisse und den digitalen Arbeitsplatz im Unternehmen zu optimieren. Bestimmte Anwendungsszenarien oder Zielgruppen

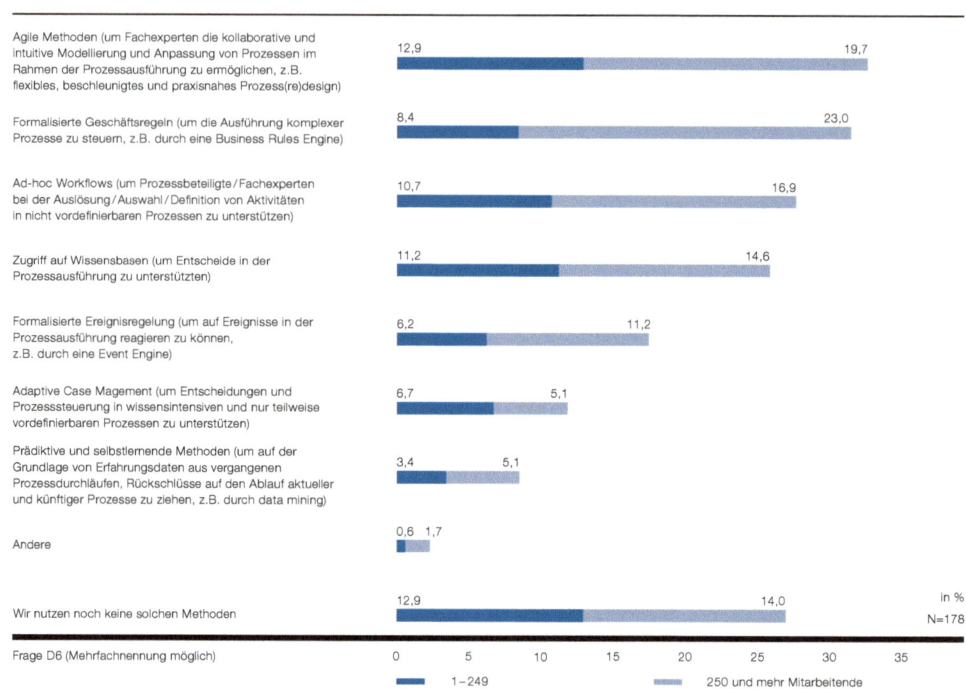

◘ Abb. 2.11   Einsatz von Methoden für flexible und kontextsensitive Prozesse

verlangen jedoch nach mehr. Prozesse sollen flexibel bzw. individualisiert ablaufen, indem sie sich in (Fast-) Echtzeit auf den aktuellen Kontext, die Eigenschaften oder das Verhalten eines Kunden ausrichten. Mitarbeitende sollen durch eine flexible und informationsreiche IT-Unterstützung in wissensintensiven und schwach strukturierten Prozessen befähigt werden. Die Frage nach dem Einsatz solcher Methoden und Werkzeuge ergibt ein durchwachsenes Bild (◘ Abb. 2.11). Mehr als ein Viertel der befragten Unternehmen gibt an, keine solchen Methoden oder Werkzeuge einzusetzen. Am stärksten verbreitet ist die Anwendung agiler Methoden für die Prozessmodellierung (33 %). Im Rahmen der Prozessausführung ist, wie bereits in der letztjährigen BPM-Studie (Brucker-Kley, et al., 2015) erkennbar, der Einsatz von Business Rules am gebräuchlichsten (31 %). Business Rules flexibilisieren Prozesse, indem die Geschäftsregeln getrennt von den eigentlichen Prozessmodellen verwaltet, wiederverwendet und angepasst werden, so dass Änderungen im Prozess rascher umsetzbar sind. Beim Einsatz von Business Rules sind grosse Unternehmen fast doppelt so aktiv wie KMUs (38 % der GrossU vs. 21 % der KMUs). Für sie scheint sich der Aufwand für die Formalisierung und Implementierung der Geschäftsregeln mehr zu rechnen als für kleinere und mittlere Unternehmen. Ad-hoc Workflows, die Prozessbeteiligte in schwach strukturierten Prozessen dabei unterstützen, Aktivitäten situationsabhängig flexibel auszulösen, auszuwählen oder zu definieren, sind auf dem Vormarsch (nur 13 % in der BPM-Studie 2015 vs. 28 % 2016). Adaptive Case Management hingegen fristet weiterhin ein Nischendasein (5 % 2015, 12 % 2016) ebenso wie andere wissensbasierte, selbstlernende Verfahren.

2.3　Digitale Transformation

Digitale Transformation ist ein Hype-Thema, doch wo stehen Unternehmen, wenn es darum geht, den digitalen Wandel konkret zu implementieren? Entwickeln sie innovative digitale Produkte und Dienstleistungen? Optimieren oder erweitern sie ihre digitalen Schnittstellen zum Kunden? Bleibt das Back-End isoliert oder werden Prozesse durchgängig digitalisiert? Profitieren auch die Mitarbeitenden von innovativeren digitalen Arbeitsplätzen? Und mit welchen Mitteln reagiert die Informatik auf diese Herausforderungen?

Nomen est omen: Digitale Transformation ist kein Zustand, sondern bedeutet Veränderung. Folglich sind die befragten Unternehmen in allen erfragten Handlungsfeldern der digitalen Transformation sehr aktiv, aber vieles befindet sich noch in der Umsetzung oder wird erprobt (Abb. 2.12). Im Unterschied zur medialen Wahrnehmung stehen dabei jedoch nicht die reinen Front-End-Themen an erster Stelle. Das Thema Automatisierung und Digitalisierung durchgängiger Prozesse führt das Feld knapp an, wobei sich Unternehmen in diesem Handlungsfeld mehrheitlich noch in der Umsetzungs- und Experimentierphase befinden. Dies korreliert mit den festgestellten Durchgängigkeitsdefiziten der Prozesse, die bei vielen Unternehmen den Alltag aktuell noch prägen (vgl. Abschn. 2.2). Ähnlich aktiv, mit einem leicht höheren Anteil bereits realisierter Projekte sind Unternehmen bei der Einführung innovativer digitaler Arbeitsplätze für ihre Mitarbeitenden. Ebenfalls mehr als 80 % arbeiten an der

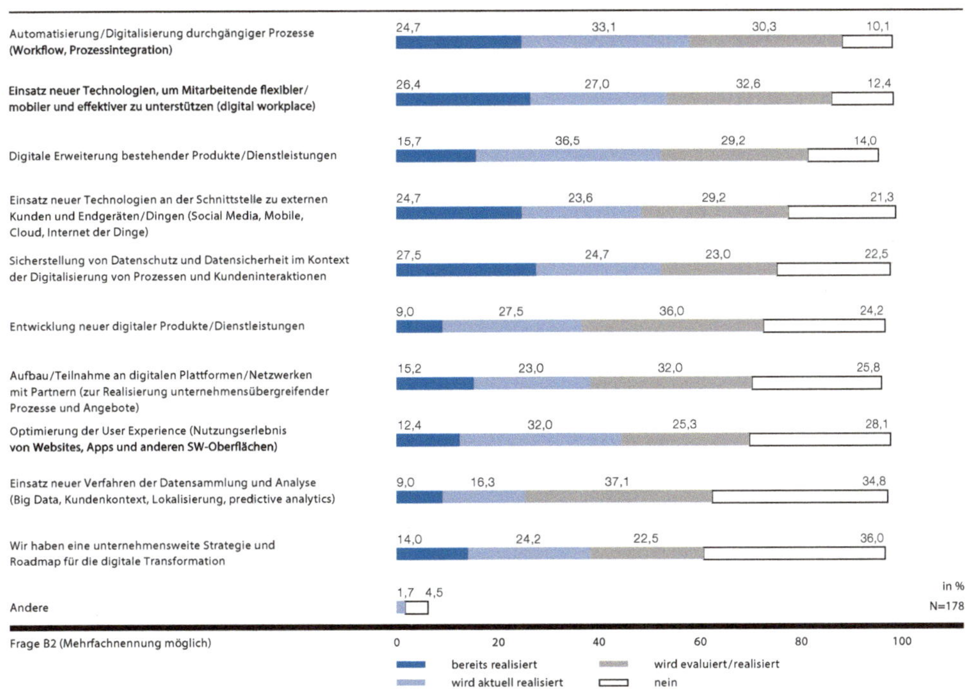

Abb. 2.12　Aktionsfelder der digitalen Transformation

digitalen Erweiterung bestehender Produkte oder Dienstleistungen, wobei der digitale Wandel in diesem Bereich im Vergleich zur Automatisierung und zum digitalen Arbeitsplatz noch deutlicher im Werden und Experimentieren ist. Erstaunlich ist die Tatsache, dass der Einsatz neuer Technologien an der Schnittstelle zum Kunden (Social Media, Mobile, IoT etc.) zwar im Vorderfeld liegt, aber keine Spitzenposition einnimmt (77 %). Andere wesentliche Handlungsfelder, wie die Optimierung der User Experience (vorrangig auf externe Kunden mit 67 %, weniger auf die eigenen Mitarbeitenden mit 43 %, seltener auf Partner/Kooperationen mit 25 % ausgerichtet[4]) und Big Data liegen zwar etwas zurück und befinden sich noch in der Umsetzung oder Experimentierphase, sind jedoch mit über 60 % ebenfalls sehr präsent in den befragten Unternehmen. Ebenfalls bemerkenswert ist, dass immerhin 60 % der Unternehmen eine digitale Transformationsstrategie haben oder gerade erarbeiten oder eine solche evaluieren. Verabschiedet und in Aktion ist eine solche jedoch erst bei rund 14 % der befragten Unternehmen.

Die Detailauswertung nach Unternehmensgrösse (◗ Abb. 2.13) zeigt, dass der digitale Arbeitsplatz von KMUs und grossen Unternehmen gleichermassen angestrebt wird. Bei allen weiteren Aktionsfeldern haben die grossen Unternehmen einen Vorsprung. Insbesondere bei technologie- und kostenintensiven Aktionsfeldern wie beim Einsatz neuer Verfahren der Datensammlung und Analyse, beim Einsatz von Web-2.0-Technologien oder bei der Optimierung der User Experience fallen die Unterschiede auf. Ebenfalls leicht im Rückstand sind die KMUs

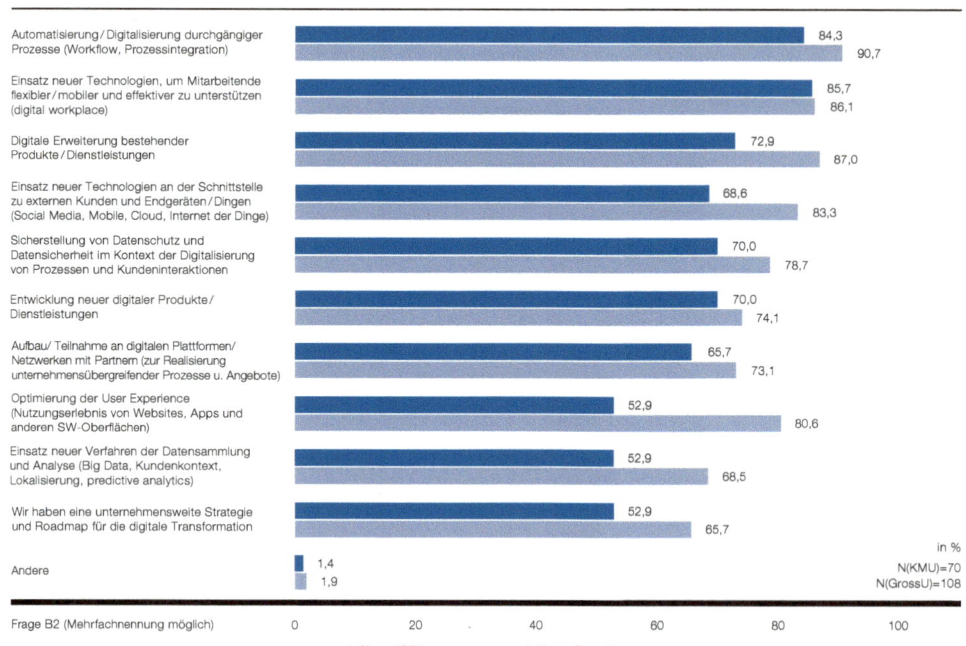

◗ **Abb. 2.13** Aktionsfelder der digitalen Transformation – «umgesetzt oder angestrebt oder evaluiert» nach Unternehmensgrösse

---

[4] Ohne Abbildung, Unterfrage D2a nach dem Fokus bei der Optimierung der User Experience: externe Kunden, Mitarbeitende oder Partner (siehe Fragenkatalog in ▶ Abschn. 10.2).

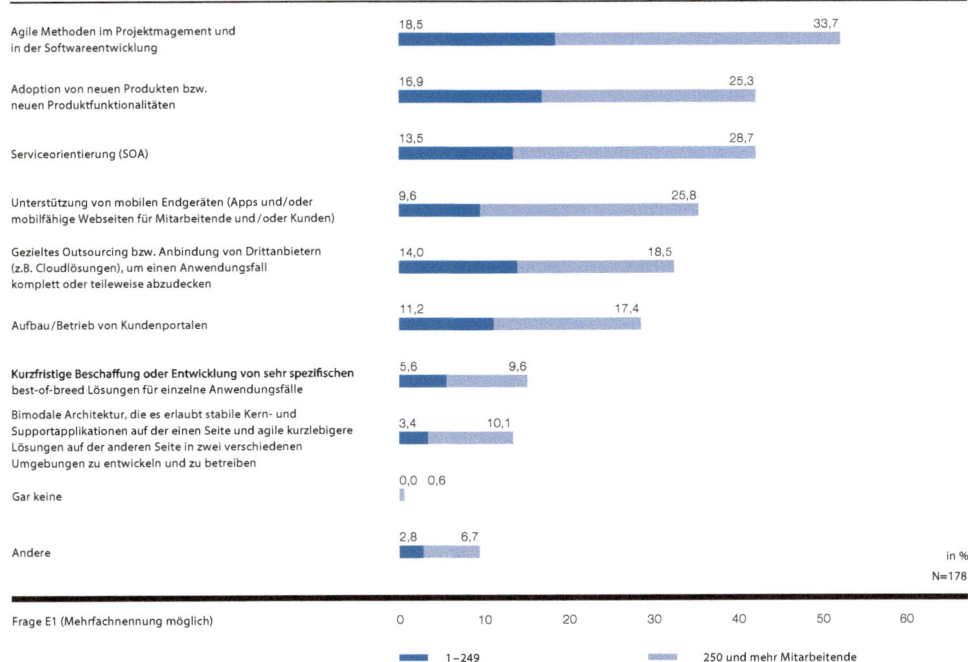

◨ Abb. 2.14 Reaktionen der IT auf den unternehmerischen und technologischen Wandel

bei der unternehmensweiten Verankerung der Digitalisierung in Form einer Strategie oder Roadmap für die digitale Transformation.

Herkömmliche Methoden und Strukturen der Informatik genügen den dynamischen Anforderungen des digitalen Wandels in Unternehmen häufig nicht. Wie reagieren Unternehmen darauf (◨ Abb. 2.14)? Für das Projektmanagement und die Softwareentwicklung sind agile Methoden in mehr als der Hälfte der befragten Unternehmen etabliert. Einen ähnlich starken Einfluss auf Kompetenzen und Paradigmen in der Bereitstellung von IT-Leistungen hat Serviceorientierung, die bei immerhin 42 % der befragten Unternehmen als Wegbereiter des digitalen Wandels eingesetzt wird. Die Unterstützung von mobilen Endgeräten ist mit 35 % überraschend niedrig. Sie scheinen für den digitalen Arbeitsplatz oder die Schnittstelle zum Kunden weniger relevant als vermutet (vgl. ◨ Abb. 2.12).

2.4 Was will der Kunde?

Die Schaffung positiver Kundenerlebnisse ist ein zentrales Element der digitalen Transformation. Unternehmen investieren in die digitale Erweiterung bestehender Produkte und führen neue Technologien an der Schnittstelle zum Kunden ein. Das alles setzt voraus, dass Unternehmen die vermeintlichen und echten Bedürfnisse ihrer Kunden kennen. Um Kundenbedürfnisse frühzeitiger und unmittelbarer zu erfassen, wurde das Repertoire der klassischen Marktforschung um Methoden wie Prototyping oder Customer Journeys erweitert. Setzen Unternehmen diese Methoden bereits ein? Wie steht es um die Kenntnis der Kundenbedürfnisse und Kundenzufriedenheit in den befragten Unternehmen?

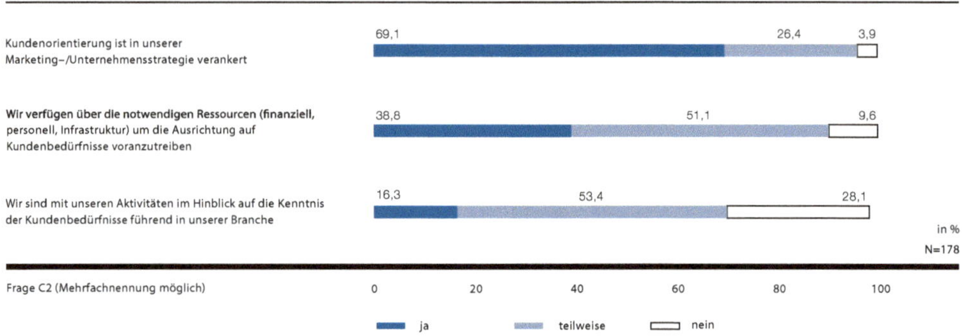

◘ Abb. 2.15   Ausprägung der Kundenorientierung

Bei nahezu allen befragten Unternehmen (95 %) ist die Kundenorientierung, zumindest auf dem Papier, strategisch verankert (◘ Abb. 2.15). Ein Blick auf die Umsetzung der Kundenausrichtung zeigt, dass nur 39 % auch vollumfänglich über die notwendigen personellen, finanziellen und technischen Ressourcen hierfür verfügen. Für 51 % der Unternehmen ist dies zumindest teilweise der Fall. Ob dieser Mitteleinsatz ausreicht, um in Sachen Kundenverständnis und -ausrichtung eine branchenführende Stellung einzunehmen, schätzen die befragten Unternehmen verhalten selbstbewusst ein. Nur rund 16 % sehen sich hier eindeutig in einer Spitzenposition, aber mehr als die Hälfte glauben zumindest punktuell über einen Vorsprung gegenüber den Mitbewerbern zu verfügen.

Methoden, um die Kundenbedürfnisse zu erheben, werden bereits intensiv eingesetzt (◘ Abb. 2.16). Zum Standard gehört bei den befragten Unternehmen die Auswertung von Kundenreklamationen. Mehr als 70 % tun dies sogar systematisch, weitere 24 % gelegentlich. Auch Kundenbefragungen mittels Fragebogen oder anderer quantitativer Instrumente (79 %) sowie qualitative Kundeninterviews (75 %) sind regelmässig oder gelegentlich im Einsatz. Neben diesen retrospektiven Massnahmen, die nach dem Kundenerlebnis ansetzen, sind Methoden für eine frühzeitige Erkennung der Kundenbedürfnisse auf dem Vormarsch: Ein Viertel der befragten Unternehmen setzten Prototypen oder Tests mit Kunden vor der Einführung neuer Produkte und Dienstleistungen bereits systematisch ein, um die Akzeptanz neuer Angebote oder Interaktionsformen zu prüfen. Weitere 47 % setzen diese gelegentlich ein. Social Media Monitoring ist bei nahezu zwei Dritteln der befragten Unternehmen im Einsatz, 30 % betreiben es sogar systematisch. Kunden-Communities hingegen sind weniger präsent, werden aber doch bei nahezu der Hälfte der befragten Unternehmen systematisch oder gelegentlich genutzt. Auch Business Intelligence kommt bei der überwiegenden Mehrzahl der Unternehmen zum Einsatz: 71 % erheben regelmässig oder gelegentlich Kennzahlen, die Rückschlüsse auf die Kundenzufriedenheit zulassen und 68 % analysieren Kundendaten. Am unteren Ende der Liste, aber doch von mehr als der Hälfte der befragten Unternehmen systematisch oder gelegentlich angewandt, stehen interaktionsorientierte Erhebungsmethoden, die die Bedürfnisse, Befindlichkeiten und Berührungspunkte der externen Kunden mittels Customer Journey (54 %) und der internen Kunden, sprich der Mitarbeitenden, mittels Employee Journey (40 %) abbilden.

Grosse Unternehmen scheinen die Distanz zum Kunden etwas stärker ausgleichen zu müssen als KMUs. Alle Methoden zur Erhebung der Kundenbedürfnisse werden von grossen Unternehmen ausgeprägter eingesetzt als von KMUs (◘ Abb. 2.17). Insbesondere beim Einsatz von quantitativen oder stark technologieabhängigen Methoden sind die KMUs deutlich weniger

2.4 · Was will der Kunde?

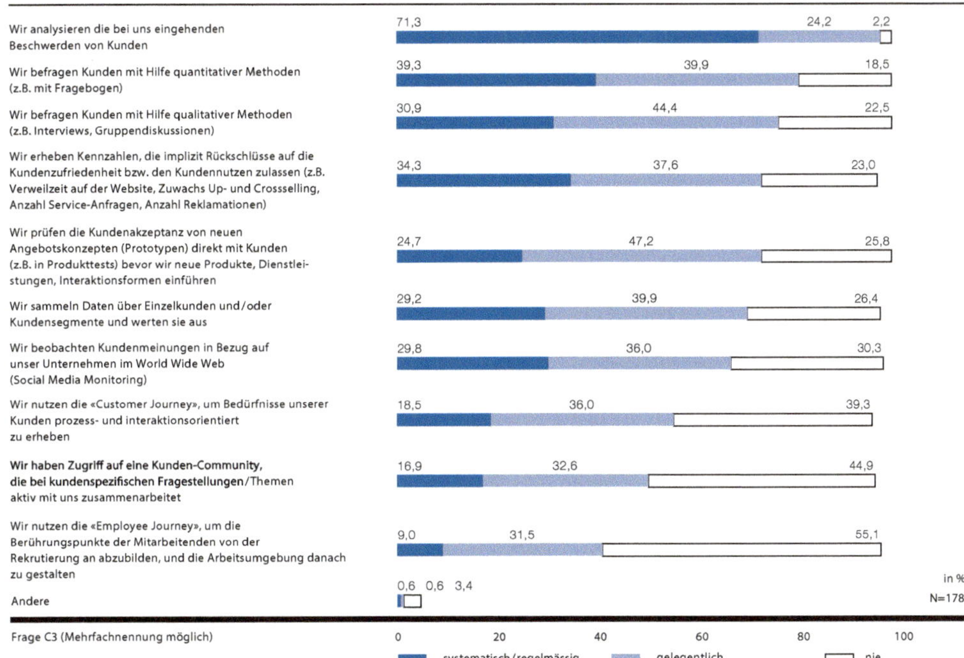

Abb. 2.16 Methoden für die Erhebung der Bedürfnisse von externen und internen Kunden

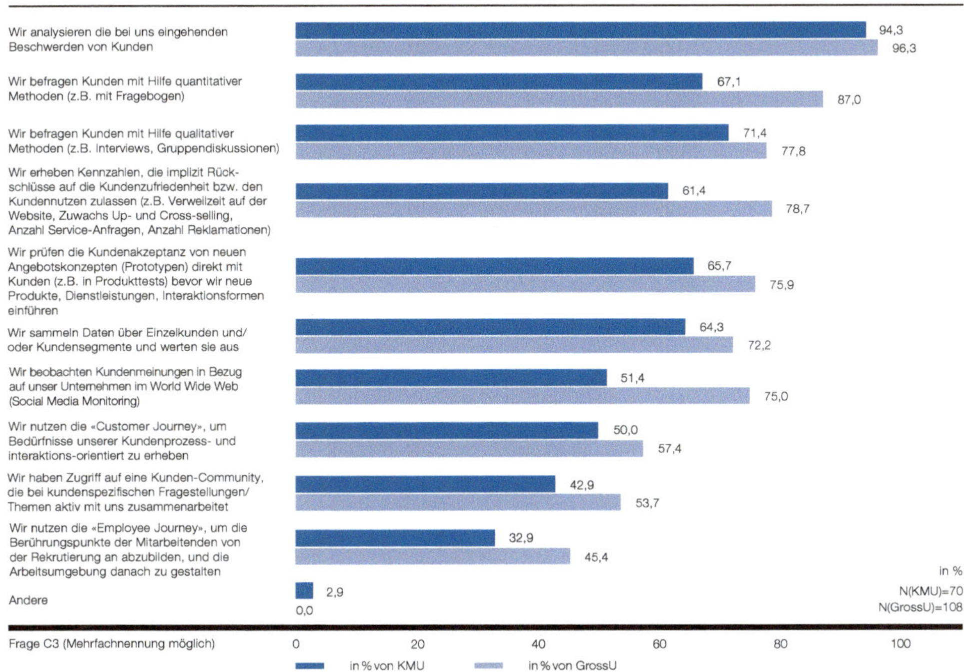

Abb. 2.17 Methoden für die Erhebung der Bedürfnisse von externen und internen Kunden – «systematisch oder gelegentlich» nach Unternehmensgrösse

aktiv: 51 % der KMUs versus 75 % der grossen Unternehmen nutzen systematisch oder gelegentlich Social Media Monitoring. Bei quantitativen Umfragen und der Erhebung von Kennzahlen sind die befragten KMUs jeweils um rund 20 % weniger aktiv als die grossen Unternehmen.

2.5   Kundenperspektive in der Prozessgestaltung und -optimierung

Unternehmen haben erkannt, dass es wichtig ist, die Bedürfnisse ihrer bestehenden und potenziellen Kunden zu kennen. Dies allein reicht jedoch noch nicht, um den Kundennutzen und die Kundenzufriedenheit zu steigern. Die Erkenntnisse müssen in die strategische Ausrichtung, aber vor allem in die Ausgestaltung von Produkten, Dienstleistungen und des operativen Geschäfts einfliessen. Das Prozessmanagement bietet Ansatzpunkte: Die Visualisierung der Kundenbedürfnisse und -interaktionen in Prozesslandkarten und -modellen könnte wertvolle Einsichten liefern, um Optimierungspotenziale im Front- und Back-End mit Blickrichtung Kundennutzen systematisch zu identifizieren. Werden diese Möglichkeiten und die Synergien zwischen Marketing und Prozessmanagement bereits genutzt? Und in welchen Aktivitäten zur Modernisierung und Optimierung der Kundeninteraktionen schlägt sich dies nieder?

■ Visualisierung der Kundenperspektive

Die aktuelle Befragung bestätigt die Erkenntnis aus den BPM-Studien der letzten Jahre, dass die überwiegende Mehrheit der befragten Unternehmen (87 %) Prozesse modelliert oder über eine Prozesslandkarte verfügt (◘ Abb. 2.18). Die angestrebte Transparenz wird also erreicht. Bleibt die Frage, ob diese Transparenz genutzt wird, um den Kundenbedarf oder neuralgische Punkte in der Kundeninteraktion aufzuzeigen. Hier bestätigt sich die Hypothese, dass viele Unternehmen Prozesse ausschliesslich aus der internen Perspektive abbilden (30 %). Auch auf den Prozesslandkarten sind Kundenbedarf oder -beziehung bei weniger als bei einem Drittel der Unternehmen präsent (29 %). In einzelnen Prozessmodellen nutzen 42 % der Unternehmen die Möglichkeiten, Kundeninteraktionen abzubilden.

Erst 30 % der Unternehmen nutzen die Prozesslandkarte, um die Kundenperspektive zu visualisieren. ◘ Abb. 2.19 zeigt, in welcher Form und Ausprägung Unternehmen dies aktuell umsetzen: 18 % haben ihre Prozesslandkarten bereits auf die Wertschöpfungskette ausgerichtet und visualisieren End-to-End-Prozesse konsequent vom Kundenbedarf bis zur Leistungserfüllung für den Kunden. 11 % visualisieren unterschiedliche Kundengruppen auf ihren Prozess-

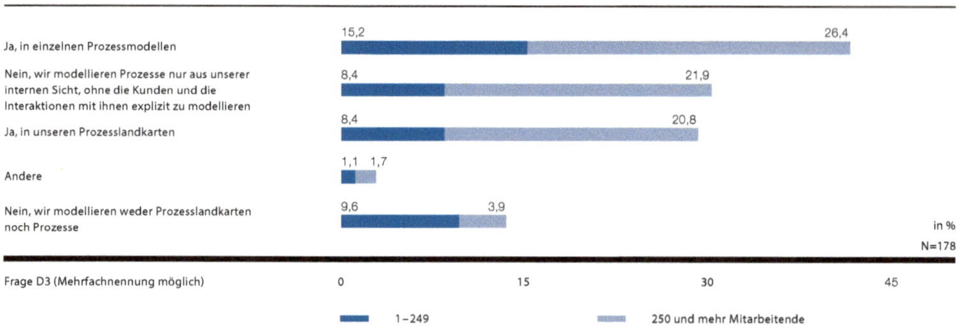

◘ **Abb. 2.18** Visualisierung von Kundeninteraktionen und -bedarf in Prozessmodellen und -landkarten

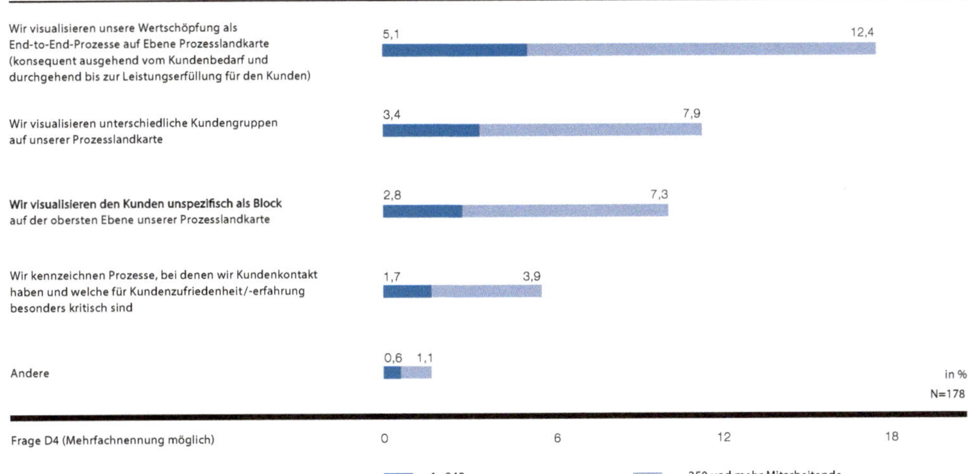

◘ Abb. 2.19 Visualisierung von Kundeninteraktionen in Prozesslandkarten

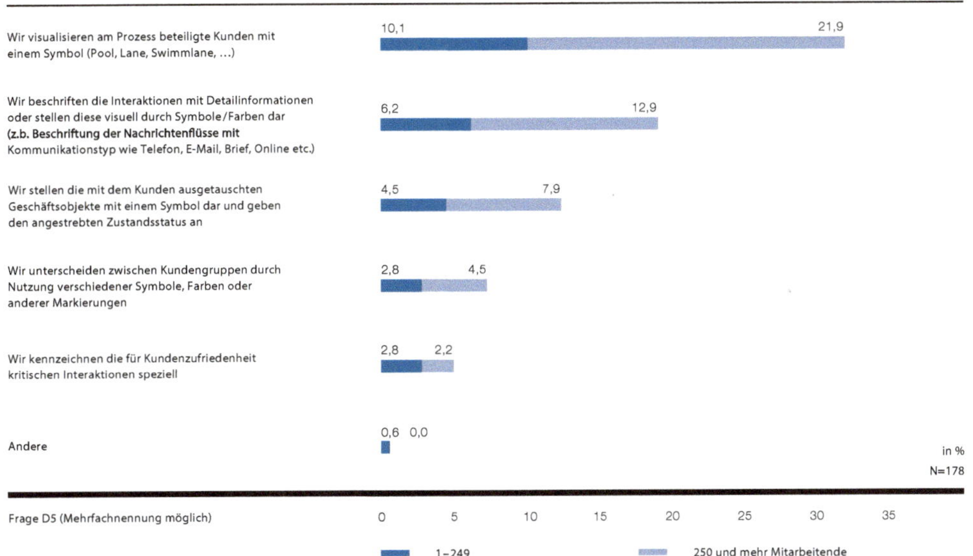

◘ Abb. 2.20 Visualisierung von Kundeninteraktionen in einzelnen Prozessmodellen

landkarten. Nur knapp 6 % der befragten Unternehmen kennzeichnen ihre kundenkritischen Prozesse, obwohl 28 % systematisch und weitere 57 % gelegentlich die für den Kundennutzen und die Kundenzufriedenheit kritischen Prozesse identifizieren (siehe Abschn. 2.2, ◘ Abb. 2.6). Prozesslandkarten spielen also nur eine geringe Rolle, wenn es darum geht die Erkenntnisse dieser Analysen zu visualisieren. Betrachtet man Prozesslandkarten als zentrales Instrument des strategischen Prozessmanagements, stellt sich die Frage, weshalb sich eine so hochpriorisierte Zielsetzung wie Kundenorientierung kaum in den Prozesslandkarten niederschlägt.

Etwas stärker werden die einzelnen Prozessmodelle genutzt, um die Kundeninteraktionen festzuhalten (32 %, ◘ Abb. 2.20). Dies geschieht primär mit den standardmässig durch Modellierungsnotationen vorgegebenen Darstellungsmöglichkeiten wie Pool, Lane oder Swimmlane bzw. mithilfe von BPMN-Kollaborationsdiagrammen. Erst wenige unterscheiden dabei die verschiedenen Kundengruppen (7 %). Ebenfalls eher selten abgebildet werden die Detailinformationen über den Interaktionskanal (19 %) und die mit den Kunden über den Kanal ausgetauschten Informationen oder Geschäftsobjekte (12 %). Nur 5 % kennzeichnen die neuralgischen Kundeninteraktionen. Prozessverantwortliche und -beteiligte erhalten also kaum Orientierungshilfen aus Prozessmodellen, wenn sie Prozesse kundenzentrisch betrachten oder optimieren wollen.

- **Customer Journeys für die Prozessoptimierung**

Bei der Frage nach den genutzten Methoden, um Kundenbedürfnisse zu erheben, gaben 54 % an, dass sie Customer Journey nutzen um Bedürfnisse, Befindlichkeiten und Interaktionen ihrer Kunden zu erheben. Fast 20 % tun dies systematisch (vgl. ◘ Abb. 2.16). Mehr als die Hälfte der Organisationen, die die Customer Journey bereits einsetzen, nutzt die Erkenntnisse für die Gestaltung oder Optimierung kundenorientierter Prozesse (vgl. ◘ Abb. 2.21). Die Customer Journey wird also nicht nur als modernes Instrument in Marketinghänden betrachtet, sondern in den Organisationen zielgerichtet für die Optimierung der Prozesse eingesetzt. Das Potenzial, Prozessdesign und Customer Journey Mapping zu verbinden, ist erkannt, wird aber sowohl von grossen Unternehmen als auch von KMUs noch nicht vollumfänglich ausgeschöpft.

Bei der Employee Journey zeigt sich ein ähnliches Bild (◘ Abb. 2.22). Der Einsatz für die Prozessoptimierung ist jedoch etwas schwächer ausgeprägt und erwartungsgemäss stärker durch Grossunternehmen geprägt. Die Methode der Employee Journey, das heisst, die Adaption der Customer Journey auf die Bedürfnisse und Interaktionen mit Mitarbeitenden, ist bei der Mehrzahl der befragten Unternehmen noch nicht im Einsatz (siehe ◘ Abb. 2.16, 60 %). Dass weniger als die Hälfte der verbleibenden 40 % der Unternehmen, die die Employee Journey systematisch

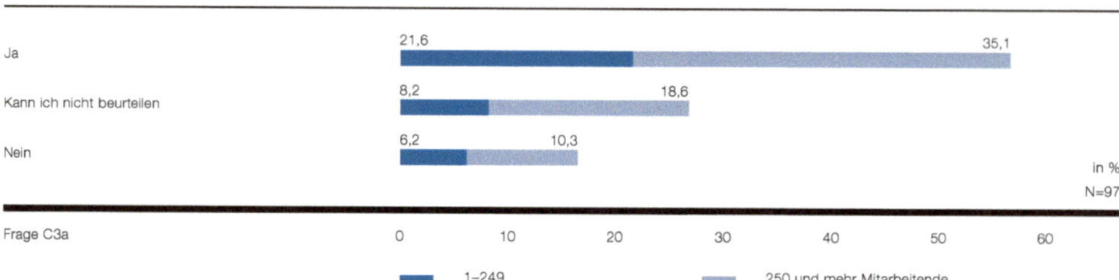

◘ **Abb. 2.21** Nutzung der «Customer Journey»-Erkenntnisse für die kundenorientierte Prozessgestaltung/-optimierung

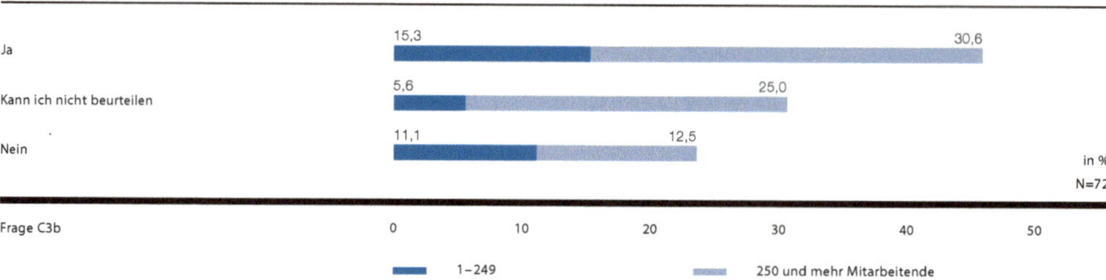

◘ **Abb. 2.22** Nutzung der «Employee Journey»-Erkenntnisse für mitarbeiterorientierte Prozessgestaltung/-optimierung

oder gelegentlich einsetzen, die Erkenntnisse nur begrenzt für die Prozessgestaltung einsetzen, könnte den Schluss nahelegen, dass der Fokus bei der Prozessoptimierungen mit internem Fokus traditionell auf Harmonisierung und Standardisierung liegt und nicht auf Mitarbeiterbefähigung und -bindung. Vor dem Hintergrund allerdings, dass mehr als 80 % der befragten Unternehmen die Einführung innovativer digitaler Arbeitsplätze für ihre Mitarbeitenden als Aktionsfeld der digitalen Transformation nennen (siehe Abschn. 2.3, ◘ Abb. 2.12), scheint schlichtweg die Employee Journey als Methode in diesem Kontext noch zu wenig bekannt oder – insbesondere in KMUs – zu wenig relevant zu sein.

■ Gestaltung der Kundeninteraktion
Kunden neue Interaktionsmöglichkeiten mit dem Unternehmen und dessen Produkten und Dienstleistungen zu eröffnen, ist ein wesentlicher Aspekt der digitalen Transformation. Die oben beschriebene konzeptionelle Sicht auf die Kundenperspektive in Form von Customer Journeys oder Prozessmodellen bildet nur die Grundlage für die Ausgestaltung der Kundenbeziehung. Doch welche Massnahmen ergreifen Unternehmen, um das Kundenerlebnis im operativen Geschäft effektiv zu verändern (◘ Abb. 2.23)?

Mehr als drei Viertel der befragten Unternehmen erweitern oder optimieren digitale Touchpoints oder Kanäle, allerdings überwiegend taktisch/punktuell (52 %) und weniger strategisch/systematisch (26 %). Dies deckt sich mit dem medial geprägten Bild, dass Unternehmen digitale Transformation typischerweise in Form von Einzelinitiativen betreiben, indem sie beispielsweise eine mobile App lancieren oder eine Website modernisieren. Die gewünschte Durchgängigkeit der physischen und digitalen Kundenerlebnisse scheinen Unternehmen dabei nicht aus den Augen zu verlieren, wobei auch diese eher punktuell (43 %) als systematisch (22 %) stattfindet. Die physischen Kanäle werden im Zeitalter des technologischen Wandels

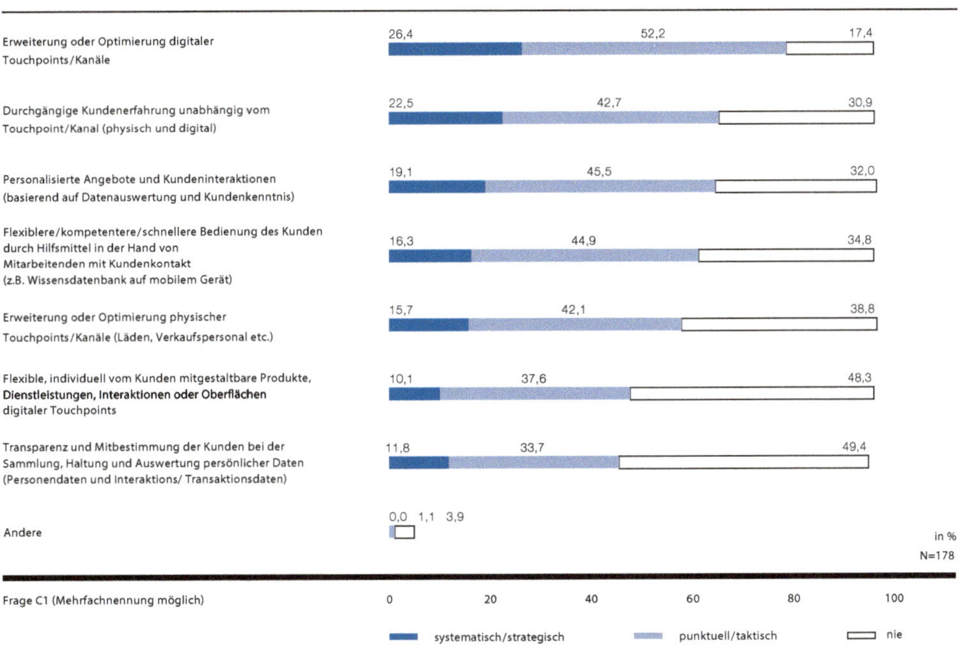

◘ Abb. 2.23 Aktivitäten zur Gestaltung der Kundeninteraktion

nicht vernachlässigt. Die Mehrzahl der befragten Unternehmen (58 %) investiert weiterhin systematisch oder punktuell in die Optimierung ihrer physischen Kanäle wie beispielsweise Ladenflächen. Ähnlich relevant ist in diesem Zusammenhang die Befähigung der Mitarbeitenden mit Kundenkontakt durch digitale Hilfsmittel (61 %). Bemerkenswert ist, dass die Erweiterung der digitalen Kanäle immerhin bei bereits fast der Hälfte der befragten Unternehmen so weit geht, die Kunden ihre Oberflächen, Interaktionen oder gar Produkte und Dienstleistungen selbst gestalten zu lassen (48 %). Allerdings bieten aktuell nur erst 10 % der befragten Unternehmen diese fortgeschrittene Form der Digitalisierung ihren Kunden systematisch an. Interessant ist, dass obwohl die Sicherstellung von Datenschutz und -sicherheit im Kontext der Digitalisierung bei rund der Hälfte aller befragten Unternehmen bereits realisiert (27 %) oder in der Umsetzung ist (25 %; vgl. Abschn. 2.3, ◨ Abb. 2.12), die Transparenz der Datenhaltung für die Kunden noch kaum ein strategisches Thema auf Unternehmensebene ist (12 %). Wenn überhaupt wird das Bedürfnis der Kunden, zu wissen oder gar zu bestimmen, welche Daten wo und wie lange gespeichert werden und zu welchem Zweck Daten verwendet werden, nur punktuell berücksichtigt (34 %). Dies legt den Schluss nahe, dass sich viele Unternehmen darauf beschränken, die gesetzlichen Anforderungen in Sachen Datenschutz zu erfüllen, aber über diese Pflichtübung hinaus keine weiteren Anstrengungen unternehmen, ihren Kunden mehr Kontrolle über die gespeicherten Daten zu gewähren.

Grosse Unternehmen gehen die Optimierung der Kundeninteraktionen etwas aktiver an, insbesondere wenn es um die Touchpoints, sowohl die digitalen als auch die physischen, aber auch um die Durchgängigkeit der verschiedenen Kanäle geht (◨ Abb. 2.24). Dafür gehen KMUs vergleichsweise stärker auf den einzelnen Kunden ein und lassen ihn Produkte, Dienstleistungen, Interaktionen oder Oberflächen digitaler Touchpoints individuell und flexibel mitgestalten (59 % der befragten KMUs versus 41 % der grossen Unternehmen).

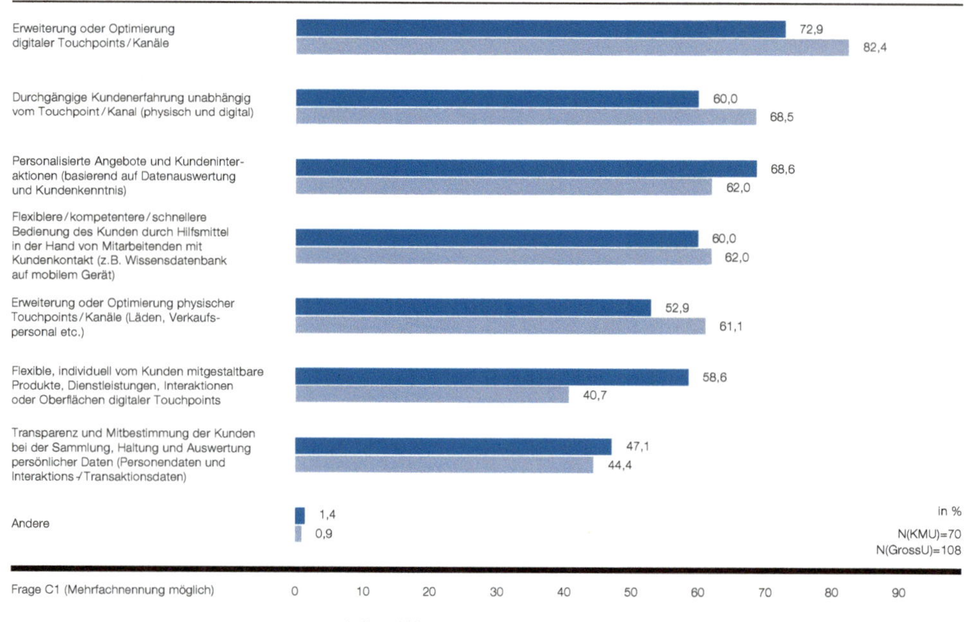

◨ **Abb. 2.24** Aktivitäten zur Gestaltung der Kundeninteraktion – «systematisch oder punktuell» nach Unternehmensgrösse

2.6 Kundendaten: Quellen, Nutzung und Einsatz für die Prozessausführung

Die Studie geht von der Hypothese aus, dass Kundendaten und operative Prozessdaten der Treibstoff der digitalen Transformation sein können. Sie spielen eine zentrale Rolle, wenn es um die kundenorientierte Ausgestaltung, Flexibilisierung und Optimierung der Prozesse geht. Doch nutzen Unternehmen dieses Potenzial? Aus welchen Quellen und zu welchen Zwecken beziehen sie ihr Kundenwissen und nutzen sie es für die Gestaltung des Kundenerlebnisses und der Prozessausführung? Nehmen Unternehmen dabei die Verantwortung, die Datenhaltung für ihre Kunden transparent zu gestalten, wahr?

Die etablierten Marketinginstrumente Kundenumfrage (77 %) und dedizierte Kundendatenbanken oder CRM-Systeme (67 %) sind für die befragten Unternehmen die wichtigsten Quellen für Kundendaten (■ Abb. 2.25). Aber auch Soziale Medien sind mit 57 % auf dem Vormarsch, wenn auch nur begrenzt systematisch ausgewertet (15 %). Die Auswertung operativer Daten aus Kern- und Transaktionssystemen spielt durchaus eine grosse Rolle (52 %), aber es bleibt noch Potenzial, diese Quellen systematisch für die Analyse des Kundenverhaltens zu nutzen. Kaum auf dem Radar hingegen sind IoT-Technologien, die abhängig von Branche und Anwendungsfeld sicher eingesetzt oder getestet werden, aber deren Einsatzfeld offensichtlich (noch) nicht in der Analyse des Kundenverhaltens gesehen wird.

KMUs und grosse Unternehmen nutzen Kundendatenbanken oder CRM-Systeme und Kundenumfragen in etwa in gleichem Masse, bei allen anderen Quellen sind die grossen Unternehmen aktiver (■ Abb. 2.26). Am deutlichsten ist der Vorsprung der Grossen bei der Nutzung der Daten aus Kern- und Transaktionssystemen. Fast zwei Drittel der befragten grossen Unternehmen nutzt sie, aber nur ein Drittel der KMUs.

Um Kundendaten zentral für alle Unternehmensfunktionen und -systeme bereitzuhalten, haben sich Kundendatenbanken oder funktionsreichere CRM-Systeme etabliert (■ Abb. 2.27). 59 % der befragten Unternehmen verfügen über diese zentralen Kundeninformationssysteme, aber nur 41 % nutzen sie für Analysen und Berichte. Eine Ursache könnte im Informationsgehalt der Systeme liegen: Nur 38 % der Unternehmen speichern in ihren CRM-Systemen über die reinen Kundenstammdaten hinaus auch Informationen zu Kundentransaktionen und -interaktionen. Ähnlich schwach ausgeprägt ist auch der Informationsfluss von den CRM-Sys-

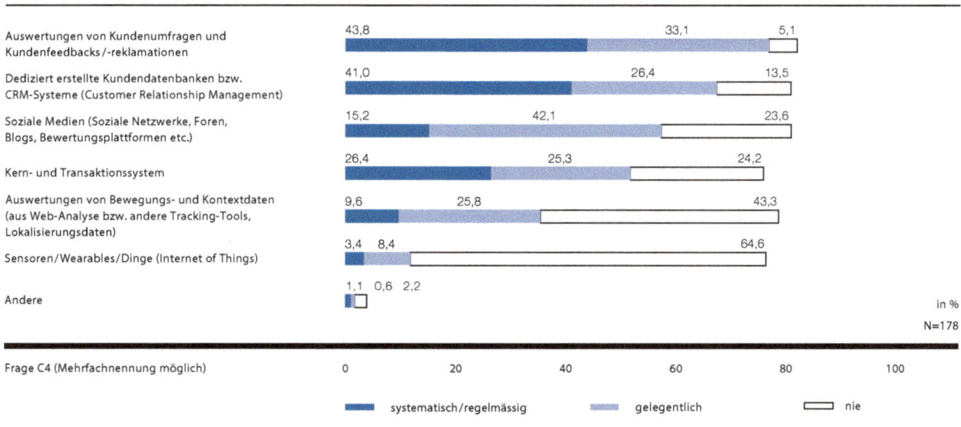

■ **Abb. 2.25** Quelle und Regelmässigkeit der Erhebung von Kundendaten

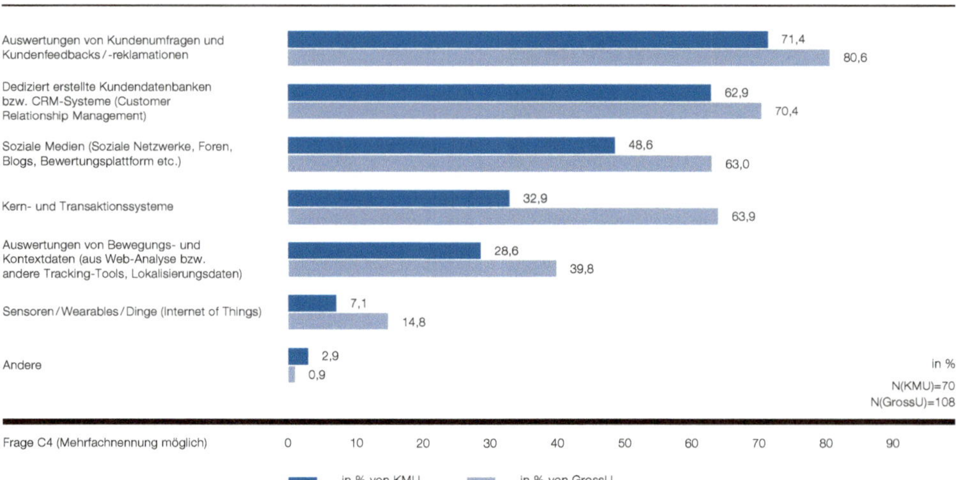

▣ Abb. 2.26 Quelle und Regelmässigkeit der Erhebung von Kundendaten – nach Unternehmensgrösse

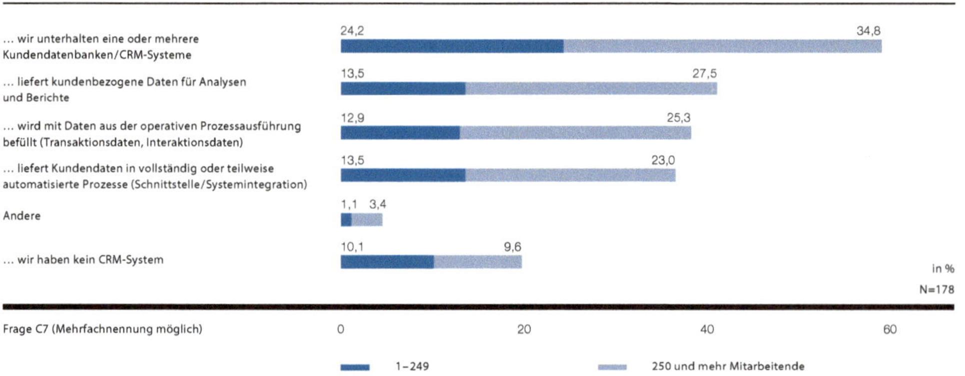

▣ Abb. 2.27 Verbreitung und Einsatzweise von CRM-Systemen

temen in IT-Systeme, die die Prozessausführung automatisieren (36 %). Beide Erkenntnisse führen zum Schluss, dass CRM-Systeme noch unzureichend integriert sind. Eine mögliche Grundlage für die kundenorientierte Prozessgestaltung und -steuerung scheint somit noch nicht ausreichend geschaffen beziehungsweise ausgeschöpft.

Kundendaten nutzen die befragten Unternehmen in erster Linie kumuliert und asynchron, das heisst, Daten über Kunden und deren Verhalten werden zunächst gesammelt und ausgewertet, um dann Rückschlüsse zu ziehen und Massnahmen abzuleiten (▣ Abb. 2.28). Diese Erkenntnisse werden in erster Line verwendet, um Produkte und Dienstleistungen zu entwickeln oder anzupassen (54 %). KMUs sind in diesem Punkt führend (▣ Abb. 2.29). (61 % der befragten KMUs versus 49 % der grossen Unternehmen.) Kundendaten werden ausserdem ausgewertet, um Webseiten oder Ladenflächen (48 %) zu optimieren und um Muster und Tendenzen im Kundenbedarf zu erkennen sowie individuelle Empfehlungen ableiten zu können (44 %). Für das Prozessdesign und die kundenorientierte Optimierung von Prozessen werden diese Kundendatenauswertungen hingegen weniger genutzt (35 %). Synchrone Reaktionen auf

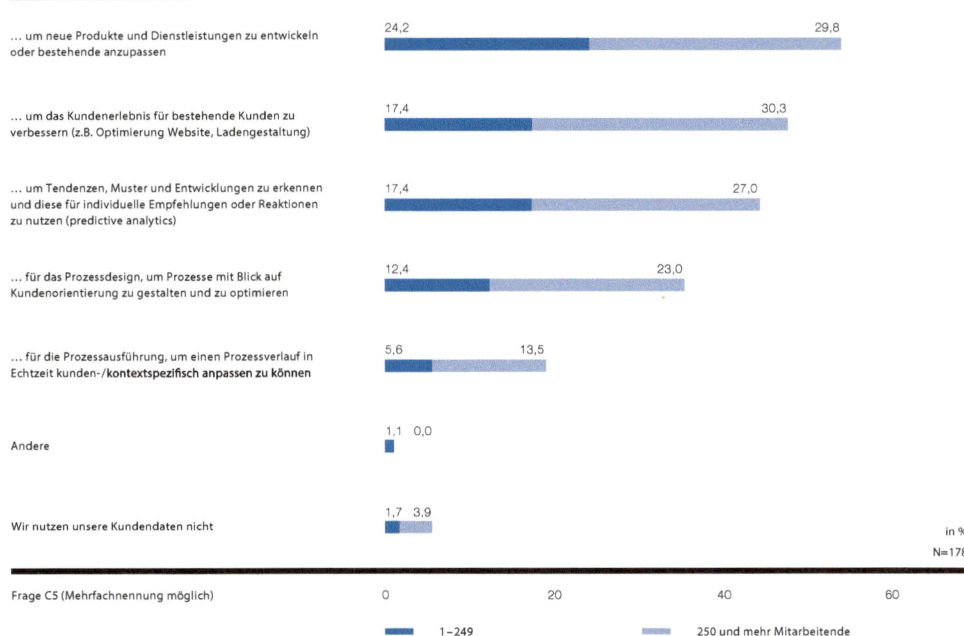

Abb. 2.28 Nutzung von Kundendaten

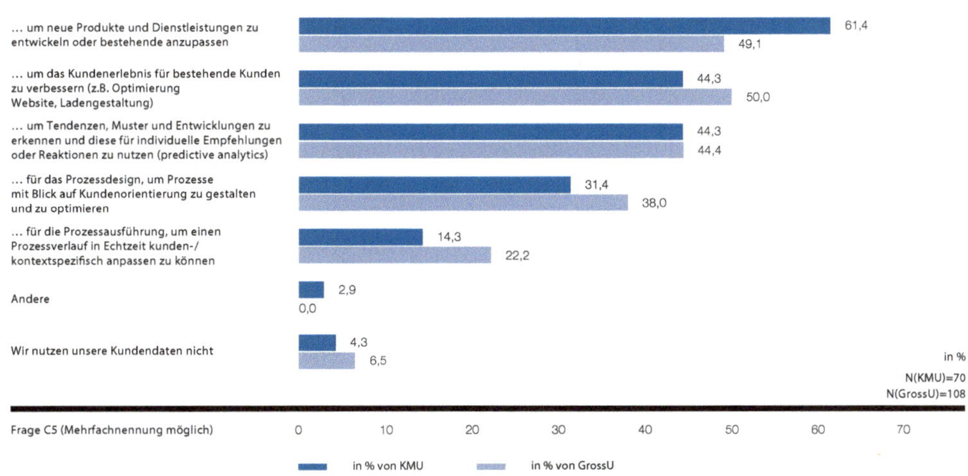

Abb. 2.29 Nutzung von Kundendaten – nach Unternehmensgrösse

das Verhalten eines individuellen Kunden, die es erlauben, den Prozess in Echtzeit situationsspezifisch anzupassen, sind erst knapp bei einem Fünftel der befragten Unternehmen Realität (19 %). Es besteht also noch ungenutztes Potenzial, Kundendaten systematischer für flexiblere Prozesse und bessere Kundenerlebnisse einzusetzen.

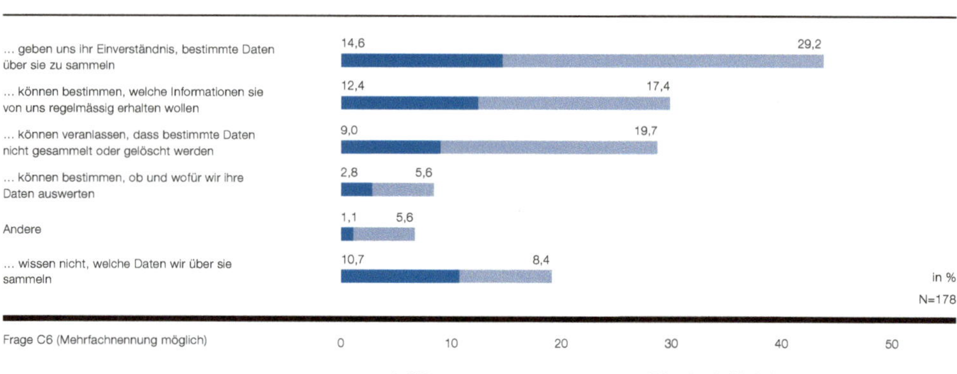

⬛ Abb. 2.30 Einflussmöglichkeiten der Kunden auf die Datenhaltung (»Unsere Kunden …«)

▪ Beschränkte Datenherrschaft

Es bestätigt sich der Eindruck (siehe ⬛ Abb. 2.23, Abschn. 2.5), dass die befragten Unternehmen noch kaum die Notwendigkeit sehen, ihren Kunden über das gesetzliche Mindestmass hinaus Kontrolle oder zumindest Transparenz über die gespeicherten Kundendaten zu gewähren (⬛ Abb. 2.30). Weniger als die Hälfte der Unternehmen geben an, zumindest das Einverständnis der Kunden zur Datensammlung einzuholen (44 %). Die Notwendigkeit, dies zu tun, ist unter Umständen kontextabhängig wie auch die Möglichkeit, dass Kunden die Speicherung ihrer Daten unterbinden oder deren Löschung verlangen können (29 %). So kann es in bestimmten Branchen und Anwendungsbereichen regulatorische Rahmenbedingungen geben, die es explizit erforderlich machen, Daten oder Kundenkommunikationen aufzubewahren das heisst nicht zu löschen. Insgesamt scheint das Bedürfnis der Kunden nach Transparenz bei den befragten Unternehmen noch nicht spürbar beziehungsweise noch nicht adressiert zu sein: 19 % geben an, dass ihre Kunden nicht wissen, welche Daten das Unternehmen über sie sammelt und nur 8 % der Unternehmen räumen ihren Kunden ein Mitbestimmungsrecht darüber ein, ob und wofür Kundendaten gesammelt werden. Die Themen Transparenz der Datenhaltung und persönliche Datenherrschaft scheinen also noch nicht ausreichend adressiert zu sein.

Die Fallstudien – Erfolgsmuster aus der Praxis

«Erfolgsmuster: Kundennutzen durch digitale Transformation?» – Einleitung zu den Fallstudien

Elke Brucker-Kley

© Der/die Autor(en) 2018
E. Brucker-Kley et al. (Hrsg.), *Kundennutzen durch digitale Transformation*,
https://doi.org/10.1007/978-3-662-55707-5_3

Welche Erfahrungen, Lösungsansätze und Resultate weisen Unternehmen auf, die den Kundennutzen und die Möglichkeiten der Digitalisierung ins Zentrum ihrer Prozessmanagement-Initiativen stellen? Welche Methoden und Werkzeuge setzen sie ein? Wie wirken sich diese Aktivitäten auf das Geschäftsmodell, die Business Operations und das Kundenerlebnis aus? Diese Fragen waren Gegenstand der Interviews mit den Firmenvertretern und standen im Mittelpunkt des Praxisworkshops, die im Rahmen des qualitativen Forschungsteils der Studie im Juni 2016 durchgeführt wurden.

Ziel des Praxisworkshops war es, Unternehmen unterschiedlicher Branchen zusammenzubringen, die Prozessmanagement auf einem ähnlich hohen Niveau betreiben, um ihre Fallbeispiele im Expertenkreis zu diskutieren. Durchgeführt und moderiert wurde der Workshop vom Institut für Wirtschaftsinformatik und dem Institut für Marketingmanagement der ZHAW School of Management and Law. Für die Vorbereitung, Diskussion und Analyse der Fallstudien kam das in Abschn. 1.3 vorgestellte thematische Rahmenwerk zur Anwendung.

Die Fallstudien und deren Analyse sind Gegenstand der nachfolgenden Kapitel. Erkenntnisse aus den Fallstudien und den Diskussionen im Workshop werden im Fazit im Sinne von Erfolgsmustern zusammengefasst (Abschn. 9.2)

Das Studienteam dankt allen am Workshop beteiligten Unternehmen (◘ Abb. 3.1), die ihr Expertenwissen und ihre wertvolle Zeit für die Vorbereitung, Diskussion und Auswertung der Fallstudien bereitgestellt haben.

Fallstudie	Thema	Präsentiert von
amag Leasing	Videobasierte Identifikation als Wegbereiter für das Online-Leasing	Esad Ceranic Projektverantwortlicher Business Analyst Patrick Frauchiger Leiter Marketing und Verkauf
Kanton Zürich	eUmzug – elektronisch umziehen einfach gemacht	Lukas Steudler Leiter Geschäftsstelle egovpartner.zh.ch Staatskanzlei des Kantons Zürich
Swiss Re	Case Management in P&C Reinsurance: Wissensarbeit im Fokus	Marco Peyer Head BPM & Service Operations P&C Re-Insurance
VONTOBEL	Service Management schafft Kundennutzen	Markus Schneider Head Operational Services Philipp Klauser, Applikationsverantwortlicher Jira
swisscom	Einführung von Produkt- & Servicekatalogen: Der erste Schritt zur industrialisierten Fertigung	Andreas Hilber Head of Process Architecture Network and IT Operations

◘ **Abb. 3.1**   Die Fallstudien im Überblick

Die in diesem Kapitel enthaltenen Bilder und sonstiges Drittmaterial unterliegen ebenfalls der genannten Creative Commons Lizenz, sofern sich aus der Abbildungslegende nichts anderes ergibt. Sofern das betreffende Material nicht unter der genannten Creative Commons Lizenz steht und die betreffende Handlung nicht nach gesetzlichen Vorschriften erlaubt ist, ist für die oben aufgeführten Weiterverwendungen des Materials die Einwilligung des jeweiligen Rechteinhabers einzuholen.

Fallstudie Amag Leasing AG: «Videobasierte Identifikation als Wegbereiter für das Online-Leasing»

Esad Ceranic, Patrick Frauchiger, Elke Brucker-Kley, Sandro Graf und Amélie-Charlotte Körner

© Der/die Autor(en) 2018
E. Brucker-Kley et al. (Hrsg.), *Kundennutzen durch digitale Transformation*,
https://doi.org/10.1007/978-3-662-55707-5_4

Die fortschreitende Digitalisierung in der Automobilbranche macht auch vor dem Leasinggeschäft nicht Halt. Neue Technologien bieten Ansatzpunkte Produkte, Prozesse und Geschäftsmodelle zu innovieren. Die vorliegende Fallstudie beschreibt, wie die AMAG Leasing AG die Potenziale der videobasierten Online-Identifikation ausschöpfen will, um Kunden ein durchgängiges Online-Leasing ohne Medienbrüche anbieten zu können. Neben einem bereits durchgängig automatisierten Bewilligungsprozess wird dabei der frühzeitige Einbezug der Kundenperspektive zum Schlüsselfaktor.

4.1   Kontext und Ausgangssituation

Die 1980 gegründete AMAG Leasing AG ist seit 2009 Marktführer im Schweizer Fahrzeugleasingmarkt und bewirtschaftet (Stand 2016) rund 130.000 aktive Verträge im Privatkunden- und Firmenleasinggeschäft. Sie ist eine zur Careal Holding gehörige Gesellschaft, die für den Schweizer und Liechtensteiner Markt die Finanzierung der Konzernprodukte sicherstellt. Rund 30 % aller in die Schweiz importierten Fahrzeuge stammen aus dem Markenportfolio der AMAG Gruppe, die 2015 einen Umsatz von 4,4 Mrd. erzielte und damit zu den 50 umsatzstärksten Unternehmen der Schweiz zählt. Rund 100 der 5400 Mitarbeitenden der AMAG-Gruppe sind für die AMAG Leasing AG tätig. AMAG Leasing AG ist eine sogenannte Captive Leasinggesellschaft, das heisst markengebundene Leasinggesellschaft, die die Marken VW, Audi, SEAT, Skoda und VW Nutzfahrzeuge abdeckt.

Für die AMAG Gruppe und so auch für die AMAG Leasing AG stehen die Herausforderungen und Chancen der Digitalisierung in der Automobilindustrie (siehe Infobox) im Zentrum einer Reihe strategischer Initiativen. So wurde für die eigenen Garagenbetriebe eine Tablet-Lösung für die mobile Serviceannahme entwickelt, mit deren Hilfe der Serviceberater mit dem Kunden direkt beim Fahrzeug alle Punkte aufnehmen und Auskunft über Kosten, Dauer etc. geben kann. Mit den Beteiligungen am Zürcher Startup Sharoo und dem stationsungebundenen Catch a Car von Mobility erweitert die AMAG das Geschäftsfeld im Bereich Carsharing und digitale Mobilitätsdienstleistungen. 2016 wurde bei AMAG zum «Jahr der Digitalisierung» erklärt. Mit diesem Fokus wurde der strategische Rahmen für verschiedene Projekte in allen Bereichen der AMAG-Gruppe geschaffen, so auch für die in dieser Fallstudie beschriebenen Aktivitäten zur Weiterentwicklung des Online-Leasings und der dafür eingesetzten videobasierten Online-Identifikation.

Digitalisierung in der Automobilbranche – Reaktionen der Akteure
Digitalisierung verändert nicht nur Kundenerlebnisse, Geschäftsprozesse und Geschäftsmodelle, sondern hat das Potenzial, ganze Branchen mit ihren Produkten, Dienstleistungen und Wertschöpfungsketten zu transformieren. Dies hat das Beispiel der Musikindustrie bewiesen. In der Automobilbranche scheint genau das aktuell zu passieren und der Wandel birgt grosse Herausforderungen, aber auch Chancen für bestehende und neue Akteure. Treiber sind nicht nur technologische Entwicklungen wie Internet of Things, Elektromobilität oder autonomes Fahren, sondern auch gesellschaftliche und wirtschaftliche Entwicklungen, wie die Überalterung der Gesellschaft, die abnehmende Bedeutung des Autos als Statussymbol oder Ressourcen- und Platzbeschränkungen. Daraus resultierende Trends wie die **intermodale Mobilität** (die kombinierte Nutzung mehrerer Verkehrsmittel) lassen die Branchengrenzen aufweichen. Sie bringen neue Anbieter ins Spiel, deren Geschäftsmodelle häufig digital geprägt sind (z. B. Uber, Carsharing) und unterstreichen die zunehmend etablierte Einstellung

«**Nutzen statt Besitzen**» in einer «Share Economy» (Adam und Meyer 2015). Aber auch traditionelle Akteure, wie Automobilvertrieb und Leasinggeber, die im Mittelpunkt der vorliegenden Fallstudie stehen, sowie Automobilhersteller reagieren auf diesen Wandel der Automobilbranche zur digital geprägten «**Mobilitätsindustrie**» (Wedeniwski 2015). Berger und Rechenbach (2015) illustrieren diese Reaktionen unter anderem mit folgenden Beispielen:

- Im 2012 eröffneten «Audi City – Showroom der Zukunft» in London stehen nicht mehr als drei physische Fahrzeuge auf 690m². Die Beratung basiert auf virtueller Realität und der Verkauf ist von den interaktiven Beratungsflächen räumlich getrennt. Im ersten Halbjahr 2013 wurden 50 % der Autos im Londoner Showroom ohne eine Probefahrt verkauft (Singh 2014).
- Daimler bündelt seit 2014 unter der neuen Dienstleistungsmarke «mercedes me» und dem gleichnamigen Kundenportal alle Onlinedienste und mobile Applikationen rund um das Fahrzeug (connect), dessen Service (assist) und Finanzierung. Auch die Kunden-Community (Soziale Netzwerke) sowie Mobilitätsdienste (z. B. moovel) sind integriert.
- Seit 2013 ist bei der Volkswagen Leasingbörse für Gebraucht- und Jahreswagen in Deutschland die Eintrittspforte für den Kunden nicht mehr der stationäre Handel, sondern die Online-Leasingbörse, die das Geschäft abschliessend an den vom Kunden online gewählten Händler übergibt.

- Status quo: Digitalisierung im Back- und Front-End

AMAG Leasing stellt sich den Herausforderungen der Digitalisierung bereits seit einigen Jahren und hat die Prozesse und Systeme sowohl im Front- als auch im Back-End verändert und erweitert. Der massivste Eingriff gelang mit der durchgängigen Automatisierung des Leasingbewilligungsprozesses. Die bis dahin von Medienbrüchen und manuellen Arbeiten geprägten Abläufe vom Leasingantrag bis zur Vertragsausstellung wurden durchgängig digitalisiert. Im Rahmen eines strategischen Automatisierungsprojektes war eine Prozessautomatisierungssoftware eingeführt und zahlreiche interne und externe Systeme integriert worden (z. B. CRM, Vertragsmanagement, Zentralstelle für Kreditinformationen/ZEK, CRIF Teledata). Mehr als 200 Geschäftsregeln, die bei der Prüfung und Bewilligung der Leasinganträge zur Anwendung kommen, wurden implementiert. Durch die Anwendung und fortlaufende Optimierung dieser Geschäftsregeln im digitalisierten Prozess kann AMAG Leasing Anträge zunehmend vollständig automatisiert, das heisst ohne manuelle Prüfung, bewilligen. Für bewilligte Anträge können ohne Systembruch die Vertragsunterlagen erstellt werden. Aussichtslose Anträge werden aufgrund hinterlegter KO-Kriterien frühzeitig im Prozess automatisch erkannt und abgelehnt. Die automatisierte Bewilligungsquote, die aktuell bei 20 bis 25 % liegt, wird durch die fortlaufende Optimierung der hinterlegten Geschäftsregeln weiter erhöht (Zielwert: 30 %). AMAG Leasing konnte damit nicht nur nachweislich die Produktivität steigern (+32 %), sondern schafft Freiraum für komplexe Anträge, die eine vertiefte Abklärung erfordern. AMAG Händler und Kunden profitieren von einem raschen Entscheid in einem durchgängigen Prozess mit deutlich reduzierten Bearbeitungszeiten (−70 %), was sich in einer nachweisbar höheren Kundenzufriedenheit niederschlägt. Für AMAG Leasing zeigt sich der durchgängig digitalisierte und standardisierte Prozess nicht nur in einer gesteigerten Effizienz, sondern in hoher Datenqualität, einer optimierten Risikobewertung sowie einer deutlichen Verbesserung der Mitarbeiterzufriedenheit.

Nicht nur die Arbeitsumgebung für AMAG-Leasing-Mitarbeitende und AMAG-Händler wurde in den letzten Jahren digitalisiert, auch im Front-End wurde investiert. Auf der AMAG-Website werden mit dem Online-Leasingzertifikat und einem Leasingrechner zwei Online-Tools für leasing-interessierte Kunden angeboten.

Der Online-Leasingrechner erlaubt Kunden – online ohne Eingabe persönlicher Daten, nur mit Auswahl weniger Eckdaten des Wunschfahrzeuges (Marke, Modell, Motorisierung) – die Höhe der monatlichen Leasingrate zu berechnen sowie den Einfluss bestimmter Faktoren wie Laufzeit oder jährliche Laufleistung zu simulieren (◘ Abb. 4.1).

Das Online-Leasingzertifikat (◘ Abb. 4.2) ist unabhängig von einem konkreten Fahrzeugwunsch. Leasinginteressierte erhalten nach Eingabe ihrer persönlichen Daten, die auch Angaben zur finanziellen Situation und Lebensunterhaltskosten umfassen, direkt im Anschluss per E-Mail ein sogenanntes Leasingzertifikat, das keine verbindliche Zusage darstellt, aber Auskunft gibt über den finanziellen Rahmen, in dem AMAG ein Leasingangebot unterbreiten kann. Legt der Kunde das Leasingzertifikat beim Händler vor, können über eine Identifikationsnummer die bereits eingegebenen persönlichen Daten für den Leasingantrag abgerufen und verwendet werden. Eine Plausibilisierung und Validierung der online eingegebenen persönlichen Daten findet heute erst beim Händler auf der Grundlage eines amtlichen Ausweis-

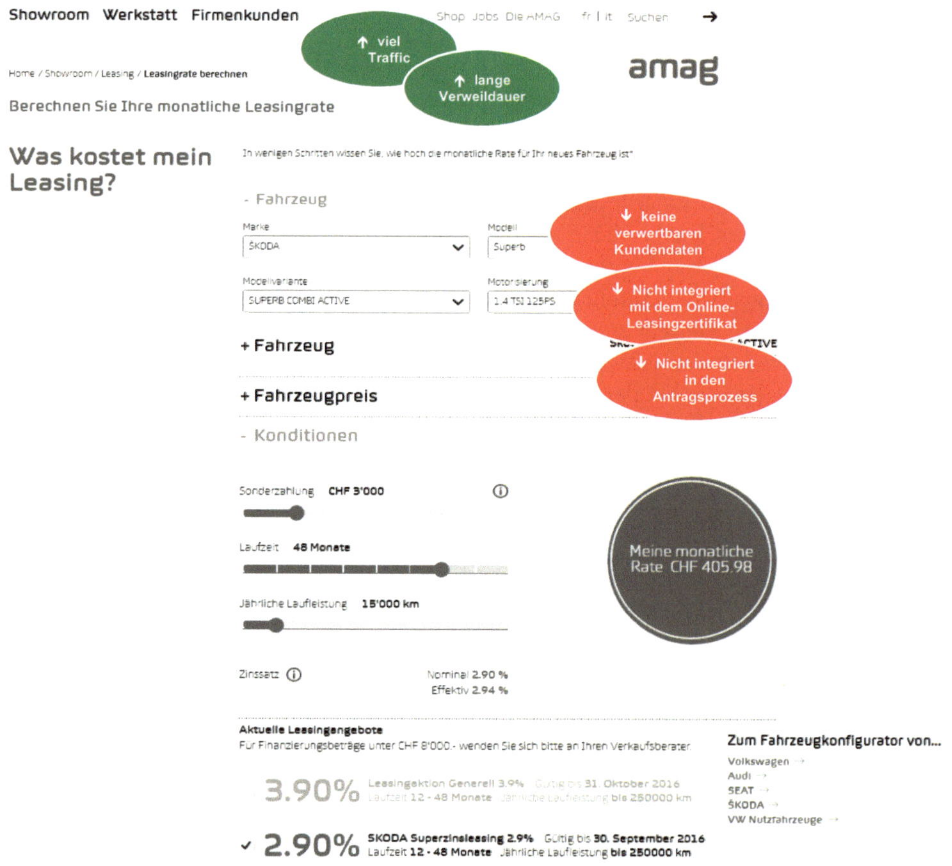

◘ **Abb. 4.1** Online-Leasingrechner. (www.amag.ch, Stand August 2016)

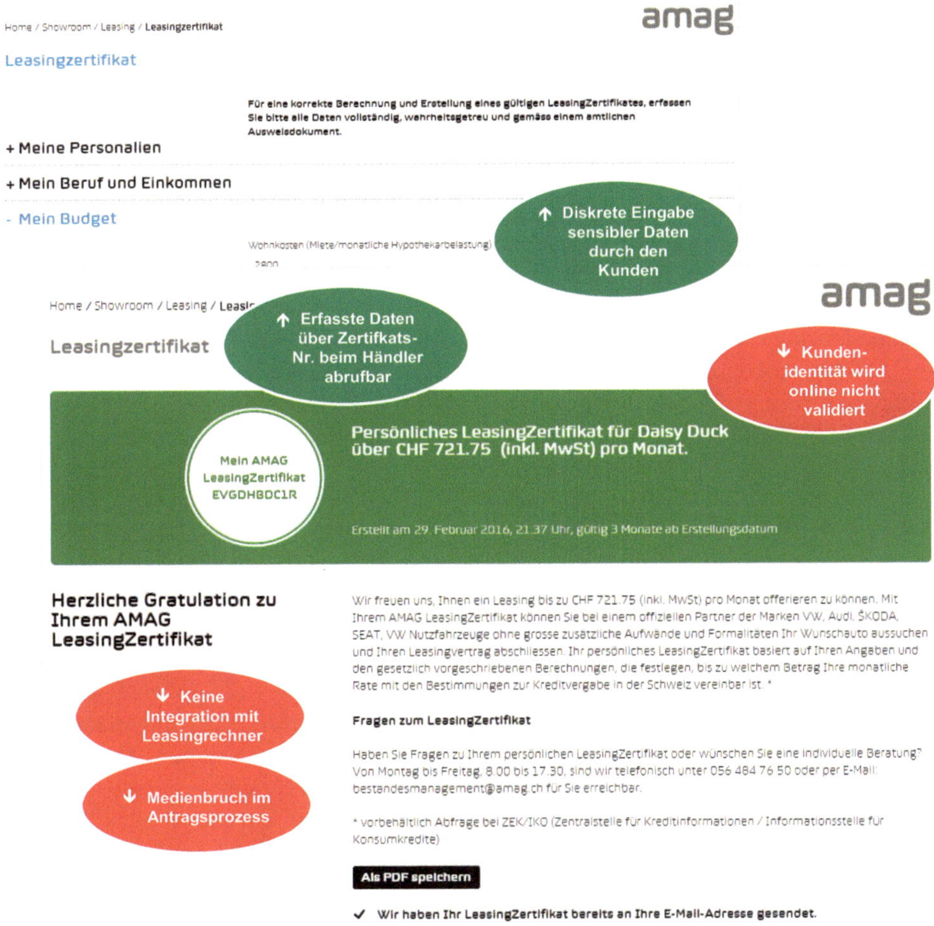

◘ Abb. 4.2   Online-Leasingzertifikat. (www.amag.ch, Stand August 2016)

dokuments statt. Aktuell sind die beiden Instrumente nicht integriert. Das bedeutet, sie liefern wertvolle Daten, die jedoch nicht in Beziehung zueinander oder zu tatsächlichen Verträgen gesetzt werden können. Der Online-Leasingrechner bietet eine lange Verweildauer (durchschnittlich fünf Minuten) und viel Traffic (12.000 Seitenaufrufe monatlich), aber keine verwertbaren Kundendaten. Somit ist nicht nachvollziehbar, welche und wie viele Leasingverträge aus der Nutzung entstehen. Das Leasingzertifikat hingegen liefert wertvolle Kundendaten, aber durch die fehlende Verifikation der Kundendaten ist nicht eindeutig nachvollziehbar ist, welche Anträge tatsächlich aus einem Online-Leasingzertifikat entstehen. Auch für welche Fahrzeuge sich ein Kunde interessiert, ist nicht ersichtlich.

4.2 Motivation und Zielsetzung

Mit dem vom Antrag, über die Bewilligung bis zur Vertragserstellung und -administration durchgängig digitalisierten Leasingprozess hat AMAG Leasing betriebsseitig die Voraussetzungen geschaffen, um in einem nächsten Schritt den Prozess weiter in Richtung Endkunde zu öffnen. Für Kunden stehen mit dem Online-Leasingrechner und dem Online-Leasingzertifikat bereits zwei Instrumente zur Verfügung, die jedoch nicht in den digitalisierten Leasingprozess eingebunden sind. Die rechtskonforme Feststellung der Kundenidentität spielt hierbei eine Schlüsselrolle. Kann diese in einem digitalisierten Leasingprozess sichergestellt werden, kann AMAG Leasing sowohl den bestehenden Leasingprozess optimieren als auch neue Wege im Online-Leasing einschlagen.

AMAG Leasing unterliegt als Finanzintermediär den Regulatorien zur Bekämpfung der Geldwäscherei und der Terrorismusfinanzierung. Diese umfassen zum einen das Geldwäschereigesetz (GWG 1997) und zum anderen die Verordnung der Eidgenössischen Finanzmarktaufsicht über die Bekämpfung von Geldwäscherei und Terrorismusfinanzierung im Finanzsektor (GwV-FINMA 2015). Darin sind unter anderem die Sorgfaltspflichten bezüglich der Identifikation der Vertragspartei, sprich des Kunden, bei der Aufnahme einer Geschäftsbeziehung festgelegt. Um diesen gerecht zu werden, muss gemäss Art. 45 GwV-FINMA der Kunde persönlich beim Finanzintermediär vorstellig werden, der eine Kopie des Identifizierungsdokuments erstellen, datieren, unterzeichnen und zu den Akten legen muss. Im Fall von AMAG findet diese Identifikation beim Händler statt, der diese Kopien digitalisiert und im Leasingsystem hinterlegt. Wird der Leasingantrag bewilligt und ein Vertrag erstellt, ist AMAG Leasing gemäss GwG verpflichtet, den gesamten Vorgang und somit auch die Identifizierungsdokumente im Rahmen der Vertragsadministration einer Qualitätsprüfung zu unterziehen (◘ Abb. 4.3). Bei einem signifikanten Anteil der bearbeiteten Fälle erfüllen die Identifizierungsdokumente die Qualitätskriterien nach GwG/GwV-FINMA nicht (z. B. aufgrund eines schlecht erkennbaren Fotos). In diesen Fällen muss AMAG Leasing den Händler auffordern, den Kunden nochmals in die Garage zu bestellen, um sich erneut zu identifizieren. Das Fahrzeug ist zu diesem Zeitpunkt in der Regel bereits ausgeliefert. Somit schafft diese Prozedur nicht nur unzufriedene Kunden, sondern auch rechtliche Unklarheit, da die Aufnahme der Geschäftsbeziehung bis zur Nachlieferung eines ausreichenden Identifikationsdokuments als abgebrochen gilt (Art. 55 GwV-FINMA). Hinzu kommt ein administrativer Mehraufwand für die Nachbearbeitung, der im Rahmen des Business Cases mit rund 150 Personentagen jährlich quantifiziert wurde.

Ursache der Problematik ist die für alle Akteure umständliche und an den stationären Handel gebundene Form der Identitätsprüfung. Die genannten regulatorischen Vorgaben im Finanzsektor liessen den Einsatz online- und videobasierter Tools für die Identifikation des Vertragspartners bis dato in der Schweiz nicht zu. Die Aufnahme einer Geschäftsbeziehung auf rein digitalem Weg war somit für einen Finanzintermediär nicht möglich. Dies änderte sich jedoch mit dem Erlass des FINMA-Rundschreibens «Video- und Online-Identifizierung» im März 2016, das die Sorgfaltspflichten bei der Aufnahme von Geschäftsbeziehungen über digitale Kanäle regelt (FINMA 2016b). Die FINMA stellt darin die Video- und Online-Identifizierung unter bestimmten Voraussetzungen mit der persönlichen Vorsprache des Kunden gleich (siehe Infobox).

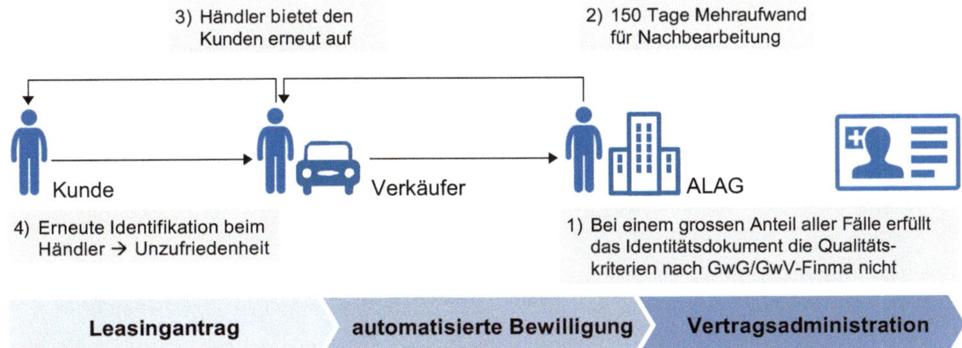

Abb. 4.3 Auswirkungen nicht GwG/GwV-FINMA-konformer Identitätsdokumente auf den Leasingprozess

FINMA ermöglicht Videoidentifizierung

Mit Inkrafttreten des FINMA-Rundschreibens «Video- und Online-Identifizierung» im März 2016 (FINMA 2016b), ist es Finanzdienstleistern nun auch in der Schweiz möglich, Kunden bei der Aufnahme einer Geschäftsbeziehung, z. B. bei einer Kontoeröffnung oder einem Leasingantrag, über digitale Kanäle zu identifizieren. Die FINMA stellt damit, wie bereits 2014 die deutsche Aufsichtsbehörde BaFin, die Video- und Online-Identifizierung mit der persönlichen Vorsprache des Kunden gleich. Die FINMA begründet diesen Schritt damit, «unnötige Hürden in der FINMA-Regulierung» abzubauen und die Innovations- und Wettbewerbsfähigkeit des Finanzplatzes Schweiz sicherzustellen (FINMA 2016a). Von den angepassten regulatorischen Rahmenbedingungen profitieren nicht nur Fintech-Startups, sondern alle Finanzdienstleister, die Geschäftsbeziehungen mit ihren Kunden von Beginn an, das heisst bereits beim sogenannten «client onboarding» digital, gestalten wollen.

Ein wesentlicher Grundsatz des Geldwäschereigesetzes und der Verordnung der Eidgenössischen Finanzmarktaufsicht über die Bekämpfung von Geldwäscherei und Terrorismusfinanzierung im Finanzsektor ist die Identifikation der Vertragspartei bei Aufnahme der Geschäftsbeziehung (Art. 3 GwG, Art. 44 GWV-FINMA). Bis zum Inkrafttreten des FINMA-Rundschreibens war die Identifizierung nur durch persönliche Vorsprache mit einem amtlichen Ausweis (inkl. Identitätsfoto) möglich (Art. 45 GWV-FINMA). Als einzige Alternative zur persönlichen Vorsprache war die Zustellung einer echtheitsbestätigten Kopie auf dem Postweg mit einer zusätzlichen Prüfung der Postadresse durch eine Postzustellung vorgesehen. Das FINMA-Rundschreiben erweitert diese Möglichkeiten nun auf digitale Kanäle. So ist neu die Videoidentifizierung von einem beliebigen Endgerät des potenziellen Kunden möglich, sofern die folgenden Grundsätze erfüllt sind (FINMA-RS, Abs. 5–22):

- Die Identifizierung erfolgt mittels audiovisueller Kommunikation in Echtzeit, das heisst in einer Live-Schaltung.
- Die sichere Übertragung und das Auslesen und Entschlüsseln der Information aus der maschinenlesbaren Zone (MRZ) des Ausweises ist sichergestellt.
- Die Bild- und Tonqualität muss eine einwandfreie Identifikation gewährleisten. Während der Videoübertragung müssen Bilder der Vertragspartei und des Identifizierungsdokuments erstellt werden.

- Alle Angaben nach Art. 44 GwG und Art. 60 GwV-FINMA (Name, Vorname, Geburtsdatum, Adresse, Staatsangehörigkeit) müssen vor der Videositzung erfasst und übermittelt sein. Vor Beginn des Gesprächs muss das ausdrückliche Einverständnis zur Videoidentifizierung eingeholt werden.
- Alle vor und während der Videositzung erhobenen Daten werden abgeglichen, Die Echtheit des Dokuments wird visuell oder mit technischen Mitteln geprüft. Es sind nur Ausweisdokumente zugelassen, die über eine MRZ und optische Sicherheitsmerkmale verfügen.
- Im Laufe der Sitzung ist die Identität der Vertragspartei mittels einer zugestellten Transaktionsnummer (TAN) o. ä. zu verifizieren.
- Die durchführenden Mitarbeitenden müssen geschult und durch einen Gesprächsleitfaden unterstützt sein.
- Der Finanzintermediär kann eine dritte Partei mit der Identifizierung beauftragen.

In der Schweiz bieten (zum Zeitpunkt der Studie) Swisscom (»Digital Identification & Signing«) und die Schweizerische Post («ID-Check») die Videoidentifikation an. Beide Dienste basieren auf der Software der WebID Solutions. Firmenkunden, die diese Anbieter für die Identifikation oder Altersprüfung ihrer Kunden einsetzen, bezahlen pro Vorgang («pay per use»). Die Daten werden an den Dienstleistungsanbieter über eine sichere und verschlüsselte Verbindung übermittelt und anschliessend aus den Systemen des Identifikationsanbieters gelöscht. Auf eine interne Lösung setzt UBS, die im März 2016 eine App für die Videoidentifikation auf der Basis der Softwarelösung IDnow lanciert hat. Sowohl WebID als auch IDnow bieten zusätzlich zur rechtssicheren Verifizierung im Video-Chat Funktionen für den digitalen Vertragsabschluss an. Über eine in Echtzeit erstellte elektronische Signatur kann der Kunde im Video-Chat einen Vertrag digital unterzeichnen.

Vor dem Hintergrund dieser aufsichtsrechtlichen Änderung, die bereits im Dezember 2015 von der FINMA angekündigt und in einem Regelungsentwurf zur Stellungnahme kommuniziert wurde, konnte AMAG Leasing rasch reagieren und die Identifikationsproblematik unter neuen Voraussetzungen aufgreifen. Nach Prüfung verschiedener Alternativen entschied sich AMAG Leasing, die Einsatzmöglichkeiten der videobasierten Identifikation für Digitalisierung des Leasings auszunutzen. Das Projekt wurde im Frühjahr 2016 mit folgenden Zielsetzungen gestartet:

- Kurzfristig (Phase 1, Sommer 2016): Optimierung des aktuellen Prozesses durch die Video-Identifikation: Mehraufwände auf Seiten AMAG Leasing, Händler und Kunde, die durch mangelhafte Identitätsnachweise entstehen, werden reduziert.
  - Kundennutzen: Der Kunde kann sich bequem im Video-Chat identifizieren. Der erneute Weg zum Händler entfällt.
- Mittelfristig (Phase 2, Herbst 2016): «Online-Bewilligung» (□ Abb. 4.4): Das Online-Leasingzertifikat wird durch die Video-Identifikation zur verbindlichen Zusage für einen Leasingvertrag.
  - Kundennutzen: Der Kunde kann persönliche Daten über seine finanzielle Situation und Lebenshaltungskosten diskret online erfassen und erhält innert Minuten eine verbindliche Zusage.

Der Kunde …

◘ Abb. 4.4 Zielsetzung: Online-Bewilligung

- Langfristig (Folgephase): Der Kunde erhält nicht nur eine Zusage für einen Leasingvertrag, sondern kann online ein Fahrzeug auswählen, einen Leasingvertrag abschliessen und einen Termin für die Fahrzeugübergabe beim Händler vereinbaren.
  - Kundennutzen: Kunden, die ein Online-Leasing dem Besuch beim Händler vorziehen, können den kompletten Prozess online durchlaufen.

Mit dem Projekt setzt AMAG Leasing klare Signale für die digitale Ausrichtung der AMAG. Das Projekt Video-Identifikation kann wertvolle Erkenntnisse und Grundlagen für die Digitalisierung weiterer Prozesse und Geschäftsbereiche schaffen. Wesentlich für den Erfolg wird sein, ob es AMAG Leasing gelingt, die Kundenbedürfnisse bei der Gestaltung des Online-Leasings einzubeziehen und so auch neue Zielgruppen durch positive Kundenerlebnisse zu überzeugen.

» Wir stellen die Wirkung haptischer Erlebnisse und persönlicher Beziehungen im Automobilvertrieb nicht in Frage, aber es gibt Zielgruppen und Situationen, für die wir frühzeitig digitale Ergänzungen und Alternativen anbieten wollen. In der diskreten Online-Erfassung persönlicher Daten für einen Leasingantrag, von zuhause und jederzeit, komplettiert durch die unkomplizierte videobasierte Online-Identifikation, sehen wir einen echten Kundenutzen (Patrick Frauchiger, Leiter Verkauf und Marketing, AMAG Leasing AG).

Digitalisierung in der Automobilbranche – Was will der Kunde?

Nicht nur die Angebotsseite verändert sich, auch das Informations- und Entscheidungsverhalten der Automobilkunden ist im Wandel. Studien zeigen, dass Online-Kanäle nicht nur an Bedeutung gewinnen, sondern in der Phase der Informationsbeschaffung bereits dominieren. Aber auch Kundenerlebnisse im stationären Handel bleiben relevant:

- **Mehr als 80 % der Neuwagenkunden und nahezu 100 % der Gebrauchtwagenkunden starten die Informationssuche online.** Die Anzahl der Besuche beim Händler vor dem Autokauf sind von durchschnittlich 5 auf bis zu einem Besuch gesunken (abhängig von Region und Marke). Mehr als 80 % der Kunden wollen jedoch auf die Probefahrt beim Händler nicht verzichten (Global Consumer Survey in USA, Europa und China (McKinsey & Co. 2014)).

» Der Händler verliert in der Anfangsphase die Informationshoheit über das Produkt (Detlev Mohr, Leiter Automotive Practice Europe, (McKinsey & Co. 2014)).

- **Auch bei Fahrzeugleasing und -finanzierung ist das Internet zur wichtigsten Informationsquelle für Kunden geworden**, wie eine Studie bei Endkunden in Deutschland zeigt (Ernest & Young GmbH 2013). Mehr als 40 % der befragten potenziellen Kunden, die über den Kauf oder die Finanzierung eines Fahrzeuges nachdenken oder in den letzten 12 Monaten ein Auto gekauft oder finanziert haben, nutzen das Internet, um sich über das Thema Leasing/Finanzierung zu informieren. Rund 24 % informieren sich telefonisch oder persönlich beim Händler.
- **Die Fahrzeugfinanzierung wird dabei für Konsumenten im Entscheidungsprozess zunehmend wichtiger**. Auf die Frage, zu welchem Zeitpunkt sie sich über die Finanzierung ihres Neu- oder Gebrauchtwagens informieren, gaben 48,2 % der Befragten an, dass sie dies vor der Modellwahl, 29,4 % während und 14,2 % nach der Wahl des Modells tun (Ernest & Young GmbH 2013).
- Die Studie empfiehlt Autobanken und Autohändlern auf diese Herausforderungen und Chancen gemeinsam mit Multikanalvertriebsstrategien zu reagieren. Weitere Potenziale werden in der Nutzung des Internets, über die statische Information hinaus, als Transaktionsplattform für das Leasing gesehen. Auch die Erweiterung des Angebots um neue Mobilitätskonzepte (z. B. Übernahme von Carsharing-Lizenzen, Bring-/Hohldienste) werden als gemeinsames Aktionsfeld für Handel und Leasinggeber vorgeschlagen (Ernest & Young GmbH 2013).

4.3   Umsetzung und Wirkung

AMAG Leasing ist sich bewusst, dass sie mit der Online-Videoidentifikation Neuland im Schweizer Finanzdienstleistungsmarkt betritt. Die Möglichkeiten, die sich dadurch für die weitere Ausgestaltung des Online-Leasings bis hin zum digitalisierten Absatz ergeben, sollen daher schrittweise getestet und umgesetzt werden. Die Kundenbedürfnisse werden auf diesem Weg frühzeitig erhoben und in die Ausgestaltung einbezogen.

Um die oben beschriebenen Ziele zu erreichen, gliedert AMAG Leasing das Projekt in drei Phasen (◘ Abb. 4.5).

PHASE 1	– Online-Video-Identifikation statt erneutem Händler-Besuch – Mehraufwände durch nachträgliche Identifikation senken – Kundenbedürfnisse und Akzeptanz erheben	Backend-Prozess und Prototyp
PHASE 2	– Projektziel: Verbindliche Zusage für einen Leasingvertrag online – Leasing-Zertifkat mit Identitätsnachweis	Online-Bewilligung
FOLGEPHASE	– Potenzial: Leasing und Fahrzeugauswahl online	Online-Absatz

◘ **Abb. 4.5**   Vorgehen und Inhalte der Phasen

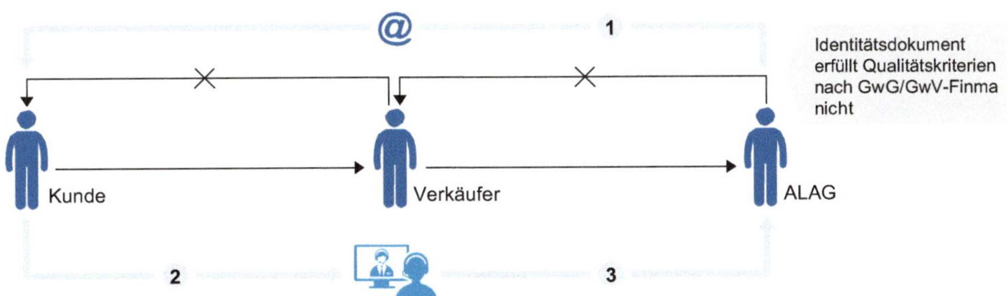

Abb. 4.6 Phase 1 – Backend-Prozess und Prototyp

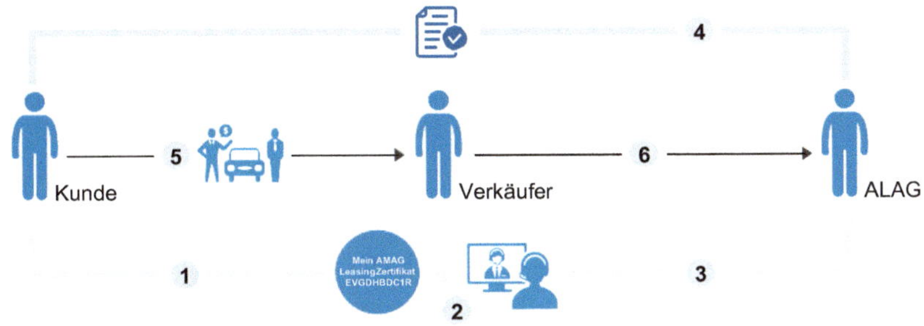

Abb. 4.7 Phase 2 – Online-Bewilligung

In der ersten Phase wird die Online-Videoidentifikation im bestehenden Prozess eingesetzt, um die Mehraufwände zu reduzieren, die entstehen, wenn der GwG-Check der Vertragsadministration Mängel beim Identitätsnachweis feststellt (Abb. 4.6). AMAG Leasing muss in diesem Fall nicht mehr wie bis anhin den Händler auffordern, den Kunden erneut aufzubieten, um sich persönlich auszuweisen. Stattdessen wird aus dem Prozessmanagementsystem eine E-Mail an den Kunden mit einem Link zur Online-Videoidentifikation erstellt (1). Der Kunde identifiziert sich online (2) und die Daten werden an AMAG Leasing übermittelt (3). In dieser Pilotphase nutzt AMAG Leasing für die Online-Videoidentifikation die Dienstleistung eines Drittanbieters.

Nach erfolgreichem «Prototyping» wird die Zielgruppe der Online-Identifikation erweitert und das bereits bestehende Online-Leasingzertifikat in den Prozess integriert. In Phase 2 («Online-Bewilligung») sind nicht mehr nur Kunden, die sich erneut identifizieren, angesprochen, sondern alle potenziellen Kunden, die online einen Leasing-Antrag stellen möchten (Abb. 4.7). Für die Eingabe ihrer persönlichen Daten nutzen Kunden das Online-Leasingzertifikat (1), das den finanziellen Rahmen, innerhalb dessen ein Leasing möglich ist, online prüft und bescheinigt. In einem nächsten Schritt werden im Video-Chat mit Web-ID die eingegebenen persönlichen Daten und die Identität der Person und deren Ausweis geprüft (siehe Infobox «FINMA ermöglicht Online-Videoidentifikation») (2). Die Daten werden an AMAG Leasing übermittelt (3), die dem Kunden auf dieser Grundlage online eine verbindliche Zusage für einen Leasingvertrag erteilen kann (4). Mit dieser Zusage kann der Kunde zum Händler, um ein Auto auszuwählen und den Vertrag zu unterzeichnen (5). Abschliessend wird die Vertragsadministration ausgelöst.

Mit der Online-Bewilligung ist das Projektziel für AMAG Leasing erreicht. In einer Folgephase werden anschliessend die Potenziale für den gesamten Absatzprozess betrachtet. In die-

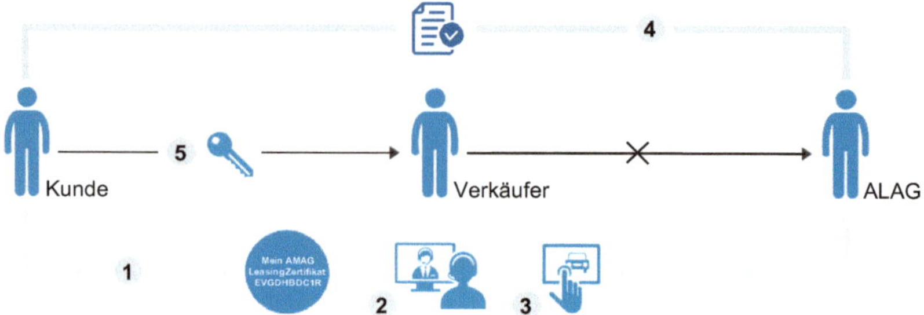

Abb. 4.8 Folgephase – Online-Absatz

sem Szenario (■ Abb. 4.8) erstellt sich der Kunde online ein Leasingzertifikat (1), lässt sich per Video-Chat identifizieren (2) und wählt ebenfalls online das Fahrzeug aus (3). Eine Schnittstelle zur webbasierten Fahrzeugauswahl, die Gegenstand eines laufenden Projekts ist, soll diesen Schritt ermöglichen. Die bestehende durchgängige Automatisierung würde zudem ermöglichen, dass nicht nur eine verbindliche Zusage für einen Leasingvertrag ausgestellt werden kann, sondern auch der Leasingvertrag online abgeschlossen werden kann (4). Abschliessend könnte der Kunde einen Termin für die Fahrzeugübergabe beim Händler (5) online vereinbaren. Die Frage der Verfügbarkeit des Fahrzeuges wird durch den hohen Standardisierungsgrad der Fahrzeuge in Bezug auf Motorisierung und Ausstattung zunehmend unwesentlich.

■ **Die Lösungsarchitektur**

Für die Umsetzung der Szenarien hat die AMAG Leasing durch die Automatisierung des Bewilligungsprozesses systemseitig bereits wesentliche Voraussetzungen geschaffen. Das CRM-System und das Vertragsmanagement-System sind in den automatisierten Prozess integriert. Auch die Middleware für den Datenaustausch ist bereits vorhanden. Für die Umsetzung der oben beschriebenen Phasen müssen lediglich die bestehenden Online-Instrumente Leasing-Zertifikat und Leasing-Rechner sowie der externe Videoidentifizierungsservice eingebunden werden (■ Abb. 4.9).

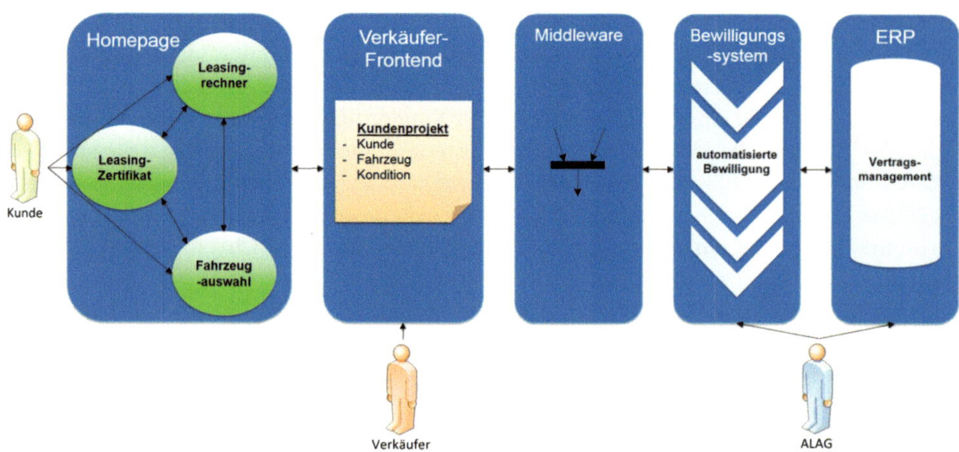

Abb. 4.9 Systemlandschaft – Status quo und Erweiterungen für das Online-Leasing

▪ Was will der Kunde?

Die grösste Herausforderung für AMAG Leasing ist nicht die systemseitige Implementierung des online erweiterten Leasingprozesses. Da sie mit der erst kürzlich in der Schweiz möglichen Video-Identifizierung Neuland beschreitet, ist die Akzeptanz der Schweizer Kunden nicht vorhersehbar. Auch die Bereitschaft für ein vollständig online durchgeführtes Fahrzeugleasing lässt sich kaum abschätzen.

Sind Schweizer Kunden bereit, vertrauliche Daten im Rahmen eines Video-Chats, in dessen Verlauf Fotos von ihnen und ihren Ausweisdokumenten erstellt werden, mit einer Drittpartei zu teilen? Sehen sie einen Vorteil darin, Daten zu ihrer persönlichen und finanziellen Situation online zu erfassen, um direkt eine verbindliche Zusage für ein Leasing zu erhalten? Und zu welchem Zeitpunkt befassen sie sich mit dem Thema Leasing? Bevor oder nachdem sie ihr Traumauto ausgewählt haben?

» Die Online-Bewilligung kann ein Alleinstellungsmerkmal für die AMAG Leasing werden, aber die Akzeptanz der videobasierten Identifikation durch Schweizer Kunden und deren Bedürfnisse beim Online-Leasing sind ungewiss. Vielleicht sind wir etwas früh für den Schweizer Markt? Aus diesem Grund testen wir verschiedene Szenarien mit extern rekrutierten Probanden (Esad Ceranic, Projektverantwortlicher, AMAG Leasing AG).

Um diese Fragen bereits vor der definitiven Implementierung des Online-Leasingprozesses zu klären, hat sich AMAG Leasing entschieden, mit dem Service Lab der Zürcher Hochschule für Angewandte Wissenschaften zusammenzuarbeiten. Mit Testkunden, die bereits Erfahrungen mit Fahrzeugleasing haben oder ein solches in Betracht ziehen, werden Interviews durchgeführt und die aktuellen Online-Tools sowie die Video-Identifikation über einen externen Service getestet. Als Ausgangspunkt für diesen qualitativen Ansatz wurden mit AMAG Leasing drei Szenarien erarbeitet, die unterschiedliche Zugänge zum Online-Leasing darstellen. Die Ergebnisse der Interviews und Beobachtungen werden eingesetzt, um den Zugang zum Online-Leasing möglichst einfach und bedürfnisgerecht zu gestalten. ◘ Abb. 4.10 fasst Ziele und Vorgehen zusammen.

▪ Erste Erkenntnisse

Die Beobachtungen und qualitativen Tiefeninterviews mit den Probanden liefern für AMAG aufschlussreiche Erkenntnisse sowohl über die grundlegende Einstellung und den Wissensstand potenzieller Kunden zum Thema Leasing, als auch über deren Umgang mit den bestehenden Online-Tools und mit der Online-Identifikation.

Bezüglich der Bereitschaft, sich online identifizieren zu lassen, können die Befragten relativ klar in zwei Gruppen eingeteilt werden: während es für die einen nicht bzw. noch nicht in Frage kommt, ihr Gesicht und ihre ID im Internet in eine Kamera zu halten, sehen andere – vor allem unter dem Gesichtspunkt, dass es sich um eine moderne und zeitsparende Methode handelt – darin kein Problem. Abgesehen von diesen Grundeinstellungen der Probanden hängt die Bereitschaft für eine solche Online-Identifikation auch vom Wissen der Befragten über Leasing ab. Haben diese in der Vergangenheit bereits einen Leasing-Vertrag abgeschlossen und wissen, dass im Prozess zu irgendeinem Zeitpunkt eine Identifikation auf sie zukommt, rechnen sie im Online-Prozess auch eher mit diesem Schritt. Personen, welche noch keine Erfahrung mit Leasing haben, reagieren entsprechend unvorbereitet und zurückhaltend auf die Situation. Unabhängig von Wissen und Einstellungen ist die Identifizierung über das Internet für alle Probanden ein neuer Anwendungsfall, der Verunsicherung auslöst. Eine wichtige Rolle spielt

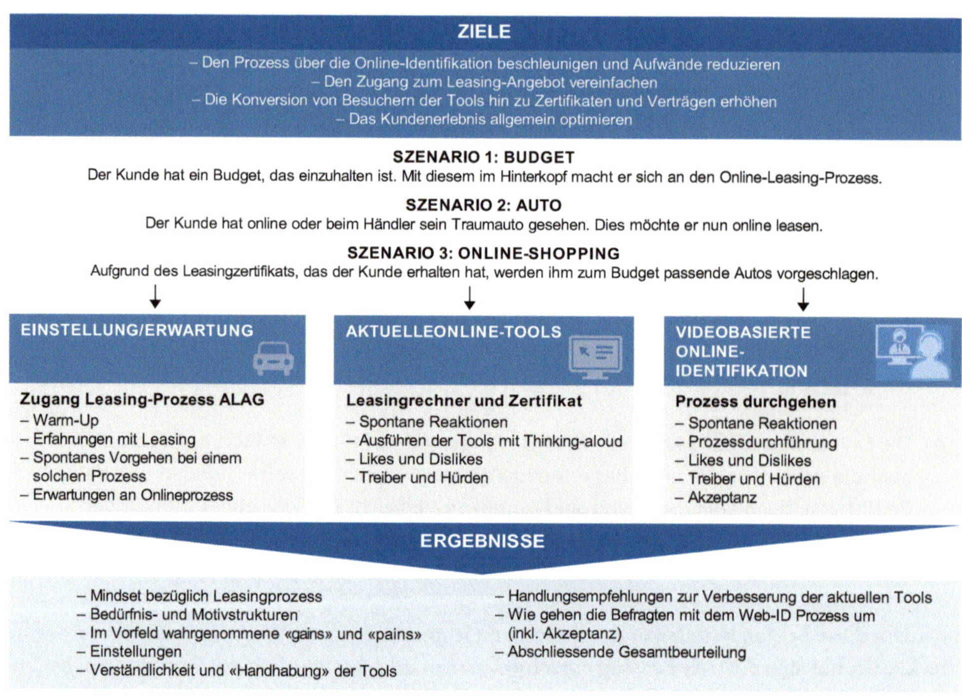

Abb. 4.10   Kooperation mit dem ZHAW Service Lab

dabei die Rahmenbedingung, dass die Online-Identifikation über einen Drittanbieter durchgeführt wird: auch wenn die Online-Identifikation in die amag.ch-Seite eingebettet ist und die Nutzer vor Aufbau der Livesitzung darauf hingewiesen werden, dass sie mit einem externen Partner für die Online-Identifikation verbunden werden, ist das Vertrauen in einen Drittanbieter nicht in gleichem Umfang gegeben wie in die bekannte AMAG. Die Interviewten fragen sich unter anderem, wie das Unternehmen die Daten handhabt und wie die Datensicherheit gewährleistet wird. Diese nicht zwingend rational begründeten Zweifel haben zur Folge, dass einige der Probanden den Gang zum Händler bevorzugen würden, um sich identifizieren zu lassen. Eine weitere Erkenntnis aus den Interviews und Beobachtungen ist, dass die Bereitschaft zu einer Online-Identifikation und zu einem Online-Leasing-Prozess insgesamt steigt, wenn die Interviewten mit der Auswahl des Autos in den Prozess einsteigen.

Auf der Grundlage dieser und weiterer Erkenntnisse wurden Handlungsempfehlungen formuliert, die kurzfristig umsetzbare operative Massnahmen und mittel- bis langfristige strategische Massnahmen umfassen. Zentral wiegt dabei die Erkenntnis, dass, unabhängig vom untersuchten Szenario, ein Grundbedürfnis nach Transparenz und Unterstützung im gesamten Prozess auf Kundenseite besteht. Dabei geht es nicht nur um grundlegende Informationen zum Thema Leasing und eine Erklärung der Schritte im Leasingprozess und dessen Fortschritt, sondern um eine verständliche Aufklärung zu Beginn und prozessbegleitend, welche Informationen und Aktivitäten zum Abschluss der einzelnen Schritte notwendig sind.

■ Ausblick

AMAG Leasing ist sich bewusst, dass für den Erfolg eines durchgängigen Online-Leasings nicht nur technische Lösungen und optimal gestaltete Oberflächen entscheidend sind. Die beschriebenen Neuerungen im Leasingprozess wirken sich massiv auf interne Abläufe, Strukturen und Rollenverteilungen aus, die über das Leasing hinausgehen und den gesamten Fahrzeugabsatz betreffen. Die Veränderungen in der Kundenbeziehung und im Kundenverhalten müssen von allen beteiligten Akteuren entlang der Absatzkette getragen werden. AMAG Leasing hat sich entschieden, diese zentralen Fragestellungen auf der Grundlage erster Erfahrungen schrittweise zu adressieren. Abzuwarten, bis alle organisatorischen, betriebspolitischen und rechtlichen Fragestellungen abschliessend geklärt sind, lässt der Wettbewerbsdruck in einer zunehmend digitalisierten Automobilbranche nicht zu. Klar an den Ausgangspunkt gestellt werden hingegen die Bedürfnisse, Reaktionen und Einstellungen der Kunden. Zum Zeitpunkt der Erstellung der vorliegenden Fallstudie befindet sich AMAG Leasing in der Phase des «Prototyping» der Online-Videoidentifikation. Parallel werden die Erkenntnisse aus den Interviews und Beobachtungen mit Probanden im Service Lab ausgewertet und die operativen und strategischen Handlungsempfehlungen für die Optimierung der Online-Angebote sowie die Ausgestaltung der Digitalisierungsstrategie eingesetzt.

4.4 Fazit

Die vorliegende Fallstudie von AMAG Leasing zeigt, wie eine im Back-End begonnene digitale Transformation für die Schaffung neuer Kundenerlebnisse genutzt wird. Ausgehend von einem durchgängig automatisierten Bewilligungsprozess kann die Tür zum Kunden geöffnet und ein Online-Leasing angeboten werden. Machbar wird dies durch veränderte regulatorische Rahmenbedingungen, die eine Online-Videoidentifikation für Finanzdienstleistungskunden in der Schweiz neu zulassen. Auf dieser Grundlage kann AMAG Leasing Geschäftsbeziehungen mit Kunden GwG-konform online eröffnen und ihnen eine Alternative zum Weg über den stationären Handel bieten.

Die Fallstudie deckt ein breites Spektrum der im Rahmen der Studie erforschten Aspekte der digitalen Transformation ab. Das Vorhaben verändert die Domänen Kunde, Geschäftsmodell und Business Operations gleichermassen und macht die Relevanz der Prozessdigitalisierung deutlich. Die wesentlichen Erkenntnisse sind in ◘ Abb. 4.11 gekennzeichnet und nachfolgend dargestellt.

Mit welcher Zielsetzung und mit welcher Wirkung wird digital transformiert? Welcher Kundennutzen wird angestrebt bzw. wurde bereits realisiert?

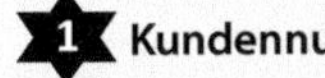
Kundennutzen: Online-Alternative zum Händlerbesuch

In einem ersten Schritt profitieren bestehende Kunden, deren Fahrzeug bereits ausgeliefert ist und deren Ausweisdokument die GwG-Qualitätsprüfung nicht besteht. Sie ersparen sich den Weg zum Händler und können sich bequem online im Video-Chat erneut identifizieren. Mit der Integration des Online-Leasing-Rechners und des Online-Leasingzertifikats werden Zielgruppe und Nutzen erweitert. Der komplette Leasingantrag kann diskret und bequem online gestellt werden und führt bei positiver Bewilligung direkt zur verbindlichen Zusage. Wird die Auswahl des Fahrzeuges zukünftig integriert, können Kunden, die diese Form der Interaktion einem Besuch beim Händler vorziehen, den kompletten Prozess online durchlaufen. Um sicherzustellen, dass das Online-Leasing tatsächlich positive Kundenerlebnisse schafft und neue Zielgruppen überzeugt, werden Kundenbedürfnisse frühzeitig in die Ausgestaltung einbezogen.

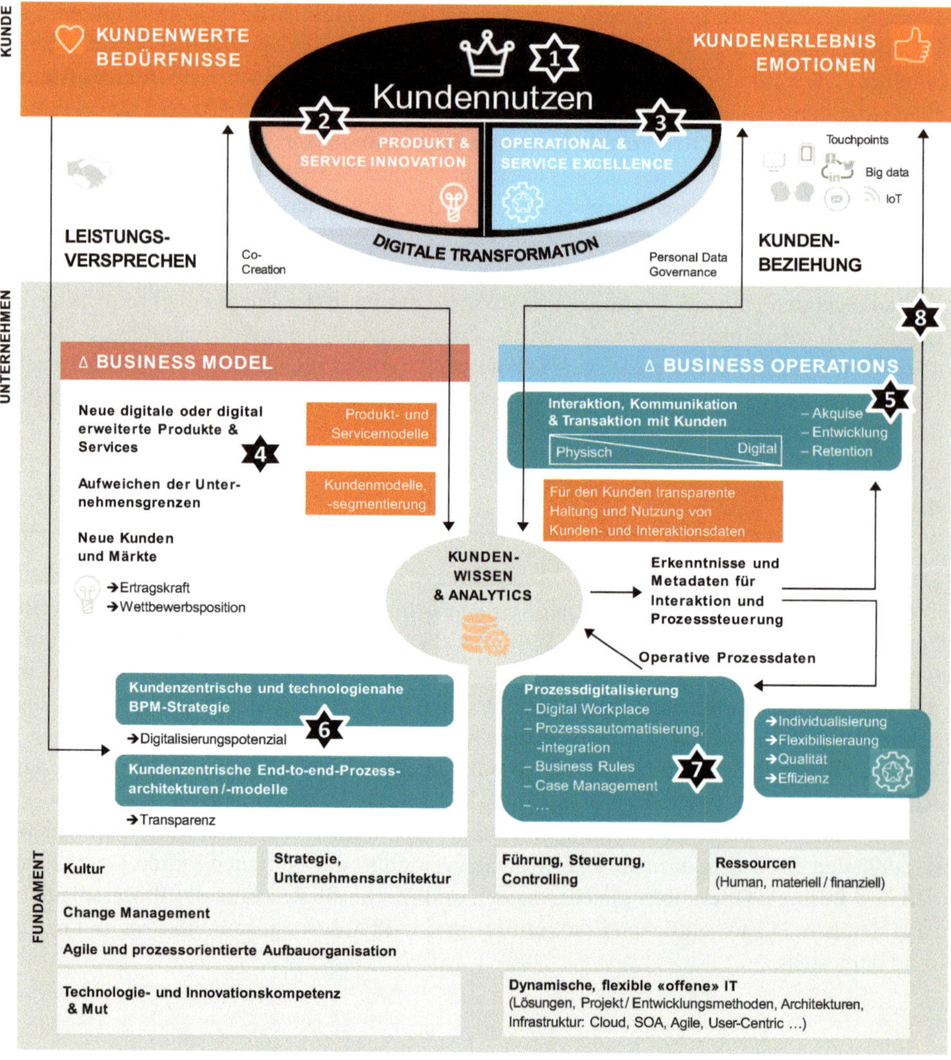

◘ Abb. 4.11   AMAG Leasing Fallstudie – Kernaspekte im Kontext des Studienframeworks

✶2 Produkt- und Service-Innovation

Das Serviceangebot der AMAG wird durch das Online-Leasing digital erweitert. Ein durchgängiges Online-Leasing ohne Medienbrüche war in der Schweiz aufgrund der fehlenden Rechtsgrundlagen für die Online-Identifikation bisher nicht möglich. AMAG Leasing kann diese Lücke schliessen und Wettbewerbsvorteile sichern. Der veränderte Prozess bietet Anknüpfungspunkte für weitere Innovationen; so könnten Carsharing-Modelle in das Online-Leasing eingebunden und angeboten werden. Aktuell lassen viele Leasinganbieter Carsharing nicht zu. Die AMAG Gruppe hat mit ihrer Beteiligung am Zürcher Startup Sharoo und Catch a Car von Mobility signalisiert, dass sie offen ist, diese Formen der Mobilität in ihr Geschäftsmodell zu integrieren.

 **Operational & Service Excellence**

Ein Auslöser für das Vorhaben waren die Mehraufwände, die durch mangelhafte Identitätsnachweise in der Vertragsadministration und in der Folge beim Händler und letztlich beim Kunden entstehen. Wird die Online-Videoidentifikation von den Kunden akzeptiert, können die Prozesskosten reduziert und die Kundenzufriedenheit erhöht werden. Auch das Online-Leasing mit Neukunden profitiert von dieser Durchgängigkeit des Leasingprozesses von der Eröffnung der Geschäftsbeziehung bis hin zur Vertragsadministration.

Was wurde bzw. wird digital transformiert?

 **Business Model: Neue Rolle für AMAG Leasing**

Traditionell wird ein Fahrzeuggeschäft, sei es Kauf oder Leasing, über den stationären Handel angebahnt. Die Möglichkeit einen Leasingantrag rechtskonform vollständig online abzuwickeln, bietet der AMAG Leasing neue Möglichkeiten in der Interaktion mit dem Kunden und in der Unterstützung des Händlers in der Geschäftsanbahnung insbesondere mit Blick auf die stetig zunehmenden gesetzlichen Regulierungen. Der stationäre Handel bleibt für das Kundenerlebnis jedoch nicht nur bei Probefahrten oder beim Service relevant und es gilt daher, die optimale Rollenverteilung im veränderten Geschäftsmodell zu finden. Eine weitere Veränderung erfährt das Geschäftsmodell, indem das Servicesystem für das Online-Leasing um ein Drittpartei erweitert wird, die durch die Online-Identifizierung ein durchgängiges Kundenerlebnis ermöglicht.

 **Business Operations: Digital und physisch**

Mit dem automatisierten Bewilligungsprozess ist bei AMAG Leasing bereits ein stabiles operatives Rückgrat für das Online-Leasing vorhanden. Effizienz und Produktivität des Leasingprozesses wurde auf dieser Grundlage deutlich gesteigert und fortlaufend verbessert. Mit der Online-Videoidentifikation und dem Online-Leasing wird die Reichweite dieses optimierten Prozesses nun in Richtung Kunde erweitert. Dabei gilt es digitale und physische Kundenerlebnisse durchgängig zu gestalten. Beim automatisierten Bewilligungsprozess ist die optimale Einbindung des Handels bereits gelungen und auch die Erfahrungen mit dem Online-Leasingzertifikat zeigen, dass Kunden einen online begonnenen Prozess im stationären Handel vollenden können.

 **End-to-End-Prozessarchitektur und technologienahe BPM-Strategie**

Die End-to-End-Prozesse im Automobilvertrieb betreffen alle AMAG Gesellschaften. Die Entwicklung der Prozessarchitektur und die fachliche Prozessmodellierung findet daher auf Ebene AMAG-Gruppe statt. AMAG Leasing nutzt diese für die Prozessoptimierung. Auf Impulse in Richtung Digitalisierungspotenzial wartet AMAG Leasing jedoch nicht, sondern setzt hier auf die Erkenntnisse aus den umgesetzten Automatisierungsprojekten.

Wie und wodurch wird transformiert?

7 **Prozessdigitalisierung: Automatisierung und Integration im Back-End**

Kunden ein Online-Leasing anzubieten, das innert Minuten, das heisst in nahezu Echtzeit, nicht nur Informationen zum finanzierbaren Rahmen liefert, sondern auch eine verbindliche Zusage erteilt, bedingt ein hohes Mass an Systemintegration und implementierter Geschäftslogik im Back-End. Mehr als 200 Geschäftsregeln waren im Rahmen des automatisierten Bewilligungsprozesses bereits implementiert und weiterentwickelt worden. Alle relevanten internen und externen Systeme waren bereits integriert.

8 Prozessdigitalisierung: Orchestrierung im Front-End

Die Integration der bestehenden Tools für das Online-Leasing in diese Infrastruktur stellt technisch keine grosse Herausforderung für AMAG Leasing dar. Der Fokus liegt vielmehr auf der optimalen Ausgestaltung des Prozesses aus der Perspektive des Kunden. Kunden haben unterschiedliche Bedürfnisse und Ausgangssituationen für das Online-Leasing (z. B. Fahrzeugwunsch, fixes Budget). AMAG Leasing prüft, ob der digitalisierte Prozess verschiedene Einstiegspunkte bieten und sich idealerweise dem Kundenverhalten anpassen muss, um ein individuelles Kundenerlebnis auch in der Online-Welt zu bieten. Ein noch nicht vollständig ausgeschöpftes Potenzial stellen in diesem Zusammenhang die operativen Daten dar, die AMAG Leasing durch die Prozessautomatisierung bereits gewonnen hat. Auf dieser Grundlage wären sowohl retrospektiv als auch prädiktiv Rückschlüsse auf das Kundenverhalten möglich.

Literatur

Adam, S., & Meyer, M. (2015). Integration der Kundenperspektive als Basis für Bedarfsorientierung und Weiterentwicklung integrierter Mobilitätsplattformen. In *Marktplätze im Umbruch* (S. 589–601). Berlin Heidelberg: Springer.

Berger, H., & Rechenbach, M. (2015). Financial Services follows automotive? – Digitalisierung des Automobilvertriebs und Konsequenzen für die automobile Finanzdienstleistung. In *Handbuch Automobilbanken* (S. 167–181). Berlin Heidelberg: Springer.

Ernest & Young GmbH (2013). Multikanalvertrieb – Erfolgsschlüssel für Automobilhandel und Autobanken: Executive Summary der EY-Studie 2013. http://www.ey.com/Publication/vwLUAssets/EY_Erfolgsschluessel_fuer_Automobilhandel_und_Autobanken/$FILE/EY-Chancen-fuer-Autobanken.pdf. Abgerufen am 5.6.2016.

FINMA (2016a). FINMA-Medienmitteilung: »FINMA baut Hürden für Fintech ab«. https://www.finma.ch/de/news/2016/03/20160317-mm-fintech/ (Erstellt: 17. März 2016). Abgerufen am 5.6.2016.

FINMA (2016b). *FINMA-RS 16/7 »Video- und Online-Identifizierung«. Sorgfaltspflichten bei der Aufnahme von Geschäftsbeziehungen über Kanäle: Erlass. Inkraftsetzung: 18. März 2016.*

GwG. Bundesgesetz über die Bekämpfung der Geldwäscherei und der Terrorismusfinanzierung (Geldwäschereigesetzt (GwG) vom 10. Oktober 1997) (Stand 1. Januar 2016).

GwV-FINMA. Verordnung vom 3. Juni 2015 der Eidgenössischen Finanzmarktaufsicht über die Bekämpfung von Geldwäscherei und Terrorismusfinanzierung im Finanzsektor (Geldwäschereiverordnung-FINMA, GwV-FINMA), SR 955.033.0 (Stand 1. Januar 2016).

McKinsey & Co (2014). Innovating automotive retail Journey towards a customer-centric, multiformat sales and service network. https://www.mckinsey.de/innovating-automotive-retail. Abgerufen am 5.6.2016.

Singh, S. (2014). The future of car retailing. Forbes online. http://www.forbes.com/sites/sarwantsingh/2014/02/05/the-future-of-car-retailing/#245e572e2d51. Abgerufen am 5.6.2016.

Wedeniwski, S. (2015). *Mobilitätsrevolution in der Automobilindustrie: Letzte Ausfahrt digital!* Berlin Heidelberg: Springer.

5

Fallstudie Kanton Zürich: «E-Umzug – Online Umziehen»

Lukas Steudler und Elke Brucker-Kley

© Der/die Autor(en) 2018
E. Brucker-Kley et al. (Hrsg.), *Kundennutzen durch digitale Transformation*,
https://doi.org/10.1007/978-3-662-55707-5_5

In der Schweiz ziehen jährlich rund 700.000 Haushalte um (ISB 2015a), 200.000 davon im Kanton Zürich. Damit verbunden ist die Verpflichtung, sich bei der Gemeinde um- bzw. abzumelden und bei der Zuzugsgemeinde anzumelden. eUmzugZH ermöglicht Einwohnern und Einwohnerinnen im Kanton Zürich seit April 2016, diese Meldungen unabhängig von Schalteröffnungszeiten via Internet zu erledigen. Eingebettet in ein nationales Vorhaben eUmzugCH soll dies zukünftig auch schweizweit möglich sein. Die Erfahrungen bei der Umsetzung von eUmzugZH sowie die Herausforderungen und Lösungsansätze, einen durchgängigen Meldeprozess in einem föderalen System zu realisieren, sind Gegenstand der vorliegenden Fallstudie.

5.1   Kontext und Ausgangssituation

Digitalisierung ist ein wesentliches Element einer modernen, bürgernahen und effizienten Verwaltung. Einwohner und Einwohnerinnen haben zunehmend das Bedürfnis, Behördengänge nicht mehr persönlich und zeitaufwendig am Schalter, sondern jederzeit online von zuhause oder unterwegs zu erledigen. Aber auch für die Verwaltung bietet ein mehrstufiger und mit Medienbrüchen behafteter Prozess wie die Administration eines Um-, Zu- oder Wegzugs die Chance, durch den Einsatz zeitgemässer Informationstechnologien Ineffizienzen zu beseitigen.

» E-Government ist selbstverständlich: transparente, wirtschaftliche und medienbruchfreie elektronische Behördenleistungen für Bevölkerung, Wirtschaft und Verwaltung (Leitbild der eGovernment-Strategie Schweiz (ISB 2016)).

Vor diesem Hintergrund wurde 2012 auf Ebene Bund ein priorisiertes E-Government-Vorhaben A1.12 mit dem Titel eUmzugCH definiert, mit dem Ziel «schweizweit den elektronischen, papierfreien Umzug für schweizerische und ausländische Staatsangehörige in der Schweiz zu ermöglichen» (VSED 2012, S. 4). Der Bund reagierte damit zum einen auf die sich verändernde Mobilität der Bevölkerung und zum anderen auf die zunehmende Komplexität eines stark dezentralisierten Meldewesens, das an die rund 2600 Städte und Gemeinden in der Schweiz delegiert ist (VSED 2012). Diese setzen für die Einwohnerkontrolle unterschiedliche IT-Lösungen von Gemeindesoftwareanbietern ein, die vereinzelt bereits einen Umzug als Online-Service ermöglichen. Der Nutzen ist jedoch auf Umzüge innerhalb einer Gemeinde oder zwischen Gemeinden, die das gleiche System nutzen, begrenzt. Um einen Umzug unabhängig von der eingesetzten Gemeindesoftware flächendeckend zwischen verschiedenen Gemeinden eines Kantons oder kantonsübergreifend anbieten zu können, strebt das Vorhaben A1.12 eine schweizweite Harmonisierung und Standardisierung der Meldeprozesse bei Adressänderungen sowie Weg- und Zuzug an, ohne dabei in die Kompetenzen von Gemeinden und Kantonen einzugreifen.

- Das elektronische Meldewesen in der Schweiz

Wesentliche rechtliche und technische Grundlagen für ein elektronisches Meldewesen wurden in der Schweiz bereits mit dem Projekt «Registerharmonisierung» und dem Registerharmonisierungsgesetz[1] geschaffen. Eine Schlüsselrolle spielt in diesem Kontext die Datenübermittlungsplattform des Bundesamts für Statistik «sedex» (= secure data exchange), die seit 2008 den gesetzlich geregelten, sicheren und standardisierten Datenaustausch zwischen den angeschlossenen amtlichen Registern von Bund, Kantonen und Gemeinden sicherstellt (BfS, o.J.). Auch

---

[1] RHG, Registerharmonisierungsgesetz, vom 23.06.2006, SR 431.02.

die Einwohnerregister der Städte und Gemeinden wurden sukzessive an sedex angeschlossen. Eine weitere Grundlage bilden die Standards für das elektronische Meldewesen des Vereins eCH, der im Rahmen der E-Government-Strategie Schweiz Daten- und Schnittstellenstandards entwickelt (eCH, o.J.)[2]. So ermöglicht der Standard eCH-0093 bereits seit 2014 bei Zu- und Wegzug den Datenaustausch zwischen Einwohnerregistern von Gemeinden unabhängig von Hersteller, Kanton oder Sprachgrenzen.

■ **Kanton Zürich als Vorreiter**
Standards und eine nationale Datenaustauschplattform allein bewirken jedoch noch nicht, dass der elektronische Umzug online auch für die Bevölkerung gemeindeübergreifend und schweizweit Realität wird. Damit die im Hintergrund zwischen den Gemeinden stattfindenden Meldeprozesse aus Sicht eines umziehenden Einwohners einfach in einem Schritt, durchgängig und nachvollziehbar ablaufen, braucht es eine Plattform, die eine einheitliche Benutzeroberfläche und die Prozessintegration sicherstellt. Eine solche Infrastruktur in Einzelprojekten auf Ebene der Gemeinden zu realisieren, ergibt wenig Sinn, würde zu enormen Redundanzen in der Entwicklung führen und wertvolle Synergieeffekte verschenken. Eine Alternative stellen Lösungen dar, die eine durchgängige Umzugsmeldung zwischen Gemeinden, die das gleiche Einwohnerkontroll(EK)-System einsetzen, ermöglichen. Allerdings lässt sich auf diesem Weg ein flächendeckendes Angebot nur bedingt realisieren, da beispielsweise allein im Kanton Zürich EK-Systeme von sechs verschiedenen Anbietern im Einsatz sind, deren Lösungen standardkonform miteinander integriert werden müssten, um Umzüge zwischen allen Gemeinden abzudecken. Kantonale Lösungen reduzieren diese Komplexität, indem sie den Meldeprozess unabhängig von den EK-Systemen oder EK-Verbünden in den Gemeinden allen Einwohnern des Kantons anbieten und die Integration mit den verschiedenen EK-Systemen und externen Informationsquellen (z. B. Gebäude- und Wohnregister) zentral lösen. Kantonale Lösungen erscheinen somit wirksame Hebel zu sein, um die Umsetzung des priorisierten E-Government-Vorhabens A1.12 konzertiert und effizient voranzutreiben. Der Kanton Zürich hat ab 2014 die Vorreiterrolle in der Schweiz für die Umsetzung einer solchen kantonalen Lösung übernommen und hat eUmzugZH gemeinsam mit den teilnehmenden Gemeinden seit April 2016 erfolgreich eingeführt. Das Zusammenspiel zwischen Kanton und Gemeinden wurde dabei von der Zusammenarbeitsorganisation egovpartner.zh.ch (o.J.), die bei der Staatskanzlei des Kantons Zürich angesiedelt ist, sichergestellt. egovpartner.zh.ch wurde von Kanton und Gemeinden auf der Basis einer Kooperationsvereinbarung gegründet (eGovernmentZH 2012), mit der Zielsetzung E-Government-Projekte effizient durchzuführen und Synergiepotenziale auszunutzen. Der Fokus von egovpartner.zh.ch liegt auf dem Aufbau moderner Online-Angebote mit den Gemeinden des Kantons Zürich, um Bevölkerung und Unternehmen Amtsgeschäfte zunehmend auch in digitaler Form ermöglichen zu können. Die vorliegende Fallstudie beschreibt die Umsetzung und Wirkung des Projekts eUmzugZH aus der Perspektive von egovpartner.zh.ch.

---

[2] Eine aktuelle Aufstellung der eCH-Standards in der Fachgruppe Meldewesen findet sich auf der eCH Website: http://www.ech.ch/vechweb/page?p=categorylist&site=/documents/alle/nach%20Fachgruppe.

5.2   Motivation und Zielsetzung

Ziel von eUmzugZH ist es, der Bevölkerung in den Gemeinden des Kantons Zürich Umzug, Weg- und Zuzug als Online-Service flächendeckend anzubieten. Darüber hinaus fliessen die Ergebnisse in ein technologieneutrales Referenzmodell ein, das die erarbeiteten Prozesse, Schnittstellen, Standards und Empfehlungen für eUmzugs-Projekte in anderen Kantonen wiederverwendbar macht. Die Möglichkeit eines kantonsübergreifenden eUmzugCH gemäss Zielsetzung des priorisierten E-Government-Vorhabens A1.12 soll so schrittweise realisiert werden.

Nach Aussagen des Schweizerischen Verbands der Einwohnerdienste ist die Möglichkeit, die Meldevorgänge im Rahmen eines Umzuges elektronisch durchzuführen, die am meisten nachgefragte E-Government-Dienstleistung (VSED 2012, S. 4). Sowohl von Seiten der Bevölkerung als auch von Seiten der Gemeinden besteht offensichtlich ein grosses Interesse, diesen zeitaufwendigen und – im Falle eines Umzuges zwischen zwei Gemeinden – zweistufigen Prozess einfacher und schneller über das Internet abwickeln zu können. Die Aufwände auf beiden Seiten reduzieren zu können und das Meldewesen bei einem Umzug somit effizienter und kundenorientierter gestalten zu können, sind die wesentlichen Motivationen für den elektronischen Umzug. In diesem Sinne wird auch ein Beitrag zur Umsetzung der E-Government-Strategie Schweiz geleistet, die Effizienz und Dienstleistungsorientierung als zwei von vier strategischen Zielen formuliert.

> **E-Government-Strategie Schweiz**
> 2007 hat der Bundesrat die erste E-Government-Strategie Schweiz verabschiedet, die ein gemeinsames Leitbild und Ziele für die gemeinsame Umsetzung durch Bund, Kantone und Gemeinden formuliert. Die Strategie wurde von der Geschäftsstelle E-Government Schweiz weiterentwickelt und Ende 2015 in aktualisierter Form vom Bundesrat, der Konferenz der Kantonsregierungen sowie den Vorständen des Städte- und des Gemeindeverbandes unterzeichnet. Darin sind unter anderem die vier strategischen Ziele festgehalten (ISB 2016):
> 1. **Dienstleistungsorientierung:** Die elektronischen Behördenleistungen sind einfach nutzbar, transparent und sicher.
> 2. **Nutzen und Effizienz:** E-Government schafft für Bevölkerung, Wirtschaft und Behörden einen Mehrwert und reduziert bei allen Beteiligten den Aufwand bei der Abwicklung von Behördengeschäften.
> 3. **Innovation und Standortförderung:** E-Government nutzt Innovationen und fördert damit die Attraktivität des Wirtschaftsstandortes und Lebensraumes Schweiz.
> 4. **Nachhaltigkeit:** Die Mehrfachnutzung von Lösungen wird gefördert. Bund und Kantone stellen die Nachhaltigkeit von E-Government-Diensten sicher, indem sie Voraussetzungen für deren Organisation, Finanzierung und den Betrieb schaffen.

Ein wesentliches Element der E-Government-Strategie ist die koordinierte Umsetzung durch Bund, Kantone und Gemeinden (ISB 2016). Gemeinsam formulierte Ziele, Grundsätze, Vorgehen und Instrumente sollen ermöglichen, dass Synergien genutzt und die Durchgängigkeit gewährleistet wird. Bund und Kantone stehen dabei in der Pflicht, die «Nachhaltigkeit von E-Government-Diensten» sicherzustellen, indem sie unter anderem die «Mehrfachnutzung von Lösungen» fördern und die «Voraussetzungen für deren Organisation, Finanzierung und Betrieb» schaffen. eUmzugCH mit dem darin eingebetteten eUmzugZH zeigen, wie in diesem Sinne ein Vorhaben auf Ebene Bund priorisiert und auf Ebene Kanton gemeinsam mit den Gemeinden umgesetzt wird. Die Ziele von eUmzugZH und eUmzugCH sind daher zusammenhängend zu betrachten:

- Umzug sowie Weg- und Zuzug in Gemeinden des Kantons Zürich können gemäss Zielsetzung des priorisierten Vorhabens A1.12 elektronisch abgewickelt werden. Die Ausbreitung im Kanton Zürich erfolgt flächendeckend und koordiniert (egovpartner.zh.ch). Im Anschluss an eine Pilot- und Einführungsphase soll der elektronische Umzug als Online-Service bis Ende 2016 allen Zürcher Gemeinden zur Verfügung stehen.
- Ziel ist es, aus der Perspektive der umziehenden Einwohner und Einwohnerinnen einen durchgängigen, einfach verständlichen und transparenten Meldeprozess anzubieten, der gleichzeitig die Aufwände auf Seiten der Gemeinden reduziert.
- Zielgruppen sind volljährige Personen mit Schweizer Bürgerrecht sowie Personen mit ausländischer Nationalität mit Ausnahme bestimmter Aufenthaltskategorien im Asylbereich (Ausweis N und S)
- Ausgehend von den Erkenntnissen aus der Umsetzung im Kanton Zürich wird ein lösungsneutrales Referenzmodell geschaffen, das für die Umsetzung in weiteren Kantonen wiederverwendet werden kann.

Für die Umsetzung im Kanton Zürich gelten die folgenden Grundsätze:

- Das Meldewesen im Kanton Zürich ist eine Hoheitsaufgabe der Gemeinden. Die Gemeinde und deren Einwohnerkontrollsysteme bleiben bestehen und fachlich führend. Der Kanton stellt lediglich eine Plattform für den Dateneingang (Benutzeroberfläche) und die Prozessintegration zur Verfügung.
- Die Plattform muss eine intuitive Benutzung gewährleisten. Eine Supportorganisation für Anfragen aus der Bevölkerung wird nicht bereitgestellt. Bei Problemen verbleibt der Weg zum Schalter.
- Die Meldung eines Umzugs, Wegzugs oder Zuzugs muss weiterhin auch am Schalter möglich sein, um alle Bevölkerungsgruppen bedienen zu können.
- Da der elektronische Umzug nicht von Beginn an flächendeckend im Kanton Zürich und noch nicht über die Kantonsgrenzen hinaus durchgängig angeboten werden kann, sollen verschiedene Szenarien bzw. Einstiegspunkte in den elektronischen Umzugsprozess unterstützt werden. Bietet die Zuzugs- bzw. Wegzugsgemeinde noch keinen elektronischen Umzug an, kann auch nur ein Teil des Prozesses online erfolgen (z. B. der Wegzug), während der andere Teil (z. B. der Zuzug) am Schalter stattfindet.

» Die Gemeinden und die kantonale Verwaltung verkehren untereinander elektronisch und tauschen Daten aus. Bevölkerung und Unternehmen des Kantons Zürich können die wichtigsten Amtsgeschäfte und Anliegen online, ohne Medienbruch und jeweils über möglichst eine Anlaufstelle (Single Point of Contact) tätigen. Einer der am meisten genannten Services ist der elektronische Umzug (Vision von eUmzugZH (egovpartner.zh.ch)).

5.3 Umsetzung und Wirkung

Um Einwohnern und Einwohnerinnen im Kanton Zürich bei einem Umzug einen durchgängigen Meldeprozess über die Gemeindegrenzen hinaus online anbieten zu können, mussten technische, rechtliche und organisatorische Voraussetzungen geschaffen werden. Mit eUmzugZH

◘ Abb. 5.1 eUmzugZH aus der Perspektive des Nutzers

ist dies gelungen. Nach nur zwei Monaten und noch vor Abschluss der Einführungsphase nutzt die Bevölkerung den Dienst bereits rege und mit positiver Resonanz. Der flächendeckenden Ausdehnung im Kanton Zürich steht nichts mehr im Wege und mit dem geschaffenen Referenzmodell wird die Umsetzung in weiteren Kantonen beschleunigt.

Seit der Einführung von eUmzugZH im April 2016 konnte die Reichweite bereits von initial acht Pilotgemeinden auf rund 49 der 168 Zürcher Gemeinden ausgedehnt werden (Stand Juli 2016). In dieser Zeit wurden bereits rund 1300 Umzüge online gemeldet. ◘ Abb. 5.1 skizziert die Schritte, die die Nutzer dabei online durchlaufen.

1. **Über die Website der aktuellen Wohngemeinde (= Wegzugsgemeinde) gelangt der Nutzer auf die Website von eUmzugZH, auf der er den Wegzug meldet.** Bietet die Wegzugsgemeinde noch keinen elektronischen Umzug an, sondern nur die Zuzugsgemeinde, kann der Nutzer auch direkt den Zuzug online melden und den Wegzug auf konventionelle Weise erledigen. Auch das umgekehrte Szenario ist möglich, d. h. die Meldung des Wegzugs online und die Meldung des Zuzugs am Schalter. Auf diese Weise ist eine Online-Umzugsmeldung während der Übergangsfrist bis zum flächendeckenden Angebot zumindest in Teilen möglich. Der elektronische Austausch der Daten zwischen den Gemeinden kann im Hintergrund dennoch elektronisch stattfinden und über die Benutzerführung kann die Vollständigkeit der Unterlagen für den Behördengang sichergestellt werden. Zu Beginn des Dialogs erfasst der Nutzer eine E-Mail-Adresse, an die nach erfolgreicher Prüfung des Weg- und Zuzugs eine Bestätigung versandt wird.

2. **Der Nutzer identifiziert sich mit Namen, Geburtsdatum, Wohnort und AHV-Nummer.** Durch eine synchrone Abfrage über sedex (eCH-0194) im Einwohnerregister der Wegzugsgemeinde[3] wird mit diesen Angaben die Identität geprüft. Gleichzeitig werden Personen, die im selben Haushalt leben, an den Benutzer zurückgemeldet, damit sie gegebenenfalls in die Umzugsmeldung mit eingeschlossen werden können. Auf eine Registrierung, d. h. die Erstellung eines Benutzerkontos bei der Gemeinde, wird bei eUmzugZH bewusst verzichtet, um die Einstiegshürden möglichst gering zu halten und einem Einwohner nicht die

---

[3] In Kantonen mit einer zentralen Einwohnerdatenplattform kann die Identifikation zentral erfolgen. So muss nicht jede Gemeinde an die synchrone Abfrage angebunden werden. Im Kanton Zürich läuft das Projekt «KEP» mit dem Ziel eine kantonale Einwohnerdatenplattform bis Ende 2018 einzuführen.

Einrichtung eines Benutzerkontos in einer Gemeinde zuzumuten, die er ohnehin verlässt. Zudem wird das Schadenspotenzial bei einer Umzugsmeldung als gering eingestuft, so dass auf aufwendigere Formen der Authentifizierung verzichtet wird.

3. **Im nächsten Schritt erfasst der Nutzer die neue Adresse in der Zuzugsgemeinde.** Diese Daten werden mit dem eidgenössischen Gebäude- und Wohnungsregister abgeglichen.

4. **Da die Zuzugsgemeinde für die Prüfung der Krankenversicherungspflicht (KVG-Obligatorium) zuständig ist, muss der Nutzer die Krankenversicherungsnummern von allen Familienangehörigen erfassen.** Diese werden über eine Online-Abfrage beim Ve-Ka-Center (Versicherungskarten-Center) überprüft.

5. **Anschliessend können noch Zusatzdienste wie beispielsweise die Meldung eines Hundes genutzt werden.** Auch Dokumente wie z. B. ein Mietnachweis, die von den Gemeinden unter Umständen verlangt werden, können hochgeladen werden.

6. **Abschliessend erfolgt die Zahlung der Gebühren über Kreditkarte oder Postcard online.**

7. **Die Daten werden an die Wegzugsgemeinde übermittelt, die den Vorgang prüft und zur Weiterverarbeitung an die Zuzugsgemeinde übermittelt.** Der Nutzer erhält abschliessend die Meldebestätigung per E-Mail und damit die Quittung, dass der Weg- und Zuzug erfolgreich gemeldet wurde. Im Verlauf des Prozesses hat der Nutzer jederzeit die Möglichkeit, den Status der Meldung online abzufragen.

- Kantonale Federführung in der Umsetzung

Einen solch durchgängigen E-Government-Prozess im föderalen System der Schweiz zu realisieren ist kein einfaches Unterfangen. Im Fall von eUmzugZH galt es, vor dem Hintergrund eines nationalen E-Government-Vorhabens, die Kompetenzen von Kanton und Gemeinden anzuerkennen und in das Lösungs- und Betriebskonzept einzubeziehen. Auch wenn die Führung der Einwohnerregister eine hoheitliche Aufgabe der Gemeinden ist, übernahm der Kanton im Rahmen von eUmzugZH die Federführung und schaffte in Zusammenarbeit mit den Gemeinden und den Anbietern der Einwohnerkontrollsysteme die technischen, rechtlichen und organisatorischen Voraussetzungen für einen durchgängig digitalisierten Umzugsmeldeprozess.

- Technische Voraussetzungen

Implementiert wurde die Lösung mit externen Realisierungspartnern auf der kantonalen Transaktionsplattform ZHservices. ZHservices dient dem sicheren elektronischen Amtsverkehr und stellt bereits andere E-Government-Dienste für die Bevölkerung und Unternehmen des Kantons Zürich zur Verfügung, wie beispielsweise die Online-Steuererklärung oder die Online-Abwicklung der Quellensteuer. Für eUmzugZH stellt ZHservices zum einen die Benutzeroberfläche für die Interaktion mit den meldepflichtigen Einwohnern und Einwohnerinnen zur Verfügung. Zum anderen wird die Prozessintegration sichergestellt, d. h. die kontrollierte Ausführung des Meldeprozesses von der Identifikation bis zum Abschluss (◻ Abb. 5.2). Die Geschäftslogik für die Verarbeitung der Meldedaten, d. h. alles Fachliche verbleibt dabei vollumfänglich in den Einwohnerkontrollsystemen der Gemeinden. Die Gemeinden haben ausserdem die Möglichkeit, bestimmte Funktionalitäten des über die Plattform gesteuerten Meldeprozesses zu konfigurieren, wie etwa die Downloadmöglichkeit von Dokumenten, um über die Zuzugsgemeinde zu informieren.

Eine wesentliche Voraussetzung für die Orchestrierung des Meldeprozesses bildet die eingangs beschriebene, bereits bestehende Datenaustauschplattform sedex. Im Zusammenspiel von kantonaler Plattform, Einwohnerkontrollsystemen und weiteren relevanten Datenquellen

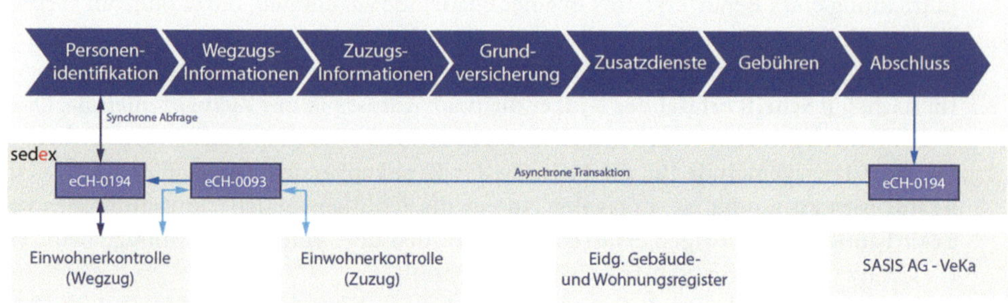

◘ **Abb. 5.2**   eUmzugZH – Prozess und Lösungselemente

stellt sedex die asynchrone und synchrone Kommunikation sicher. Der Datenausaustausch wird dabei durch verschiedene CH-Standards für das elektronische Meldewesen geregelt. eCH 0194 ist ein eigens für den elektronischen Umzug geschaffener Standard, der die Meldungen zwischen Umzugsplattform und EK-Systemen der Gemeinden definiert (eCH 2015b). Er ermöglicht die synchrone Identifikation einer umziehenden Person zu Beginn des Prozesses mittels Webservices und regelt in der Folge auch alle asynchronen Datenflüsse zwischen der kantonalen Plattform und den EK-Systemen. Ist ein EK-System nicht an sedex angeschlossen, kann der Nutzer die Daten manuell erfassen. Für den Datenaustausch zwischen den EK-Systemen kommt der bereits bestehende Standard eCH-0093 zum Einsatz (eCH 2015a). Über Webservices angebunden sind ausserdem das eidgenössische GWR (Gebäude- und Wohnregister), mit dem die neue Wohnadresse geprüft wird und das VeKa-Center, das die Online-Prüfung der Krankenversicherungsnummer prüft.

■ Organisatorische Voraussetzungen

Sowohl bei der Konzeption und Umsetzung der beschriebenen Lösung als auch für den Betrieb von eUmzugZH spielt die enge Kooperation von Kanton und Gemeinden eine Schlüsselrolle. Zu Beginn des Projekts 2014 wurde daher eine Projektorganisation mit Vertretern von Kanton und Gemeinden gebildet, in die auch die Anbieter der Einwohnerkontrollsysteme einbezogen wurden, um die nahtlose Umsetzung sicherzustellen (◘ Abb. 5.3).

Die für die Kooperation von Kanton und Gemeinden in E-Government-Projekten zuständige Organisation egovpartner.zh.ch nahm ihre Rolle während der Realisierung im Projektausschuss wahr. Sie vertritt den Kanton Zürich ausserdem im nationalen Projekt A1.12 eUmzug-CH. Die Projektorganisation stellte die Realisierung, Pilotierung und Einführung von eUmzug in folgenden Phasen sicher:

1. Projektidee und Machbarkeitsstudie (2014, abgeschlossen)
2. Konzeptphase (2015, abgeschlossen)
3. Implementierungsphase (2015, abgeschlossen)
4. Abnahmetests (November bis März 2015, abgeschlossen)
5. Freigabe durch den Projektausschuss (März 2016)
6. Einführung bei den Gemeinden:
    - Phase 1: Pilotierung mit acht Gemeinden (April 2016, abgeschlossen)
    - Phase 2: Einführung bei weiteren Gemeinden (rund 30, Stand Juni 2016)
    - Phase 3: Flächendeckende Ausdehnung im Kanton Zürich (Juli bis Dezember 2016)

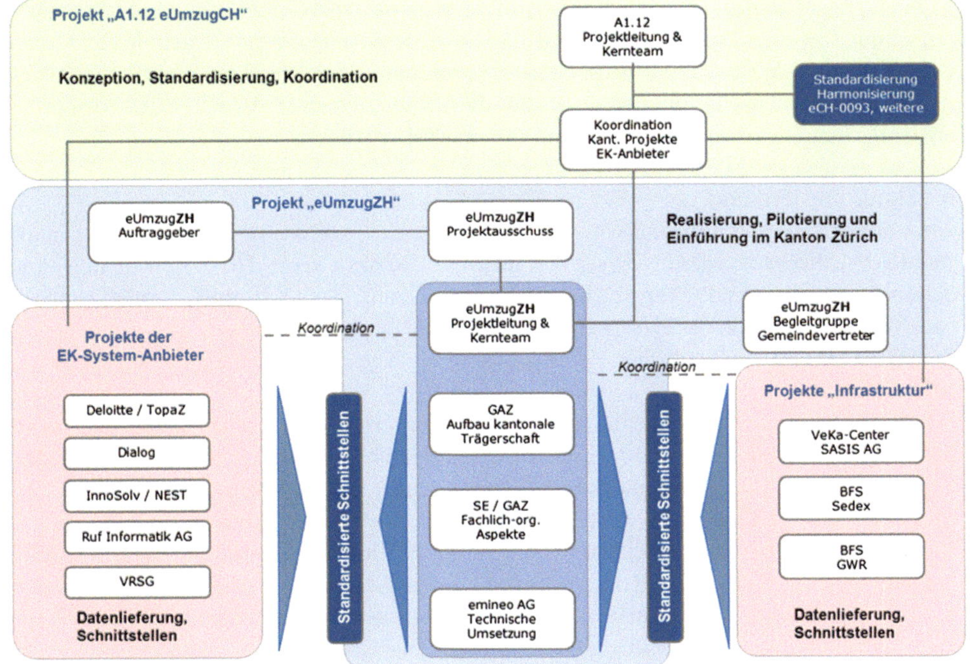

◘ Abb. 5.3 Projektorganisation für die Umsetzung von eUmzugZH im Kontext eUmzugCH

Bei der Umsetzung wurde ein besonderer Schwerpunkt auf das Testen der Lösung in Zusammenarbeit mit den Pilotgemeinden gelegt. Ein nicht funktionaler Prototyp erlaubt frühzeitig, Inputs zur Optimierung der Benutzerführung einzuholen. In umfangreichen Abnahmetests, in denen Gemeindevertreter und Realisierungspartner in unterschiedliche Rolle schlüpften, wurde die Benutzerfreundlichkeit des Systems geprüft und verbessert. Im Fokus stand die intuitive Nutzung des Systems durch die Einwohner und Einwohnerinnen, um einen Betrieb ohne Supportorganisation möglich zu machen.

» Testen, testen, testen. Wir haben in einem nie dagewesenen Ausmass getestet, um sicherzustellen, dass das System intuitiv und ohne Supportorganisation eingesetzt werden kann. Die positiven Feedbacks von Nutzern aus der Bevölkerung bestätigen die Wirksamkeit dieser Massnahmen (Lukas Steudler, Leiter Geschäftsstelle egovpartner.zh.ch).

Den Betrieb, d. h. die fachliche Trägerschaft für eUmzugZH, übernimmt nach der Einführung das Gemeindeamt des Kantons Zürich, das bereits als organisatorische und finanzielle Verbindungsstelle zwischen Kanton und Gemeinden agiert.

■ Rechtliche Voraussetzungen

Um der zunehmenden Relevanz des Meldewesens Rechnung zu tragen, wurden die Bestimmungen des Melde- und Einwohnerregisterwesens im Kanton Zürich grundlegend überarbeitet, von der Revision des Gemeindegesetztes entkoppelt und in einem eigenen Gesetz geregelt. Seit 1. Januar 2016 ist das MERG[4] (Gesetz über das Meldewesen und die Einwohnerregister) in

---

[4] Gesetz über das Meldewesen und die Einwohnerregister (MERG), In Kraft seit 01.01.2016, ZH-Lex 142.1.

Kraft und regelt für Kanton und Gemeinden verschiedene Aspekte der Datenerhebung und Datenhaltung sowie des Datenaustauschs. MERG (Art. 15) verpflichtet die Gemeinden im Kanton Zürich explizit, den Meldepflichtigen eine elektronische Umzugsmeldung anzubieten. Diese neue Rechtsgrundlage erhöht den Druck auf die Gemeinden, nach Ablauf der Übergangsfrist an der flächendeckenden Umsetzung von eUmzugZH mitzuwirken.

■ **Status und Wirkung**

Zwei Monate nach Einführung wird eUmzugZH bereits rege von der Bevölkerung genutzt. Rund 900 Umzüge wurden in dieser Zeit über die Plattform gemeldet. Nutzer benötigen im Schnitt 15 min, um den Prozess vollständig zu durchlaufen. Die Reaktionen, die über ein Feedbackformular am Ende des Prozesses eigefangen werden, sind sehr positiv. Das umfangreiche Testen der Lösung zahlt sich durch eine problemfreie Nutzung und eine hohe Kundenzufriedenheit aus.

Die flächendeckende Ausdehnung schreitet weiter fort. Stand Juli 2016 bieten 49 Gemeinden eUmzugZH an. 153 der 168 Zürcher Gemeinden haben ihre Teilnahme an eUmzugZH zugesagt. Damit stünde der elektronische Umzug rund 1,3 der 1,4 Mio. Einwohner des Kantons Zürich zur Verfügung. Dies entspricht 1/8 der Schweizer Bevölkerung.

Auch der Transfer der Ergebnisse von eUmzug ZH in das nationale Projekt eUmzugCH hat bereits stattgefunden. Ein Referenzmodell eUmzugCH wurde erarbeitet, das die Prozessmodelle, Datenobjekte, Schnittstellen und verwendete Standards dokumentiert (ISB 2015b). Es kann für Umsetzungsprojekte in anderen Kantonen angewandt werden. Auch in Leitfaden für die Einführung in Gemeinden wird erarbeitet. Ein Verbund eUmzug mit anderen Kantonen für den Erfahrungsaustausch und die gemeinsame Weiterentwicklung des Referenzmodells ist geplant.

5.4   Fazit

Mit eUmzugZH hat der Kanton Zürich in der Schweiz eine Vorreiterrolle übernommen. Der Ansatz, die Umsetzung und rasche flächendeckende Ausdehnung über eine kantonale Plattform sicherzustellen, war erfolgreich. Damit verbunden war die anspruchsvolle Koordination der Interessen von Bund, Kantonen, Gemeinden und Anbietern der Einwohnerkontrollsysteme. Ergebnis ist eine von der Bevölkerung bereits nach kurzer Zeit akzeptierte E-Government-Dienstleistung mit spürbarem Nutzen.

Die Fallstudie macht deutlich, dass sich auch die öffentliche Hand den Herausforderungen und Chancen des digitalen Wandels stellt. Dabei sind innovative und flexible Ansätze gefragt, um die Struktur- und Systemgrenzen im föderativen System der Schweiz zu überwinden. Gelingt dies, wie im Fall von eUmzugZH, können nachhaltige Veränderungen in der Kooperation von Bund, Kanton und Gemeinden, in den Prozessen und insbesondere für die Bevölkerung stattfinden. ◘ Abb. 5.4 fasst diese Auswirkungen im Kontext des Studienframeworks zusammen.

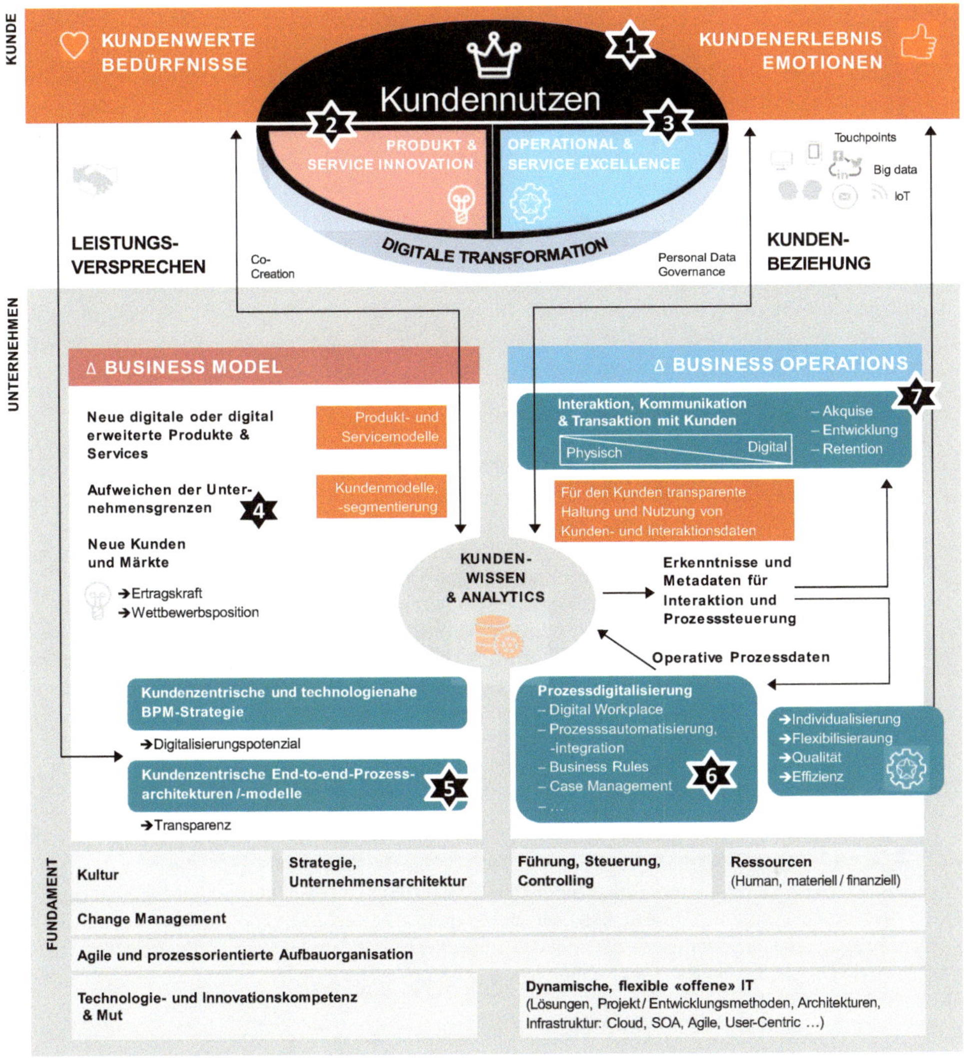

Abb. 5.4 eUmzugZH Fallstudie – Kernaspekte im Kontext des Studienframeworks

Mit welcher Zielsetzung und mit welcher Wirkung wird digital transformiert? Welcher Kundennutzen wird angestrebt bzw. wurde bereits realisiert?

1 Kundennutzen: einfache elektronische Umzugsmeldung in einem Schritt

Die Zielsetzung, aus der Perspektive der umziehenden Einwohner und Einwohnerinnen einen durchgängigen, einfach verständlichen und transparenten Meldeprozess anzubieten wurde mit eUmzugZH realisiert. Dies zeigt das positive Feedback der Bevölkerung nach den ersten rund 900 elektronisch abgewickelten Umzugsmeldungen. Das geschaffene Referenzmodell und der Erfahrungsaustausch zwischen den Kantonen schaffen die Grundlagen, damit dieser E-Government-Dienst in absehbarer Zukunft auch kantonsübergreifend der Schweizer Bevölkerung angeboten werden kann.

 **Produkt- und Service-Innovation: Kanton Zürich als Vorreiter für eUmzugCH**

Mit eUmzugZH ist der Kanton Zürich der erste Kanton in der Schweiz, der elektronische Umzugsmeldungen flächendeckend anbietet. Er hat damit die Vorreiterrolle in der Schweiz eingenommen und positive Signale für die Umsetzung weiterer E-Government-Dienste gesetzt.

 **Operational & Service Excellence: medienbruchfreie Umzugsmeldungen**

eUmzugZH bringt nicht nur Vorteile für die Bevölkerung, sondern reduziert auch Aufwände auf Seiten der Gemeinden. Umzugsmeldungen gehen ohne Medienbrüche, einheitlich und mit hoher Datenqualität bei den Gemeinden ein und können an einem Ort abgearbeitet werden. Die Anzahl der Meldungen am Schalter werden sukzessive zurückgehen, so dass mehr Zeit für komplexere Beratungen der Einwohner und Einwohnerinnen bleibt.

Was wurde bzw. wird digital transformiert?

 **Business Model: kantonale Plattform als Umsetzungshebel**

Plattformen, die Partner vernetzen, um Produkte und Dienstleistungen zu erbringen, sind ein wesentliches Element der digitalen Transformation. Mit eUmzugZH hat der Kanton gemeinsam mit den Gemeinden eine solche Plattform geschaffen. Realisiert, finanziert und betrieben vom Kanton, versetzt die Plattform Gemeinden in die Lage, ihren Einwohnern elektronische Umzugsmeldungen rasch und über die Gemeindegrenzen hinaus anzubieten. Die Hoheit der Gemeinden über das Meldewesen und die Einwohnerregister in der föderalen Schweiz bleibt dabei unangetastet. Dieses Grundprinzip ist auch im Referenzmodell eUmzugCH abgebildet (ISB 2015b). Auch die Interessen der privatwirtschaftlichen Anbieter der Einwohnerkontrollsysteme, die ihren Beitrag zur Innovation des Meldewesens leisten, bleiben gewahrt. Potenzial besteht in der Einbindung von weiteren Datenbezügern, wie z. B. der Schweizerischen Post oder Telekommunikationsanbietern, die ein Interesse an digitalisierten Umzugsmeldungen haben. Die Plattform bietet hierfür alle Voraussetzungen. Im Sinne einer raschen Umsetzung wurde darauf jedoch in einem ersten Schritt verzichtet.

 **End-to-end Prozessarchitekturen: wiederverwendbare Referenzprozesse**

Im Rahmen der Konzeption auf nationaler und kantonaler Ebene entstanden detaillierte Prozessmodelle, die als Grundlage für die Umsetzung dienten und Eingang in eCH-Standards und das Referenzmodell eUmzugCH fanden. Damit wurde die fachliche Grundlage für die Durchgängigkeit des Prozesses unabhängig von den eingesetzten Technologien geschaffen.

Wie bzw. womit wurde transformiert?

 **Prozessdigitalisierung: ZHservices als Transaktionsplattform**

Die kantonale Transaktionsplattform ZHservices in Kombination mit den eCH-Standards und sedex, der nationalen Infrastruktur für den Datenaustausch, stellen die durchgängige Digitalisierung der Meldeprozesse und die einheitliche Benutzeroberfläche für die Bevölkerung sicher.

 **Interaktion mit der Bevölkerung: digital und physisch**

Auch wenn die Einfachheit der Online-Lösung überzeugt, bleibt die persönliche Interaktion am Schalter weiterhin möglich. Auf diese Weise ist sichergestellt, dass die Bedürfnisse aller Bevölkerungsgruppen erfüllt werden können.

Literatur

BfS. (ohne Jahr). *sedex*. Von Bundesamt für Statistik: http://www.bfs.admin.ch/bfs/portal/de/index/news/00/00/02.
html. Abgerufen am 13.6.2016.

eCH (2015a). eCH-0093: Prozess Wegzug Zuzug. http://www.ech.ch/vechweb/page?p=dossier&
documentNumber=eCH-0093&documentVersion=2.0. Abgerufen am 13.6.2016.

eCH (2015b). eCH-0194: Schnittstellenstandard eUmzug. http://www.ech.ch/vechweb/page?p=dossier&
documentNumber=eCH-0194. Abgerufen am 13.6.2016.

eCH. (ohne Jahr). *E-Government Standards*. Von http://www.ech.ch/. Abgerufen am 13.6.2016.

eGovernmentZH (2012). Vereinbarung zur Zusammenarbeit zwischen dem Kanton Zürich und den Gemeinden im
Bereich E-Government. http://www.egovpartner.zh.ch/internet/microsites/egovpartner/de/ueber_uns.html.
Abgerufen am 13.6.2016.

egovpartner.zh.ch. (ohne Jahr). *eUmzugZH*. Von http://www.egovpartner.zh.ch/internet/microsites/egovpartner/
de/projekte/p006_eumzugzh.html. Abgerufen am 13.6.2016.

ISB (2015a). *Informatiksteuerungsorgan des Bundes, Geschäftsstelle E-Government Schweiz: Abschlusspublikation
E-Government Schweiz 2008–2015*. Bern. https://www.egovernment.ch/index.php/download_file/force/332/
3336/. Abgerufen am 13.6.2016.

ISB (2015b). Informatiksteuerorgan des Bundes: Referenzmodell eUmzugCH. https://www.egovernment.ch/de/
umsetzung/schwerpunktplan/e-umzug-schweiz/. Abgerufen am 13.6.2016.

ISB (2016). Informatiksteuerungsorgan des Bundes, Geschäftsstelle E-Government Schweiz: E-Government
Strategie Schweiz. https://www.egovernment.ch/de/umsetzung/e-government-strategie/. Abgerufen am
13.6.2016.

VSED (2012). *Verband Schweizerischer Einwohnerdienste: Fachkonzept A1.12 Elektronische Meldung und Abwicklung
Adressänderung, Wegzug, Zuzug.*

Fallstudie Swiss Re: «Case Management in P&C Reinsurance – Wissensarbeit im Fokus»

Marco Peyer, David Grünert und Elke Brucker-Kley

© Der/die Autor(en) 2018
E. Brucker-Kley et al. (Hrsg.), *Kundennutzen durch digitale Transformation*,
https://doi.org/10.1007/978-3-662-55707-5_6

Die vorliegende Fallstudie von Swiss Re zeigt die komplexen Anforderungen, die Systeme zur Unterstützung von wissens- und dokumentenzentrierten Prozessen in einem kollaborativen Umfeld zu erfüllen haben. Dabei geht es in erster Linie darum, das optimale Mass an Standardisierung und Flexibilisierung zu finden, um Wissensarbeiter von Routinearbeiten zu entlasten und in ihren Entscheidungen zu unterstützen. Auf der herausfordernden Reise zur Lösung näherte sich Swiss Re schrittweise und mit einem klaren Richtungswechsel den Bedürfnissen ihrer Wissensarbeitenden.

6.1   Kontext und Ausgangssituation

Die Swiss Re Group ist ein weltweit führender Anbieter von Rückversicherungen und massgeschneiderten Versicherungslösungen. Im Jahr 2015 betrug der Umsatz USD 35,7 Mrd. und der Gewinn USD 4,6 Mrd. bei einem Prämienvolumen von insgesamt USD 30,2 Mrd. Der grösste Teil des Prämienvolumens wird mit dem Sachversicherungsgeschäft (50 %) und dem Lebensversicherungsgeschäft (36 %) erzielt. Die Swiss Re Group beschäftigt weltweit über 12.700 Mitarbeitende und bietet neben dem klassischen Rückversicherungsgeschäft auch Versicherungslösungen für Grossfirmen und Grossanlässe an und unterstützt Kunden bei der Produkteentwicklung. Die Produkte von Swiss Re werden global nachgefragt. So stammen 44 % des Prämienvolumens aus Nord- und Südamerika, 22 % aus der Region Asien und Pazifik und 34 % aus Europa, Afrika und dem Mittleren Osten.

Die vorliegende Fallstudie ist angesiedelt im Business Process Management des Bereichs Property & Casualty IT. Dieses dient dem Nichtleben-Rückversicherungsgeschäft als Kompetenzzentrum rund um BPM-Lösungen und ist unter anderem verantwortlich für die Softwarelösungen, die den in ◘ Abb. 6.1 gezeigten Offertstellungsprozess begleiten. Das Team umfasst zurzeit 29 Mitarbeitende (4 intern, 25 extern) verteilt auf Standorte in Zürich, Chiasso, Bari (Italien), Bukarest (Rumänien), Chicago (USA) und Singapur.

Der Offertstellungsprozess umfasst mehrere Phasen und beginnt mit der sogenannten Origination, in der primär die Kundenbeziehung gepflegt oder aufgebaut wird und an deren Ende die Anfrage für eine Rückversicherungsquotierung (Submission) steht. Diese erste Phase des Prozesses ist überwiegend unstrukturiert und findet primär zwischen dem Kunden und dem Client Manager oder je nach Markt und Team gegebenenfalls mit dem Underwriter statt. In

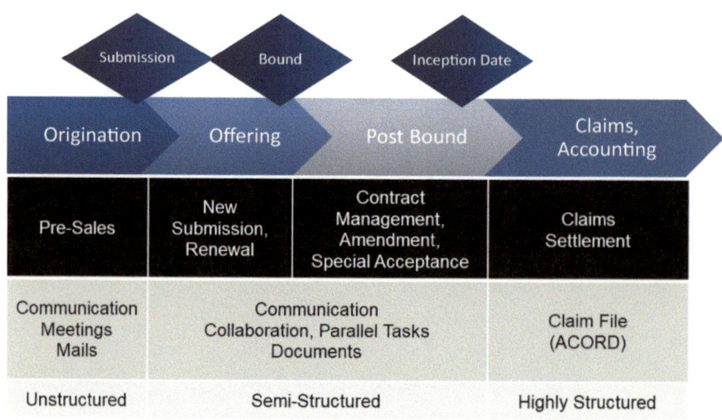

◘ **Abb. 6.1**   Übersicht des Offertstellungsprozesses im Bereich Property & Casualty Reinsurance

der darauf folgenden Offertphase kümmert sich ein interdisziplinäres Team um die Ausarbeitung der Rückversicherungsprodukte, die Risikozeichnung, Kosten- und Preiskalkulation sowie die Ausarbeitung des Rückversicherungsvertrages. Je nach Produkt werden dabei die jeweiligen Experten miteinbezogen und es findet eine intensive Kollaboration von Wissensmitarbeitern statt. Dieser Prozess ist schwach strukturiert und wird je nach Marktsegment, Produkt und Region den jeweiligen Bedürfnissen angepasst. Die Phase endet bei positivem Geschäftsausgang mit der Unterzeichnung der Verträge (Bound). In der darauffolgenden Post-Bound-Phase können nachgelagerte Vertragsanpassungen erfolgen, beispielsweise aufgrund neuer Informationen, notwendiger Korrekturen oder weil der Kunde noch Änderungen am Produkt wünscht. Je nach Umfang der Änderungen müssen dabei Teile des Offertprozesses nochmals durchlaufen werden. Mit dem Inkrafttreten der Versicherungsdeckung (Inception Date) beginnen die Claims und Accounting-Phase, in der es primär um die Schadensabwicklung und das Einfordern der Prämien geht. Allerdings können auch in dieser Phase Prozesse aus der vorangegangenen Post-Bound-Phase gestartet werden, falls Vertragsanpassungen nötig werden.

Die Offert- und Vertragsanpassungsphase sind geprägt durch den intensiven Austausch mit dem Kunden und der Kommunikation zwischen den beteiligten Fachpersonen innerhalb der Swiss Re. Zudem wird eine Vielzahl neuer und bestehender Dokumente benötigt und ausgetauscht. In dieser Fallstudie wird die Softwarelösung vorgestellt, welche diese beiden schwach strukturierten Phasen unterstützt und es wird aufgezeigt, wie sich der Nutzen für die internen und externen Kunden ausgestaltet. Jährlich werden mit dem vorgestellten System über 50.000 Submissionen bearbeitet und mehr als 200.000 neue Dokumente archiviert. Die Lösung ist seit 2014 im Einsatz, wird seitdem kontinuierlich erweitert und wird im Verlauf des Herbsts 2016 für 1250 Benutzer auf der ganzen Welt ausgerollt.

6.2 Motivation und Zielsetzung

Die Arbeit an einem System zur Unterstützung der Offert- und Vertragsanpassungsphase wurde durch mehrere Elemente getrieben. Zunächst stand die strategische Stossrichtung der Swiss Re, den Kundenfokus («Customer-Centricity») weiter voranzutreiben, im Vordergrund. In diesem Zusammenhang wurden sogenannte cross-funktionale Teams (XFT) aufgebaut, die organisationsübergreifend die Wissensmitarbeiter verbinden, um die bestmöglichen Lösungen für die Kunden und den jeweiligen Markt zu erarbeiten. Dabei wird zu einem Kundenbedürfnis jeweils ein Kompetenzteam zusammengestellt, in dem alle benötigten Experten vertreten sind, welche dann gemeinsam mit dem Kunden ein Produkt erarbeiten oder im Rahmen einer Geschäftstransaktion die Kundenanforderungen und entsprechende Leistungen formulieren. Um diese organisationsübergreifende Zusammenarbeit zu ermöglichen, war die Orchestrierung der Prozesse ein zentrales Anliegen.

Hinzu trat etwas später ein weiteres wichtiges strategisches Element. Mit der Vision 2020 strebt der Nichtleben-Rückversicherungsbereich an, den Anteil der Wachstumsmärkte (HGM, High Growth Markets) am Prämienvolumen von aktuell 15 % bis ins Jahr 2020 auf 30 % zu erhöhen (Swiss Re 2016). Der Head P&C IT erhielt das Mandat, im Rahmen dieser Vision die zum Erreichen des Ziels notwendige IT-Strategie zu entwickeln. Die Swiss Re, wie wohl auch die meisten anderen Firmen, die in Wachstumsmärkten Personal beschäftigen, ist konfrontiert mit einer relativ hohen Fluktuationsrate und vermehrt jungen Mitarbeitenden mit entsprechenden Ansprüchen an eine moderne IT-Infrastruktur. Um dieser Situation gerecht

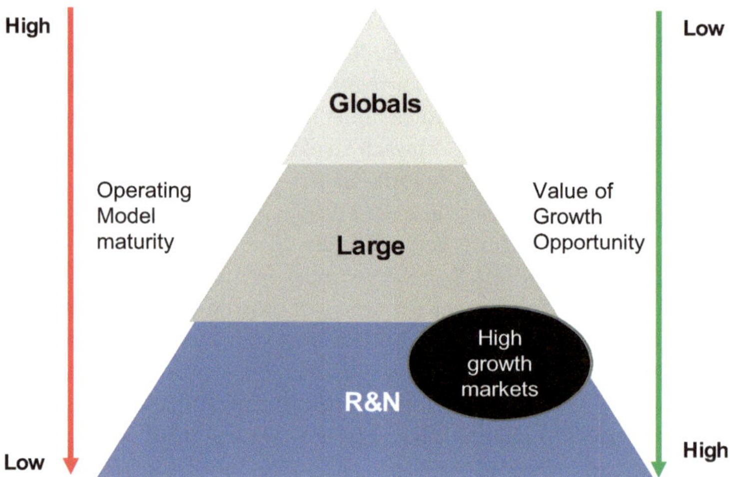

▢ Abb. 6.2 Marktsegmente und Wachstumspotenzial

zu werden, wird ein IT-System benötigt, bei dem für neu eingestellte Mitarbeitende ein möglichst geringer Schulungsaufwand nötig ist, so dass diese nach kurzer Zeit einen produktiven Beitrag leisten können. Zudem muss das neue System bezüglich Handhabung und Schnelligkeit den heutigen Anforderungen gerecht werden und ein positives Nutzererlebnis bieten. Neben diesen Anforderungen der Mitarbeitenden müssen zum Erreichen der Prämienziele in den Wachstumsmärkten aber auch neue Kundensegmente erschlossen werden. ▢ Abb. 6.2 zeigt, dass es sich bei den meisten Kunden in Wachstumsmärkten (HGM) um regionale und nationale Anbieter handelt (R&N). Um in diesen Markt vorzustossen, ist die Swiss Re auf die Zusammenarbeit mit globalen Partnern, Regierungen und multilateralen Institutionen angewiesen (Swiss Re 2016). Dies hat zur Folge, dass die Swiss Re nur für einen Teil des Prozesses verantwortlich sein wird und das IT-System in der Lage sein muss, flexibel mit den daraus resultierenden Integrationsanforderungen umzugehen. Es muss gelingen, die internen Organisationsstrukturen und Abläufe stets den Markt- und Kundenanforderungen, aber auch den regulatorischen Anforderungen anzupassen.

▪ Die Ausgangslage
Vor dem Einführen der BPM-Plattform 2014 waren in der Offert- und Vertragsanpassungsphase primär das E-Mail System Lotus Notes und Shared Drives (Fileservers) die zentralen Tools für die Zusammenarbeit im Team und die Kundenkommunikation. Zwar stiess die Kommunikation per Mail mit bisweilen über 800 Nachrichten und unzähligen Dokumenten zu einer einzelnen Anfrage an Grenzen und machte es schwierig, den Überblick zu behalten, aber die Mitarbeitenden hatten über die Zeit gelernt, das System für ihre Zwecke zu optimieren. Aus Sicht der Führung gab es hingegen mehrere Gründe, über eine Anpassung der Systemlandschaft nachzudenken:

- Das Verbesserungspotenzial bei den Antwortzeiten für Kunden.
- Die veränderten Anforderungen durch die Einführung cross-funktionaler Teams.
- Die zu lange Einarbeitungszeit für neue Mitarbeitende, insbesondere auch lokationsübergreifend.
- Die Ansprüche der Mitarbeitenden an ein schnelles, intuitives, einfaches IT-System.

- Die Arbeitszeit, die Wissensmitarbeiter für Routineaufgaben aufwendeten.
- Die Schwierigkeit, einen Know-how Transfer zu neuen Mitarbeitenden durchzuführen.
- Die mangelnde Skalierbarkeit des Vorgehens auf kleinere Deals und grössere Volumina.
- Die beschränkten Möglichkeiten, Daten zum Vorgehen zu sammeln und auszuwerten, um mögliche Verbesserungen daraus abzuleiten.
- Die Zeit, die in die korrekte Archivierung von Dokumenten investiert werden musste.

» Bis dato waren E-Mail, Mobiltelefon und CRM die typischen IT-Tools eines Client Managers. Der Bedarf für ein Prozessorchestrationstool war nicht sofort ersichtlich. Nun wird aber die Transparenz darüber, wo die Deals und dazugehörigen Aktivitäten stehen und woran die Kollegen arbeiten, geschätzt (Marco Peyer, Head BPM & Service Operations, P&C Reinsurance Swiss Re).

In Zentrum der Anpassungswünsche stand das Erreichen von Operational Excellence. Die Swiss Re hatte sich zum Ziel gesetzt, zum «Best Managed Reinsurer» zu werden. Um dies zu erreichen, sollte die Landschaft von IT-Systemen dabei helfen, das vorhandene Know-how möglichst effizient einzusetzen und die vorhandenen Daten und vor allem auch Dokumente optimal zu nutzen.

- **Ziel 1: Zusammenführen des Know-hows zur richtigen Zeit**

Die Swiss Re gilt als «das Unternehmen der tausend Berufe». In der Tat decken Swiss Re Mitarbeitende ein breites Spektrum an Professionen und Ausbildungen ab, die notwendig sind, um die vielfältigen Risiken fachmännisch einzuschätzen, aber auch, um in den Zielmärkten regionale Besonderheiten berücksichtigen zu können. Allgemein gilt das Rückversicherungsgeschäft als wissens- und dokumentenintensiv, und es setzt eine sehr enge Kundenbindung und ein Vertrauensverhältnis zwischen Kunden und Swiss Re voraus. Während der Offert- und Vertragsanpassungsphase findet eine intensive Zusammenarbeit derjenigen Mitarbeitenden statt, die für den jeweiligen Fall über die nötige Expertise und Erfahrung verfügen. Weil die angebotenen Versicherungsprodukte möglichst genau auf die Bedürfnisse des Kunden abgestimmt werden, wird auch die Zusammensetzung des Teams dem Markt- und Kundensegment angepasst. Darin liegt ein wesentlicher Unterschied zu cross-funktionalen Teams, wie man sie aus anderen Bereichen wie beispielsweise der agilen Softwareentwicklung kennt. Sie vereinen ebenfalls Mitarbeitende mit verschiedenen Fähigkeiten, z. B. aus den Bereichen Requirements-Engineering, Design, Entwicklung und Testing. Allerdings arbeiten diese Teams in der Regel über längere Zeit in derselben Zusammensetzung zusammen. Auch in den Teams der Swiss Re gibt es eine typische Rollenverteilung: Der Client-Manager ist während des ganzen Prozesses prinzipiell die Ansprechperson für den Kunden. Der Underwriter kennt die fachlichen Grundlagen für die Einschätzung und Zeichnung von Risiken. Diese Einschätzungen dienen den Aktuaren, sprich den Mathematikern, als Grundlage für die Erstellung der Risikomodelle, welche die Mitarbeitenden aus dem Underwriting als Entscheidungsgrundlage verwenden. Diese müssen letztendlich das Risiko zeichnen, um ein Versicherungsprodukt dem Kunden anbieten zu können. Zudem sind am Verkaufsprozess auch noch Mitarbeitende aus dem Bereich Business Services beteiligt, die primär die Koordinations- und Administrationsaufgaben aus dem Underwriting übernehmen. Durch die Variabilität der Produkte ist es jedoch nötig, dass diese Rollen je nach Markt- und Kundenbedürfnis von unterschiedlichen Mitarbeitenden wahrgenommen werden. Diese Dynamik wirkt sich auf die Anforderungen an das IT-System aus. Dieses muss es ermöglichen, dass ein geographisch, organisatorisch und funktional verteiltes sowie ad hoc zusammengestelltes Team effizient zusammenarbeiten kann.

- **Ziel 2: Verknüpfen der relevanten Daten und Dokumente am richtigen Ort**

Neben den Mitarbeitenden kommt den Dokumenten eine zentrale Rolle zu. Die Swiss Re wurde 1863 gegründet und verfügt damit über einen riesigen Dokumentenbestand. Diese Wissensbasis gilt es zu nutzen und die relevanten Dokumente und Daten am richtigen Ort zur Verfügung zu stellen. Im Gegensatz zu anderen Branchen liegt der Fokus der Digitalisierung daher nicht in erster Linie auf dem Ersetzen von Papier durch elektronische Dokumente und Daten, sondern auf einer verbesserten Verknüpfung der Daten. Die zentrale Aufgabe des Systems in Bezug auf Dokumente ist es, den Teammitgliedern Zugriff auf alle relevanten Unterlagen zu ermöglichen. Hierfür müssen nicht nur die offiziellen Dokumente wie beispielsweise Verträge ins System einfliessen, sondern auch die Dokumentation des Entscheidungsprozess, der in E-Mails, Chat und anderen Kanälen stattfindet. Im Zentrum stehen jedoch nicht Daten und Dokumente, sondern die Kollaboration innerhalb des Teams und die Kommunikation mit dem Kunden. Letztere muss so stattfinden, dass sie möglichst fortlaufend archiviert wird und nicht am Schluss transferiert werden muss.

Dass die Verknüpfung von Informationen in Zukunft für die Versicherungswirtschaft weiter an Relevanz gewinnen wird, legen auch jüngere Studien nahe. Gemäss der PWC-Studie «Insurance 2020 & beyond» wären bereits heute 67 % der Kunden bereit, Sensoren am Auto oder am Haus anzubringen, wenn sie dafür von günstigeren Prämien profitieren könnten (PWC 2015). Die Studie zeigt ausserdem, dass die Auswertung von Daten in Zukunft eine zentrale Rolle spielen wird: 93 % der CEOs von Versicherungsunternehmen schätzen Data-Mining und Datenanalyse mit Abstand als die zukünftig wichtigsten digitalen Technologien für die Versicherungsbranche ein. Obwohl sich diese Veränderungen rund um Themen wie «Internet of Things» (IoT) und die zunehmende Vernetzung zunächst auf das Erstversicherungsgeschäft auswirken wird, ändert es auch die Ausgangslage für die Rückversicherungen. Die zusätzlichen Daten werden es den Rückversicherern ermöglichen, die Risiken wesentlich präziser abzuschätzen und Änderungen der Risikolage frühzeitig zu antizipieren. Es ist daher wahrscheinlich, dass Erstversicherer die gesammelten Daten den Rückversicherern zur Verfügung stellen werden, um ihrerseits bessere Vertragsbedingungen aushandeln zu können. Damit kämen die Rückversicherer den Endkunden ein gutes Stück näher und würden sich ihrerseits die Möglichkeit schaffen, mit neuen Produkten neue Märkte zu erschliessen.

- **Gegenstand der Transformation**

Die Antwortzeiten und die Komplexität der Zusammenarbeit stellen für Swiss Re, wie eingangs erwähnt, eine grosse Herausforderung bei der Interaktion mit Kunden dar. Die Antwort darauf wird jedoch nicht in der Digitalisierung der Kundenschnittstelle gesehen, denn die Komplexität der angebotenen Produkte und Dienstleistungen übersteigt nach heutigen Ansichten die Möglichkeiten von simplen Web-Formularen und automatisch erzeugten Tracking- und Fortschrittsanzeigen. Auch die Kunden verlangten keinen konkreten Ausbau von Online-Diensten, sondern schätzen den Brand, die Expertise, Kapitalkraft und die Interaktion mit Swiss Re. Der persönliche Kontakt und die über viele Jahre gleichbleibenden Ansprechpartner wurden sogar als wichtiges Argument für die Geschäftsbeziehung mit Swiss Re genannt. Der Hebel musste also intern angesetzt werden und es war bald klar, dass die Probleme nicht durch Anpassungen an einem einzelnen IT-System behoben werden konnten, sondern dass eine verbesserte Verknüpfung der bestehenden Systeme erforderlich war. Es wurde daher beschlossen, ein neues System einzuführen, das die bestehenden Systeme verknüpft, deren Zusammenarbeit orchestriert und eine einheitliche Oberfläche zu den verwendeten Systemen bietet. Damit sollte maximale Transparenz für die Wissensmitarbeiter geschaffen werden und diese befähigen, ihr Fachwissen noch besser einzubringen, ohne durch Routineaufgaben unnötig belastet zu sein.

Gleichzeitig bot sich mit diesem Lösungsansatz die Möglichkeit, den Aufwand zum Einarbeiten neuer Mitarbeiter zu reduzieren und den Wunsch nach einem zeitgemässen User-Interface (UI) zu erfüllen. Das UI sollte zudem mit Chat und anderen Funktionen zur Unterstützung der Kollaboration erweitert werden. Durch das Verknüpfen der Systeme sollte ausserdem die Möglichkeit geschaffen werden, die Archivierung zu vereinfachen, den Fortschritt einzelner Cases zu überwachen sowie Daten über das Vorgehen zu sammeln.

6.3 Umsetzung und Wirkung

Die systemseitige Umsetzung der Anforderungen stellte Swiss Re vor grosse Herausforderungen. Schrittweise und mit einem klaren Richtungswechsel näherte man sich den Bedürfnissen der Mitarbeitenden an. Die Erfahrungen zeigen, wie anspruchsvoll es sein kann, trotz detaillierter Kenntnis der Sachlage ein System für äusserst vielschichtige Anforderungen zu realisieren und dabei die wahren Bedürfnisse und Gewohnheiten der Anwender im Fokus zu behalten.

Die Anforderungen wurden in sogenannten Process Discovery Workshops mit Experten aus den jeweiligen Geschäftsabteilungen, Business-Analysten, Product-Ownern sowie einzelnen Entwicklern und Anwendern des Systems erhoben. Diese wurden ergänzt durch Besuche vor Ort, bei denen den Systembenutzern über die Schulter geschaut wurde. Ferner hatte das IT-Team bereits ein gutes Verständnis, wie die Benutzer die verschiedenen Systeme verwenden.

■ **Der erste Anlauf**

Der im April 2014 eingeführte erste Lösungsansatz sah wie folgt aus (◘ Abb. 6.3): Den bisher hauptsächlich verwendeten Werkzeugen für Kommunikation und Dokumentenmanagement (Outlook, Documentum und Lotus Notes) wurde die BPM-Plattform Appway zur Seite gestellt.

Die BPM-Plattform umfasste folgende Komponenten:

- Workbench: enthält die Übersicht aller laufenden Cases und die Tasks, gefiltert nach Mitarbeitenden oder Teams. Zudem zeigt die Workbench die neu eingegangenen Offertanfragen und bietet die Möglichkeit, zu diesen Anfragen den Offertprozess zu starten.

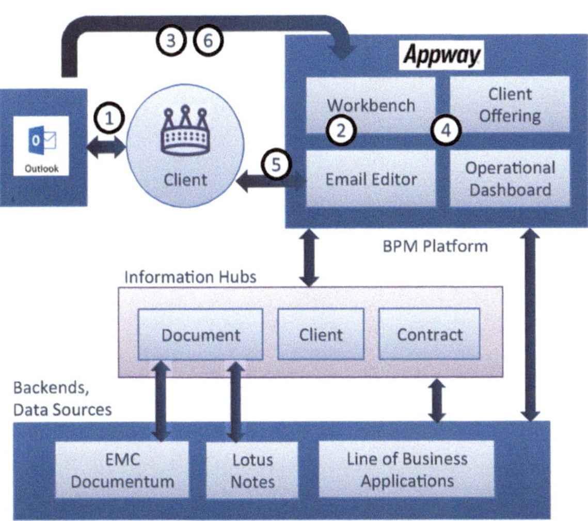

◘ **Abb. 6.3** Architekturübersicht des ersten Lösungsansatzes

- Client-Offering: führt den Benutzer entlang von einzelnen Screens durch den Offerterstellungsprozess. Dieser besteht aus einem Hauptprozess sowie mehreren Subprozessen pro Untervertrag. Welche Subprozesse ausgeführt werden, ist produkte- und marktabhängig. Zudem enthält das Client-Offering verschiedene Mittel für die Kollaboration: Eine Chat-Funktion für den Austausch im Team, eine Kommentarfunktion für einzelne Tasks und Dokumente und die Möglichkeit, zu signalisieren, woran man gerade arbeitet.
- E-Mail-Editor: erlaubt die E-Mail Kommunikation mit dem Kunden direkt aus der BPM-Plattform und sorgt für die automatische Archivierung der so abgewickelten Kommunikation.
- Operational Dashboard: gibt einen Überblick aller laufenden Cases.

Der Arbeitsprozess gestaltete sich wie folgt: Während der Origination-Phase wurde mit dem Kunden wie bis anhin via Outlook kommuniziert. In ◨ Abb. 6.3 entspricht dies der Verbindung mit der Bezeichnung (1). Mit dem Eingehen der Offertanfrage musste einmalig in der Workbench ein neuer Offertprozess gestartet (2) und anschliessend die bereits gesammelten Informationen und Dokumente manuell in den Prozess übertragen werden (3). Nun konnte das Team mit der Arbeit beginnen. Die Workbench respektive das Client-Offering zeigte die offenen Tasks an und ordnete diese einzelnen Teammitgliedern zu (4). Das Team konnte sich bei der Ausführung über die Kollaborationsfunktionen austauschen und die Arbeit so koordinieren. Da mit dem E-Mail-Editor die Kommunikation mit dem Kunden direkt aus der Plattform geführt wurde (5), konnte die ganze Offertphase mit einem einzigen Tool bewältigt werden. Dieses Vorgehen hatte den Vorteil, dass alle Schritte ab dem Eingang der Offertanfrage korrekt und ohne zusätzlichen Aufwand archiviert wurden. Nur falls vom Kunden oder von anderer Stelle Unterlagen oder Informationen zum Fall unabhängig von der Workbench zugestellt wurden, mussten diese manuell dem Case hinzugefügt werden (6). Für die Archivierung wurden die bestehenden Dokumentenablagen Lotus Notes und Documentum über einen Service-Layer an die BPM-Plattform angebunden. Damit konnte die Plattform alle neu erfassten Dokumente sowie die Korrespondenzen automatisch an der richtigen Stelle in den Dokumentenablagen archivieren. Zudem wurde eine Suchfunktion für bestehende Dokumente integriert und mit dem sogenannten Digital-Binder kombiniert. Dieser erlaubte es, bestehende Dokumente mit einem Case, einzelnen Subprozessen oder einem anderen Dokument zu verknüpfen. Diese Verknüpfungsinformationen blieben über die eigentliche Ausführung des Prozesses hinaus erhalten. Der Digital-Binder half also dabei, den in den Dokumenten verborgenen «Wissensschatz» Stück für Stück zu heben.

Obwohl die Lösung viele Vorteile bot, fühlten sich die Mitarbeitenden noch nicht optimal unterstützt:

- Der in die Plattform integrierte E-Mail-Editor erfüllte die Anforderungen der Benutzer nur bedingt. Im Vergleich zu Outlook fehlten wichtige Funktionen, wie zum Beispiel Formatierungsmöglichkeiten und die Anbindung des Adressbuchs. Zudem bot der E-Mail-Editor nur eine eingeschränkte Sicht auf die Kommunikation mit dem Kunden, denn er zeigte nur E-Mails an, die entweder aus der Plattform geschrieben wurden oder als Antwort auf eine solche E-Mail eingegangen waren.
- Der Wechsel vom Outlook in die Plattform beim Übergang von der Origination- in die Offering-Phase wurde als mühsam empfunden. Alle bereits gesammelten Informationen und Unterlagen mussten von Hand zusammengetragen und manuell in die BPM-Plattform überführt werden.

- Die Kollaborationsfunktionen entsprachen nicht den Bedürfnissen der Mitarbeitenden und wurden daher kaum genutzt. Diese bevorzugten es, wie bis dahin per Telefon und E-Mail zusammenzuarbeiten.
- Der Client-Offering-Prozess war trotz seines modularen Aufbaus mit parallel ausführbaren Subprozessen nicht flexibel genug und wurde als Einschränkung in verschiedenen Teams und Märkten empfunden.
- Das Tool bot noch keinen Mehrwert bei der Entscheidungsfindung. Zwar verbesserte die BPM-Plattform die Datenlage, es war jedoch nicht möglich, alle Daten eines Kunden zu aggregieren respektive Daten verwandter Fälle auszuwerten und zu vergleichen.

Aus der Sicht der Benutzer bot das neue System zweifelsfrei zufriedenstellende neue Funktionen wie den Digital-Binder, aber die Unzulänglichkeiten überlagerten den Nutzen in dieser ersten Phase. Die User-Interfaces waren den bewährten Systemen funktionell unterlegen und das neue System verlangte zusätzliche Aufgaben, wie den Datentransfer zu Beginn der Offertphase. Der Medienbruch am Anfang des Offertprozesses begleitete die Mitarbeitenden auch während der folgenden Arbeiten. Immer wieder mussten Informationen, die von ausserhalb der Plattform an die Mitarbeitenden herangetragen wurden, manuell in die Plattform überführt werden.

Das Prozessmanagement-Team erkannte, dass die Lösung die Bedürfnisse ihrer internen Kunden noch nicht optimal erfüllte. Zudem wurde deutlich, dass der neue standardisierte Offertprozess nicht flexibel genug war für den beabsichtigten Ausbau des Geschäfts in Wachstumsmärkten sowie für die Zusammenarbeit mit regionalen und nationalen Anbietern. Der optimale Grad an Standardisierung und Flexibilisierung des Prozesses war mit der Lösung noch nicht erreicht. Oder in den Charles Darwin zugeschriebenen Worten: «It is not the strongest of the species that survives, nor the most intelligent that survives. It is the one that is most adaptable to change.»

» Eine global konsistente Definition von Aktivitäten ist wichtiger, als dass der exakt selbe Ablauf von Aktivitäten weltweit angeordnet wird. Eine Standardisierung des Prozesses kann durchaus wertvernichtend sein, wenn diese nicht genügend Flexibilität zulässt und den entsprechenden Markt-, Kunden- und lokalen Arbeitsbedürfnissen entspricht (Marco Peyer, Head BPM & Service Operations, P&C Reinsurance Swiss Re).

- **Die zweite Version**

Statt die Funktionalität des E-Mail-Editors weiter auszubauen und die Integration der Kommunikation mit dem Kunden in die Plattform weiter voranzutreiben, wurde ein klarer Richtungswechsel beschlossen. Im optimierten System, das sich heute im Einsatz befindet, ist Outlook das führende Tool in Bezug auf Kundenkommunikation und Korrespondenz, während BPM Plattform Appway und der Information Hub die intelligente Steuerung und Informationsversorgung des Offerterstellungsprozesses sicherstellen. ◘ Abb. 6.4 zeigt die Architekturübersicht, mit den neu hinzugekommenen Komponenten.

Das System enthält die folgenden Erweiterungen:

- Mail-App: Ermöglicht es, zu einer vorhandenen E-Mail-Kommunikation einen neuen Offertprozess zu starten oder die Kommunikation einem bestehenden Offertprozess zuzuordnen. In beiden Fällen werden die Nachrichten sowie alle Anhänge automatisch in die BPM-Plattform übertragen und von dieser in die Datenablage transferiert. Wird die Kommunikation fortgesetzt, wird diese automatisch in den entsprechenden Fall über-

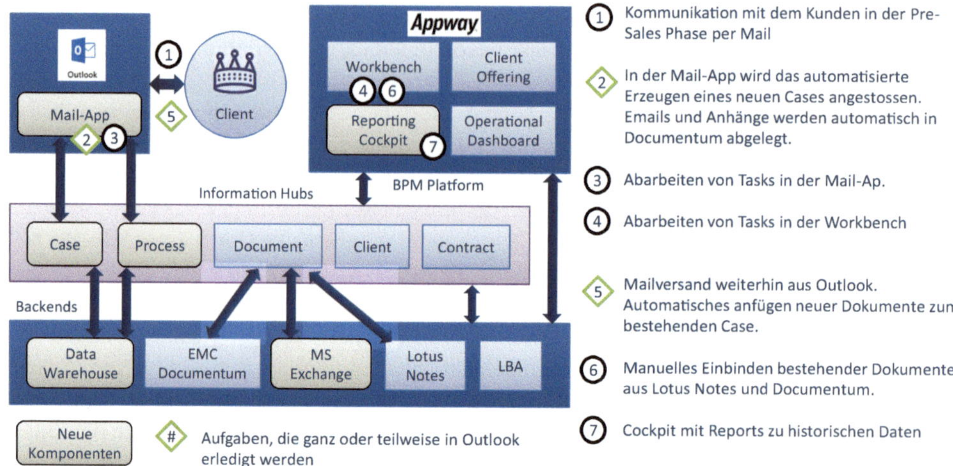

Abb. 6.4 Architekturübersicht des zweiten Lösungsansatzes

tragen. Zudem werden Tasks aus der Workbench direkt in der Mail-App angezeigt und können teilweise direkt in der App erledigt werden, ohne in die Plattform zu wechseln.

- Case und Process Hub: Sind die neu geschaffenen Schnittstellen im Information Hub, welche die von der Mail-App benötigten Funktionen zur Verfügung stellen.
- Anbindung des Exchange-Servers: Neben Documentum und Lotus Notes ist neu auch der Exchange-Server via Information Hub an die BPM-Plattform angebunden. Dies ermöglicht einen effizienten Transfer der Nachrichten und Anhänge von der Mail in die Dokumentenablagen.
- Data Warehouse und Reporting Cockpit: Das DWH dient dem Speichern aller Aktivitäten aus der Mail-App und der Workbench und kombiniert damit die Daten aus den beiden Front-Ends. Diese Daten sind die Grundlage für das neu geschaffene Reporting Cockpit, in dem laufende und abgeschlossene Cases nach verschiedenen Kriterien ausgewertet werden können.

Mit der Überarbeitung ändert sich der Arbeitsprozess deutlich, indem gewisse Schritte nun ganz oder teilweise direkt in Outlook erledigt werden können (**Abb. 6.4**). Die Arbeit beginnt wie gehabt mit der Kommunikation via Outlook während der Origination-Phase (1). Kommt es zu einer Offertanfrage, wird in der Mail-App ein neuer Case eröffnet (2). Dabei müssen zusätzliche Angaben für die Einordnung der Anfrage gemacht werden und die Anhänge müssen einzelnen Kategorien oder Unterverträgen zugeordnet werden. Mit diesen Angaben startet das System in der BPM-Plattform Appway den entsprechenden Case, transferiert alle Nachrichten und Anhänge vom E-Mail in die Dokumentenablagen und verknüpft diese mit dem jeweiligen Case. Anschliessend werden jene Teile des Offertprozesses, die keine weiteren Angaben erfordern, automatisch durchlaufen. Abschliessend werden für die verantwortlichen Teams oder Mitarbeitenden Tasks erzeugt. Diese werden per E-Mail über die anstehenden Aufgaben informiert. Gewisse, einfachere Aufgaben können direkt über die Mail-App ausgeführt werden (3). Bei komplexeren Aufgaben muss über den entsprechenden Link im E-Mail in die Workbench gewechselt und die Aufgabe dort ausgeführt werden (4). Neben dem E-Mail, das für die initiale Eröffnung des Cases verwendet wurde, können weitere E-Mails dem Case zugeordnet und dadurch zusammenhängend archiviert werden. In jedem Fall sorgt die Mail-App dafür, dass wenn eine bereits übertragene Kommunikation fortgesetzt wird, diese Fortsetzung automatisch dem Case hinzugefügt und archiviert wird (5). Wie bis anhin kann in der Workbench nach relevanten Dokumenten gesucht werden und mit Hilfe des Digital-Binder mit dem Case oder Teilen davon verknüpft werden (6). Im neu geschaffenen Reporting-Cockpit (7) können die Mitarbeitenden historische und aktuelle Daten beispielsweise zu einem Kunden oder einer Branche auswerten und als Basis für ihre Entscheidungen nutzen. Um die kritisierte mangelnde Flexibilität des Offertprozesses zu beheben, wurde dieser in kleinere unabhängige «Mini-Prozesse» zerlegt. Ähnlich einer Check-Liste können die Mitarbeitenden nun die Reihenfolge einzelner Tasks flexibler wählen und bei Bedarf gewisse Schritte auslassen. Das System lässt die Mitarbeitenden nun so arbeiten, wie es der Markt, der Kunde oder der Regulator erfordert. Die Mitarbeitenden werden durch die Front-End-Integration der Funktionalität in Outlook nun in der digitalen Arbeitsumgebung unterstützt, in der sie am effizientesten arbeiten. Die Mitarbeitenden sind also nicht mehr gezwungen, verschiedenen Systemen zu folgen, um eine Funktionalität zu nutzen, sondern die Funktionalität folgt dem Nutzer. Vorhandene Medienbrüche wurden beseitigt und es steht nun ein vollständig integrierter durchgängiger Arbeitsprozess zur Verfügung. Ermöglicht wird diese Integration durch die BPM-Plattform Appway, die die Bearbeitung der Cases und der dazugehörigen Informationen steuert.

» Outlook ist das zentrale Element in der heutigen Kundenkorrespondenz. Mit der Integration von Outlook und der BPM-Plattform Appway über eine Mail App konnten einzelne Schritte vom Prozess dorthin verlagert werden, wo der Benutzer tatsächlich seine Aufgaben wahrnimmt und somit eine wesentliche Verbesserung der User Experience erreicht werden (Marco Peyer, Head BPM & Service Operations, P&C Reinsurance Swiss Re).

(Adaptive) Case Management

Ein typisches Einsatzgebiet von Case-Management-Systemen ist die Koordination von Arbeiten in schwach strukturierten Prozessen. Insbesondere bei Prozessen, deren Verlauf nicht vollständig vorhersagbar ist und bei deren Ausführung die Mitarbeitenden selbst über die Notwendigkeit einzelner Arbeitsschritte sowie deren Reihenfolge entscheiden müssen, können Case-Management-Systeme einen wichtigen Beitrag leisten (Motahari-Nezhad und Swenson 2013). Natürlich erlauben auch traditionelle Automatisierungen mittels BPM-Systemen verschiedene Ausführungspfade, diese müssen aber entweder explizit modelliert oder durch das Erlauben von Ausnahme realisiert werden. Herkömmliche Case-Management-Systeme wurden jeweils für eine bestimmte Anwendungsdomäne wie beispielsweise das Spital-, Justiz- oder Polizeiwesen entwickelt. In diesem Zusammenhang wird auch oft von sogenannten Production-Case-Management-Systemen (PCM) gesprochen. Von einem Adaptive-Case-Management-System kann gesprochen werden, falls das System Funktionen zur Verfügung stellt, um den Arbeitsprozess an die Bedürfnisse des Cases anzupassen (Swenson 2011). Mittlerweile wurde der Trend auch von der Object Management Group aufgegriffen, welche seit 2014 mit CMMN einen Standard für die Notation von Case-Management-Modellen unterhält (OMG 2014).

Das verbesserte System ist seit Herbst 2015 mit zunehmender Akzeptanz im Einsatz. Outlook ist nun wieder das einheitliche Front-End für die elektronische Kommunikation mit dem Kunden und bietet mit der Mail App eine einfache, intuitive und ansprechende Integration des

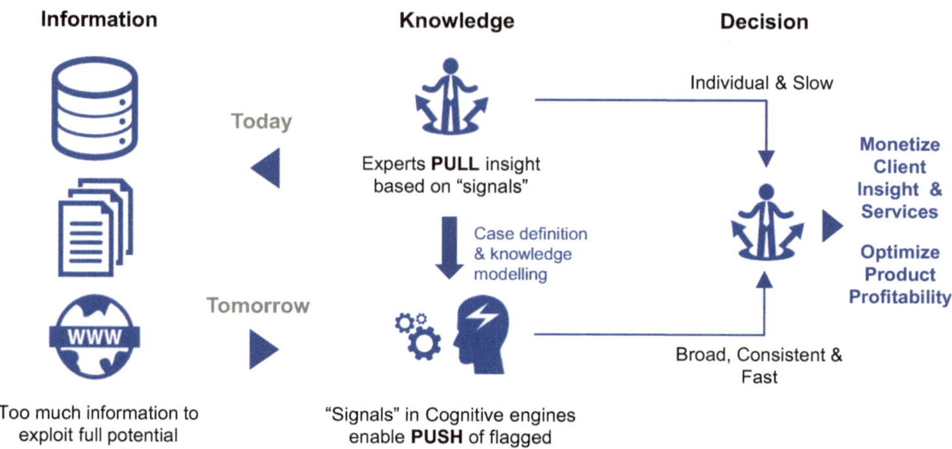

Abb. 6.5 Zukünftige Einsatzmöglichkeiten des Systems

BPM-Systems Appway. Die BPM-Plattform erfüllt ihre Aufgabe als Rückgrat des Systems. Sie ermöglicht die flexible Bearbeitung der Cases, verteilt die Aufgaben an die richtigen Mitarbeitenden, bindet die Dokumentenverwaltung ein und entlastet den Benutzer zunehmend von Routineaufgaben wie beispielsweise der Archivierung.

Wie sich das neue Tool auf die Zufriedenheit der Kunden auswirkt, kann zum aktuellen Zeitpunkt noch nicht abschliessend beurteilt werden. Auch für die systematische Auswertung der Antwortzeit bei Kundenanfragen und anderer KPIs ist das System noch nicht lange genug im Einsatz. Zudem steht für das laufende Jahr noch das Rollout weiterer vielversprechender Neuerungen an, wie beispielsweise die halbautomatische Klassifizierung von Dokumenten, die den Nutzen des Systems weiter erhöhen werden.

▪ Ausblick

Die Weiterentwicklungsmöglichkeiten des Systems sind äusserst vielseitig. Ein zentrales Anliegen wird es sein, die gesammelten Daten besser zu nutzen. Um Offertanfragen automatisch zu kategorisieren und zu priorisieren, könnten Grössen wie die Abschlusswahrscheinlichkeit oder die zu erwartende Rendite als Entscheidungsgrundlage herangezogen werden. Auch das Zusammenstellen des cross-funktionalen Teams könnte, unter Berücksichtigung der erforderlichen Fachkenntnisse und der Verfügbarkeit der Mitarbeitenden, unterstützt werden. Angestrebt wird letztlich ein wissensbasiertes System, das proaktiv Informationen sammelt, aufbereitet und situationsabhängig bereitstellt, die für den jeweiligen Fall relevant sein könnten. Damit würde der Prozess der Wissensbereitstellung vom heutigen Pull-Modus in einen Push-Modus überführt (**Abb. 6.5**) und so die Vision von P&C IT realisiert.

» Our Digital Operating platform enables handling more information to take decisions in less time while using our intelligence to build new value propositions for clients (e.g. loss prevention) leveraging new skills (Vision P&C IT, Swiss Re 2016).

6.4   Fazit

Die vorliegende Fallstudie von Swiss Re zeigt die Komplexität, die Systeme zur Unterstützung von wissens- und dokumentenzentrierten Prozessen in einem kollaborativen Umfeld zu bewältigen haben. Dabei geht es in erster Linie darum, das optimale Mass an Standardisierung und Flexibilisierung zu finden, um Wissensarbeiter von Routinearbeiten zu entlasten und in ihren Entscheidungen zu unterstützen.

Die beschriebene Digitalisierung des Offerterstellungsprozesses im Bereich P&C Reinsurance der Swiss Re, deckt ein breites Spektrum der im Rahmenwerk der Studie untersuchten strategischen und operativen Wirkungsfelder ab. Die wesentlichen Erkenntnisse sind in ◻ Abb. 6.6 gekennzeichnet und nachfolgend dargestellt.

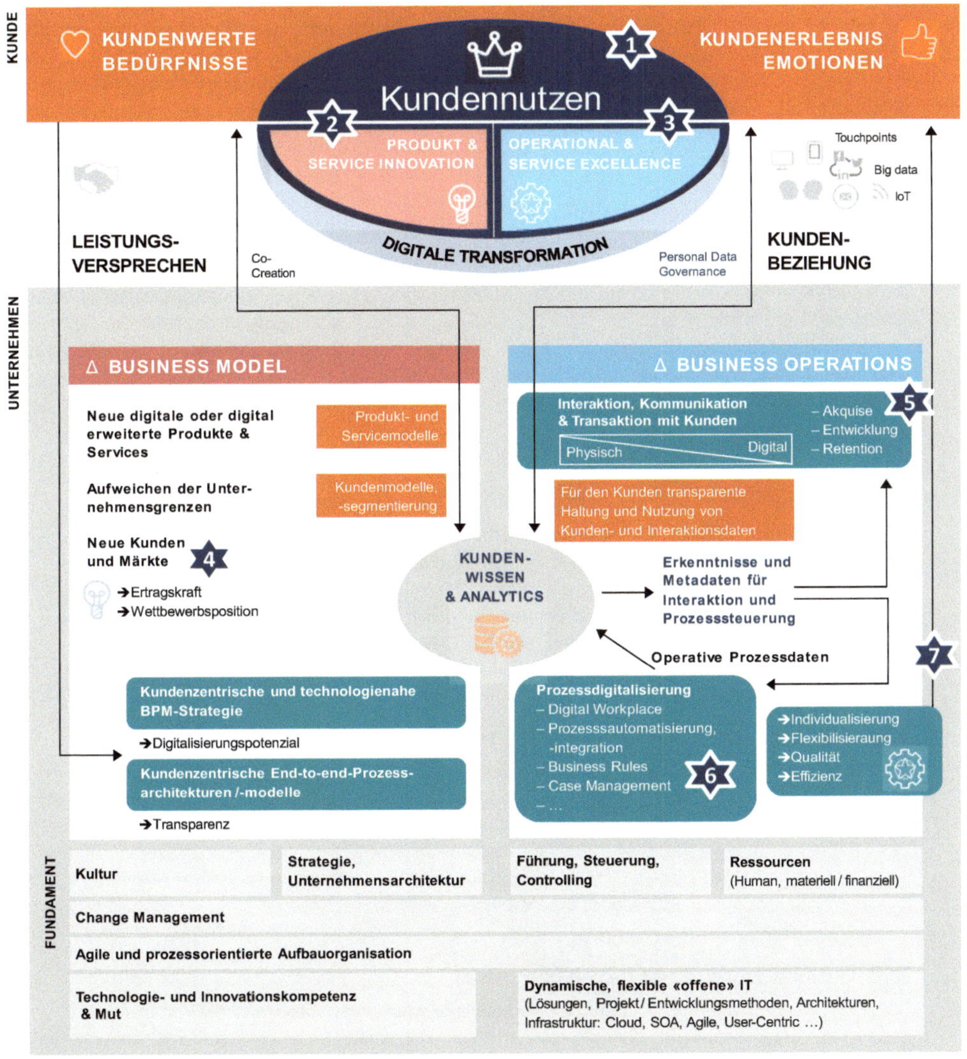

◻ **Abb. 6.6**   Swiss Re Fallstudie – Kernaspekte im Kontext des Studienframeworks

Mit welcher Zielsetzung und mit welcher Wirkung wird digital transformiert? Welcher Kundennutzen wird angestrebt bzw. wurde bereits realisiert?

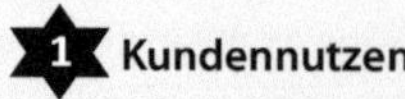 **Kundennutzen**

Der Kunde profitiert durch die Lösung von kürzeren Antwortzeiten, kompetitiven Produkten und Lösungen und letztlich auch von einer verbesserten Entscheidungs- und Beratungsqualität.

 **Produkt- und Service-Innovation**

Die adaptive Lösung schafft die Voraussetzungen, um Produkt- und Service-Innovationen kosteneffizient und flexibel weiter vorantreiben zu können.

 **Operational & Service Excellence**

Operational & Service Excellence wird erreicht, indem Fachkräfte von Routineaufgaben entlastet werden, Expertise für Kunden bedarfsgerecht gebündelt wird und indem die Arbeit optimal auf die Mitarbeitenden verteilt wird. Die Wissensarbeiter können sich unter diesen Voraussetzungen auf die wesentlichen Aspekte ihrer Tätigkeit konzentrieren, das heisst auf die Kunden, die Produktentwicklung und die Qualität in der Risikozeichnung, was sich letztlich in Wachstum niederschlägt. Der zentrale Beitrag der Digitalisierung liegt darin, das vorhandene Wissen zur richtigen Zeit am richtigen Ort einzusetzen und dabei die vorhandenen Informationen möglichst optimal zu nutzen.

Was wurde bzw. wird digital transformiert?

 **Business Model: neue Märkte rascher erschliessen**

Auch die Erschliessung neuer Märkte und Zielgruppen stellt eine Motivation für die Transformation des Offertprozesses dar. Mit der Schaffung eines durchgängigen und flexiblen Case Management sowie einer modernisierten Arbeitsumgebung werden hierfür wichtige Grundlagen geschaffen. Neuen Mitarbeitenden erschliesst sich der Offertprozess durch die reduzierte Komplexität der Systemlandschaft und die vereinfachte Bedienung rascher. Die Operating-Modelle können schneller und effektiver an die Markt- und Kundenanforderungen angepasst werden.

 **Business Operations: Interaktion mit Kunden optimal unterstützen**

Persönlicher Kontakt und Kontinuität der Ansprechpartner sind wesentliche Elemente der Kundenbeziehung im Bereich P&C Reinsurance. Das System setzt auf diesen Prinzipien auf und konsolidiert interne sowie externe Kommunikationsvorgänge an einem Ort, um alle Informationen zu einem Case jederzeit abrufen und systematisch archivieren zu können. Auf dieser Grundlage kann letztlich die Service- und Entscheidungsqualität verbessert werden.

Wie und wodurch wird transformiert?

 **Prozessdigitalisierung: Wissensarbeit orchestrieren**

Die neue Lösung bietet allen am Offertprozess Beteiligten in P&C Reinsurance ein durchgängiges Case Management mit sehr wenigen Medienbrüchen. Der Fokus verlagert sich von der sequenziellen Erledigung von Tasks in unterschiedlichen Systemen hin zur Befähigung der Mitarbeitenden im Entscheidungsprozess. Das dafür relevante Wissen wird über die Information Hubs zentralisiert aufbereitet und zur Verfügung gestellt. Der Abruf dieses Wissens im Pull-Modus soll zukünftig um kognitive Assistenten erweitert werden, die das Wissen proaktiv im Push-Modus bereitstellen.

 **Flexibilisierung: Cases gezielt bearbeiten**

Durch den weitgehenden Verzicht auf eine vordefinierte Abfolge der Tasks wird die Voraussetzung geschaffen, Cases flexibel und abhängig von den für eine Entscheidung im konkreten Fall notwendigen Fähigkeiten zu lenken.

Literatur

Motahari-Nezhad, H. R., & Swenson, K. D. (2013). *Adaptive case management: overview and research challenges.* IEEE International Conference on Business Informatics, Vienna. IEEE.

OMG (2014). Case Management Model and Notation (CMMN). http://www.omg.org/spec/CMMN/. Abgerufen am 3.7.2016.

PWC (2015). *Insurance 2020 & beyond: necessity is the mother of reinvention.*

Swenson, K. D. (2011). *Taming the unpredictable: real world adaptive case management.* Future Strategies.

Swiss Re (2016). Von Group strategic framework updated for 2016 and beyond. http://www.swissre.com/about_us/about_our_business/our_strategy/ (Erstellt: 07.2016). Abgerufen am 3.7.2016.

Fallstudie Vontobel: «Digitalisiertes Service Management schafft Kundennutzen»

Markus Schneider, Philipp Klauser und Thomas Keller

© Der/die Autor(en) 2018
E. Brucker-Kley et al. (Hrsg.), *Kundennutzen durch digitale Transformation*,
https://doi.org/10.1007/978-3-662-55707-5_7

Die Fallstudie aus den Operation Services des Schweizer Private Wealth und Asset Managers Vontobel zeigt, dass auch die digitale Transformation interner Bereitstellungsprozesse ein hohes Nutzenpotenzial birgt und dazu beiträgt, dass sich Servicefunktionen in der Organisation neu positionieren und ihre Rolle in der Organisation verändern können. Kundenzufriedenheit, mehr Transparenz und Effizienz in der Leistungserbringung und eine bessere Verfügbarkeit von Informationen in kritischen Supportprozessen standen im Mittelpunkt der in dieser Fallstudie beschriebenen Transformation des IT-gestützten Service Managements bei Vontobel.

7.1   Kontext und Ausgangssituation

Vontobel ist ein führender Schweizer, international agierender Private Wealth und Asset Manager, der sich zum Ziel gesetzt hat, die anvertrauten Kundenvermögen langfristig zu schützen und zu mehren. Spezialisiert auf das aktive Vermögensmanagement und massgeschneiderte Anlagelösungen berät Vontobel verantwortungsvoll und vorausschauend. Rund 1500 Mitarbeitende erbringen an weltweit 22 Standorten erstklassige und massgeschneiderte Dienstleistungen für international ausgerichtete Kunden. Per Ende 2015 verwaltete Vontobel CHF 187,2 Mrd. an Kundenvermögen, bei einer Kapitalbasis von CHF 1,43 Mrd. und einer CET1-Kapitalquote von 17,9 %. Die Namenaktien der Vontobel Holding AG sind seit 1986 an der SIX Swiss Exchange kotiert. Die Familie Vontobel und die gemeinnützige Vontobel-Stiftung besitzen die Aktien- und Stimmenmehrheit und stehen damit für Unabhängigkeit, unternehmerisches Denken und Weitsicht.

Die Supporteinheit «Operation» erbringt weltweit alle IT-Dienstleistungen. Die Sparte «Operation Services» stellt hauptsächlich alle 1st- und 2nd-Level Support-Dienstleistungen bezüglich des Electronic Workplace bereit, ist die primäre Anlaufstelle für die Benutzer bezüglich IT-Fragen und ist für den IT-Betriebsprozess verantwortlich.

Eine im Jahr 2013 intern durchgeführte Erhebung der Benutzerzufriedenheit ergab ein tieferes Resultat als angestrebt. Ausserdem wurden die Kosten als verhältnismässig hoch eingeschätzt, wobei eine genaue Zuordnung und Begründung der Kosten aufgrund des Fehlens einer transparenten Kostenstruktur nicht möglich war.

Ein wichtiger Aspekt zum Verständnis dieser Fallstudie sind die eingesetzten betrieblichen Standardsysteme. Wie in viele Unternehmen der Finanzbranche, zeichnen sie sich durch eine grosse Heterogenität aus Diese Heterogenität bezieht sich einerseits auf die Phasen des Lebenszyklus, in welchen die einzelnen Applikationen stehen, andererseits aber auch auf die Plattformen, auf welchen diese betrieben werden. Damit einhergehen typischerweise auch heterogene Supportstrukturen, welche die unterschiedliche IT-Landschaft widerspiegeln. Ein standardisiertes Incident- und Problemmanagement existierte nicht. Dies führte dazu, dass Mitarbeitende informelle Kanäle für die Lösung ihrer konkreten Anliegen nutzten, was einem effizienten Einsatz von Ressourcen widersprach und sich in den Kosten niederschlug.

Die nachfolgenden Aussagen über Kundenzufriedenheit beziehen sich auf die Mitarbeitenden von Vontobel. Die Bankkunden sind indirekt betroffen und daher nicht Gegenstand der Fallstudie.

Die statistische Auswertung der Mitarbeitendenumfrage vor der Durchführung von Verbesserungsmassnahmen ergab ein Mittelwert von 4.8 auf einer Skala von 1 bis 6, was beinahe dem angestrebten Wert von 5.0 entsprach. Der Mittelwert ergab also keinen Grund zur Sorge. Doch die Standardabweichung war auffallend gross, was Anlass zu einer detaillierteren Auswertung gab. Diese weitergehende Analyse zeigte auf, dass vor allem im Bereich Störungsbehebung und Kundeninformation die grössten Verbesserungspotenziale lagen. In diesen Bereichen waren die Teilresultate wesentlich schlechter. Ausserdem gab es grössere Abweichungen zwischen den einzelnen Geschäftsfeldern, was auf stark unterschiedliche Supportbedürfnisse bzw. auf unterschiedliche Supportqualitäten hindeutete. Die in der Umfrage abgegebenen Kommentare von Mitarbeitenden liessen Rückschlüsse auf konkrete Problemstellungen zu. So war vor allem die lange Bearbeitungszeit von Incidents ein Problem, sofern die Störung nicht direkt durch telefonischen Support gelöst werden konnte.

7.2 Motivation und Zielsetzung

Kundenzufriedenheit, mehr Transparenz und Effizienz in der Leistungserbringung und eine bessere Verfügbarkeit von Informationen in kritischen Supportprozessen standen im Mittelpunkt der Transformation.

Ausgehend von der geschilderten Ausgangssituation und einer Vielzahl von Interviews mit den Stakeholdern wurden folgende Kernfragen und Hypothesen formuliert:

1. Kann die Kundenzufriedenheit gesteigert werden, indem das gleiche Angebot rascher, qualitativ hochstehender und idealerweise zu tieferen Kosten angeboten wird?

   Die Annahme, dass dies möglich sein muss, beruht auf der Erkenntnis, dass die Ursache für die teilweise fehlende Kundenzufriedenheit oftmals in der sehr langen Reaktionszeit des Supports bzw. in sehr unterschiedlichen Reaktionszeiten lag. Ein anderer Grund für eine fehlende Kundenzufriedenheit lag teilweise in einer nicht einwandfreien Lösungsfindung. Das heisst, das gemeldete Problem konnte nicht, nur teilweise oder nicht befriedigend gelöst werden. Dies schlug sich auch in höheren Kosten nieder, da das gleiche Problem mehrfach und auf unterschiedliche Weise gelöst wurde. Ebenso fehlte eine gemeinsame Wissensbasis.

2. Können die bestehenden Ressourcen effizienter und effektiver eingesetzt werden, um mehr Aufgaben bei gleichzeitig höherer Qualität zu bewältigen?

   Die Hypothese lautet, dass durch die informalen Strukturen und die heterogene IT-Landschaft der Anteil an unproduktiver Zeit grundsätzlich höher ist als in einer standardisierten Supportorganisation. Selbstverständlich verursacht jedes System Sockelkosten, welche nur schwer reduzierbar sind. Mit einem standardisierten Vorgehen können definitiv Synergien genutzt werden, welche zu einer höheren Dienstleistungsqualität, weniger Systemen und somit auch tieferen Kosten führen können.

3. Wie können die vorhandenen betrieblichen Informationen aus den eingesetzten IT-Systemen wie z. B. Logdateien genutzt werden, um den anvisierten Verbesserungsprozess effektiv zu unterstützen?

   Die eingesetzten betrieblichen Informationssysteme produzieren Daten, mit welchen die Vergangenheit recht lückenlos nachvollzogen werden kann (z. B. Logfiles). Es stellt sich weniger die Frage nach der Verfügbarkeit solcher Daten, sondern vielmehr nach der gezielten und nachvollziehbaren Nutzung dieser Informationen und den daraus gezogenen Schlüssen, wie z. B. das Überwachen von betrieblichen KPIs.

Wie einleitend erwähnt, wurde der Support für jede Applikation bzw. Infrastrukturplattform verschieden gelöst. Diese Heterogenität wurde durch den Einsatz unterschiedlichster Support-Werkzeuge und Arbeitsmethoden noch akzentuiert. Aus dieser historisch gewachsenen Situation ergaben sich folgende Herausforderungen:

1. Wie können die betroffenen Supportmitarbeitenden motiviert werden, mit einem gemeinsamen Support-Werkzeug, z. B. einem einheitlichen Ticketsystem, zu arbeiten?

Diese Fragestellung impliziert, dass die eingesetzten Werkzeuge im Support durch ein Werkzeug ersetzt werden, mit dem alle Mitarbeitenden arbeiten müssen. Das bedeutet, dass die meisten Supportmitarbeitenden auf ihr angestammtes Werkzeug verzichten und sich mit einem Wechsel abfinden müssen. Üblicherweise wird ein solcher Wechsel nur unter Zwang erfolgen und somit nicht als etwas Positives empfunden, was sich allenfalls in einer höheren Fluktuation oder in einer temporär schlechteren Supportqualität manifestieren kann.

2. Kann eine verbesserte Transparenz durch Standardisierung und Harmonisierung zu einer höheren Benutzerzufriedenheit führen?

   Transparenz wird von Supportmitarbeitenden und Kunden unterschiedlich wahrgenommen. Beide profitieren von Nachvollziehbarkeit und Vergleichbarkeit, wobei Vergleichbarkeit aus Sicht des Leistungserbringers auch negativ wahrgenommen werden kann. Aus Kundensicht ist Transparenz jedoch eindeutig ein Qualitätsmerkmal und eine wichtige Grundlage für eine partnerschaftliche Zusammenarbeit und letztlich für eine höhere Benutzerzufriedenheit.

3. Kann trotz Standardisierung und Harmonisierung ein ausreichendes Mass an Agilität gewahrt bleiben?

   Agilität bezeichnet die Fähigkeit, auf Ereignisse und/oder Anforderungen situativ zu reagieren. Standardisierung und Harmonisierung hingegen verlangen, dass auf ähnliche Ereignisse und/oder Anforderungen in einer wohldefinierten Form reagiert wird. Durch die historisch gewachsene Vielfalt an Werkzeugen und individuellen Vorgehensmethoden ist die Gefahr gross, dass Supportmitarbeitende einer Standardisierung skeptisch bis ablehnend gegenüberstehen. Dabei ist jedoch bei adäquatem Tooleinsatz, welcher beispielsweise auch Case Management umfassen kann, die Funktionalität gegeben, um Agilität gezielt und nachhaltig zu unterstützten.

7.3   Umsetzung und Wirkung

Bereits zu Beginn der Lösungssuche wurde deutlich, dass nur die gesamtheitliche Betrachtung von vier Lösungselementen zu einer erfolgreichen Verbesserung der Situation führen konnte: klar definierte Prozesse, die sich auf korrekte und vollständige Stammdaten in einer Configuration Management Database (CMDB) abstützen, die Abbildung dieser Prozesse in einem Tool und der Zugriff der User über das zentrale Intranetportal (◨ Abb. 7.1).

Die Konzeption und Umsetzung des Vorhabens orientierte sich am klassischen Vorgehen eines kontinuierlichen Prozessmanagements (◨ Abb. 7.2).

◨ **Abb. 7.1**   Die vier Lösungselemente

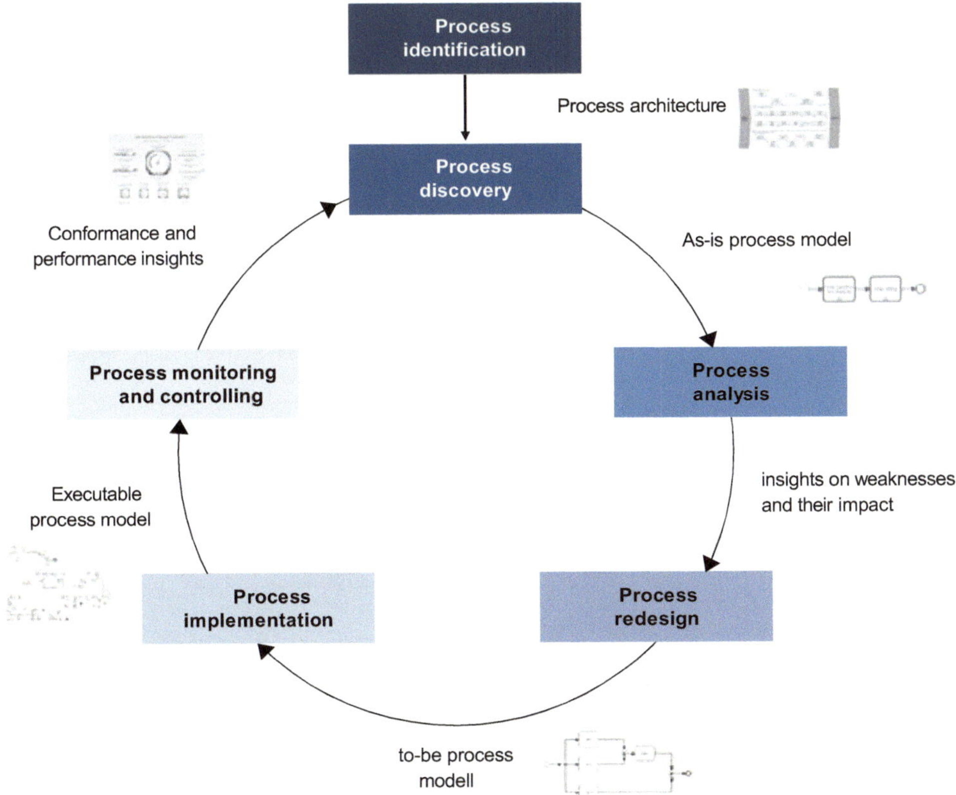

Abb. 7.2 BPM Lifecycle in Anlehnung an. (Dumas et al. 2013)

In einem ersten Schritt wurden Ist-Prozesse dokumentiert. Die Methodik hierzu stützte sich auf Interviews, Workshops und Dokumentenstudium ab. In einem zweiten Schritt wurden dann kritische Bereiche identifiziert. Diese kritischen Bereiche konnten über qualitative Analysen gefunden werden. Hierbei wurden Six-Sigma-Methoden angewendet. Aber auch quantitative Analysen wie beispielsweise von Durchlaufzeiten führten zur Identifikation von kritischen Bereichen. Aus der Kenntnis dieser kritischen Bereiche wurden dann Soll-Prozesse abgeleitet. In einem weiteren Schritt wurden diese Soll-Prozesse in der Organisation implementiert.

Bevor jedoch der geschilderte Verbesserungsprozess starten konnte, wurde eine geeignete Notation für die Prozessmodellierung evaluiert und der Fokus der Prozessmodellierung definiert. Von besonderer Relevanz war die Festlegung von Prozessverantwortlichen. Um die Voraussetzungen für eine breite Akzeptanz zu schaffen, wurden die Prozesse in die übergeordnete OP Prozesslandkarte integriert und auf diese Weise transparent kommuniziert, breit abgestützt und insbesondere an bestehenden und etablierten informellen Prozessen ausgerichtet. Durch die Einführung einer verbindlichen Notation konnte mit allen Beteiligten auf derselben Grundlage diskutiert werden. Allfällige Probleme an den Schnittstellen zwischen den Prozessschritten konnten rasch erkannt und mit deren Beseitigung begonnen werden.

Die Frage nach einer adäquaten Automatisierung der Supportprozesse war aus Sicht der Effizienzsteigerung sehr zentral. Entsprechend zentral wurde auch die Evaluation eines geeigneten Werkzeugs zur Unterstützung der Supportprozesse betrachtet. Die Wahl fiel auf Jira

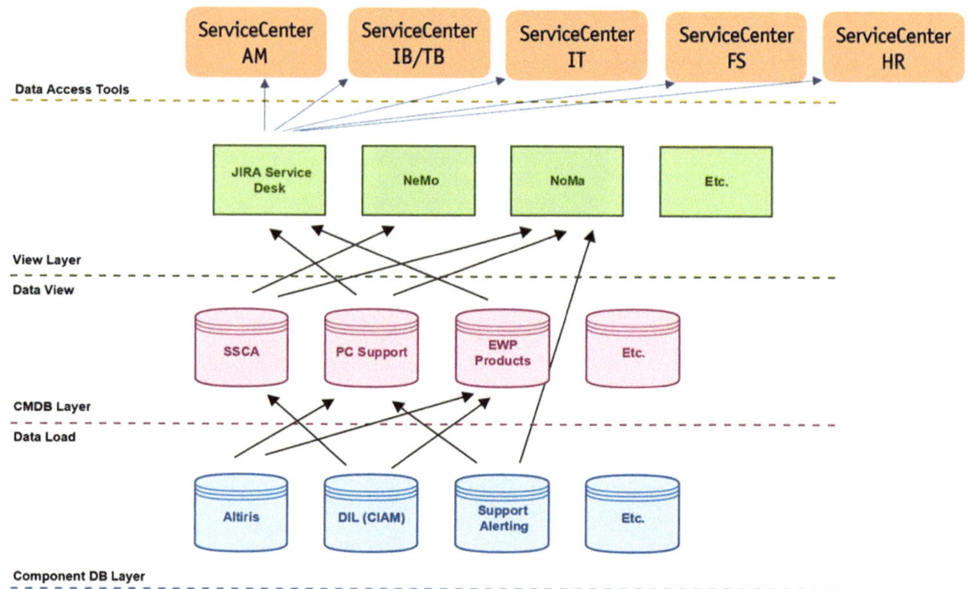

◻ **Abb. 7.3** Konföderierte Configuration Management Datenbank

ServiceDesk. Ein wichtiges Auswahlkriterium war dabei die bereits vorhandene Anwenderakzeptanz von Attlassian Jira. Zum Zeitpunkt der Entscheidung war Jira ServiceDesk aus einer funktionalen Sicht nicht das beste, aber aus Sicht der Mitarbeitenden das wohl akzeptierteste Werkzeug.

Im Kontext einer möglichst hohen Automatisierung sind die Identifikation von Steuer- und Stammdaten für die Supportprozesse zentral. Diese bestanden zu diesem Zeitpunkt nicht und mussten von Grund auf erhoben werden. Um sie professionell verwalten und unterhalten zu können, wurde eine Configuration-Management-Datenbank (CMDB) aufgebaut. Der Aufbau dieser Datenbank erforderte sehr viel Zeit und musste mit hoher Qualität erfolgen, um später keine Probleme bei der Prozessausführung zu erhalten.

Dabei stand eine automatisierte Bereitstellung der Daten im Vordergrund, um immer aktuelle Daten in hoher Qualität zur Verfügung zu haben. Es wurden daher die bestehenden Systeme in Abhängigkeit zueinander gestellt und eine sogenannte konföderierte CMDB erstellt (◻ Abb. 7.3).

Auf dem Weg in Richtung optimierte IT-Unterstützung waren in einem nächsten wichtigen Schritt Fragen bezüglich der Usability zu klären. Es existierten keine Standards hierzu. Entsprechend bestand auch bezüglich diesem Kriterium eine grosse Heterogenität. Bei aller Beachtung methodischer Erkenntnisse stellte das Prinzip der Praxisorientierung und der realen Machbarkeit eine wichtige Orientierungshilfe dar.

Aus Sicht IT war es zwingend, die Supportwerkzeuge nahtlos in die Systemlandschaft zu integrieren. So wurde grossen Wert auf die Einhaltung von Standards und deren Interoperabilität gelegt. Ziel war es, einen möglichst hohen Automatisierungsgrad in den Hauptprozessen Incident-und Request-Management zu erreichen. Diese Hauptprozesse bergen die grössten Potenziale für Einsparungen, Effizienzsteigerungen und eine Verbesserungen des Benutzernutzens.

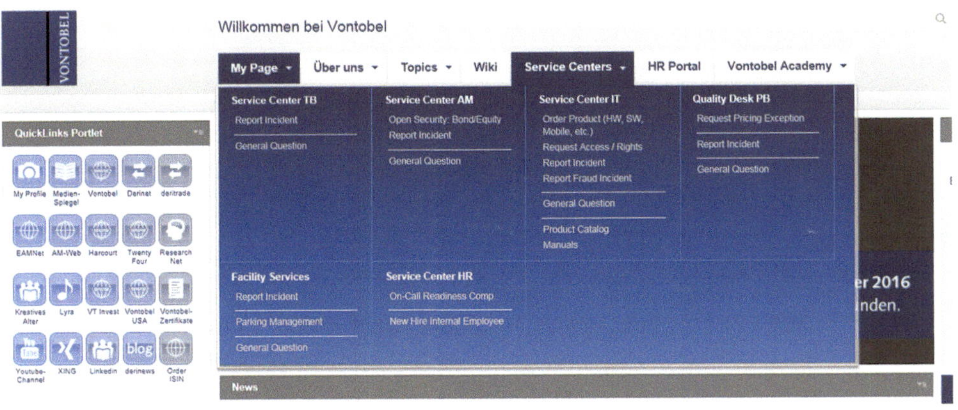

◨ Abb. 7.4   Portallösung

Die mangelnde Benutzerzufriedenheit war ein zentraler Auslöser für die Transformation. Folglich wurde dem Kunden bei der Erarbeitung der IT-gestützten Lösung grosse Beachtung geschenkt und der Zugang zu dieser Lösung in das zentrale Intranetportal integriert. Dieses Portal dient als zentrale Anlaufstelle für sämtliche Supportanfragen. Auf diesem Portal finden sich zudem sämtliche für den Support relevanten Dokumente. Mit der Einführung dieses zentralen Zugangs ergaben sich auch neue Anwendungs- und Informationsmöglichkeiten. So ist es jederzeit möglich, den Status von Anträgen einzusehen und die Portalseiten zu personalisieren. Weitergehende Auswertungsmöglichkeiten, welche auf Daten beruhen, die durch die einheitlichen Tickets und Arbeitsweisen entstanden sind, konnten so geschaffen werden. Diese dienen der kontinuierlichen Verbesserung des Dienstleistungsangebotes und der Sicherstellung einer gleichbleibend hohen Servicequalität, indem Schwachstellen und deren Ursachen rascher und einfacher eruiert werden können.

Neu können nicht nur IT-Support-Services über das Service-Center-Portal bezogen werden, sondern alle Geschäftsfelder organisieren ihre Support-Aktivitäten über dieses Portal (◨ Abb. 7.4), was aus Benutzersicht eine Vereinfachung darstellt und gleichzeitig auch die Usability stark erhöht. Im Fokus stehen dabei auch HR-Prozesse wie beispielsweise der Eintritt oder der Austritt von Mitarbeitenden. Um die Usability weiter an den Kundenbedürfnissen auszurichten, wurden innovative Suchfunktionen implementiert (◨ Abb. 7.5).

Nach erfolgreicher Einführung der beschriebenen Neuerungen und Verbesserungen verbleiben noch einige Herausforderungen. Diese umfassen im Wesentlichen:

1. Datenschutz: Der Inhalt von Tickets könnte in einem anderen Anwendungskontext vertraulich sein. Diesem Umstand wird mit der aktuellen Version nur teilweise Rechnung getragen.
2. Der Supportprozess bzw. die Verarbeitung von Tickets kann als Muster auch ausserhalb von Supportprozessen angewendet werden. Es braucht deshalb auch eine Abgrenzung zu klassischen Geschäftsprozessen.
3. Vereinheitlichung der noch nicht berücksichtigten Service Requests in Bezug auf Look & Feel.
4. Umgang mit Prozessen, für welche eine Automatisierung aus ökonomischer Betrachtung nicht sinnvoll erscheint.
5. Unterstützung von mobilen Endgeräten wie Smartphones und Tablets.

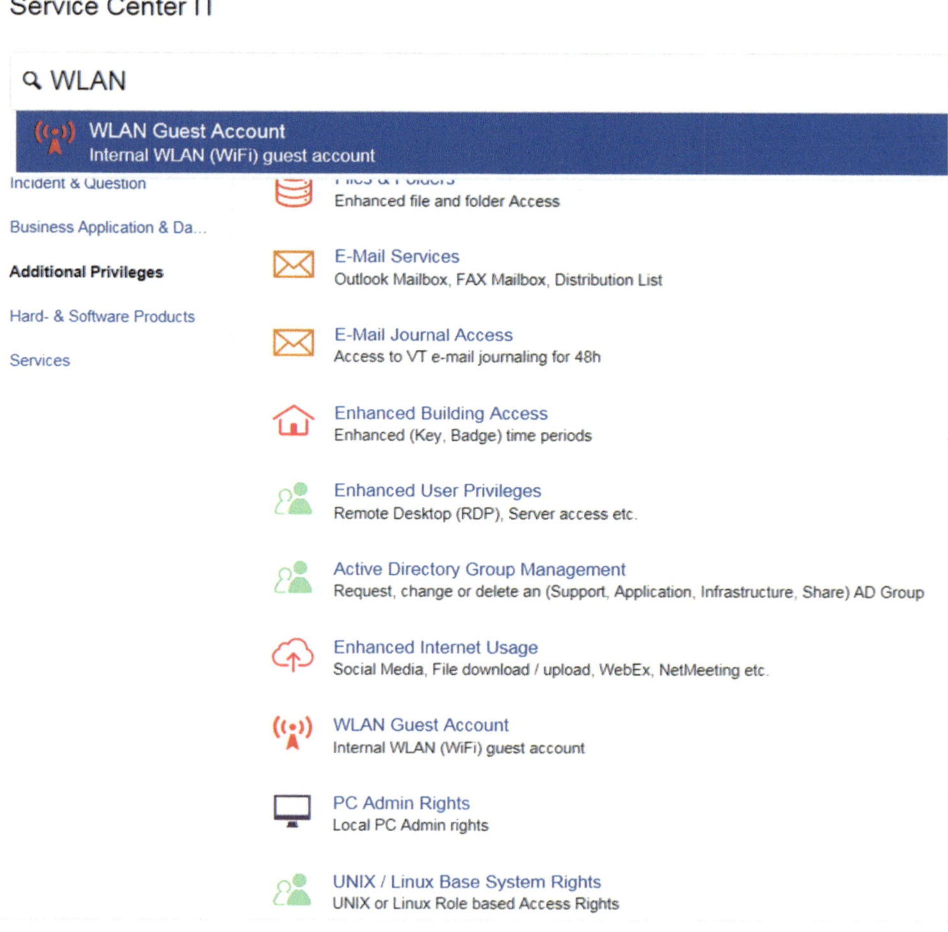

■ Abb. 7.5 Service Center IT

6. Sicherstellung eines kontinuierlichen Kundenfeedbacks und systematisches Analysieren von schlechten Bewertungen von Tickets zur Wahrung der Glaubwürdigkeit.

7.4 Fazit

Die Einführung der oben geschilderten Lösungselemente (Prozesse, CMDB, Tool, einheitlicher Kundenzugang) hatte eine markante Steigerung der Kundenzufriedenheit zur Folge. Bereits ein Jahr nach Einführung waren die Kundenzufriedenheitswerte innerhalb des gesetzten Zielbandes (Veränderung um 0.3 Punkte von 4.8 auf 5.1 auf einer Skala von 1 bis 6). Der Support erfolgte schneller, zu tieferen Kosten und mit einer grösseren Anwenderfreundlichkeit. Eine positive Dynamik konnte sich etablieren.

Fehlende Kennzahlen waren ein wesentliches Defizit der Ausgangssituation. Mit der eingeführten Lösung sind diese Kennzahlen nun automatisiert verfügbar und auch nachvollziehbar.

Auf der Grundlage dieser neu gewonnenen Transparenz können nun quantitative Entscheidungsgrundlagen für die Entwicklung des Betriebs zur Verfügung gestellt werden. Das wiederum resultiert in einer höheren Zufriedenheit der Supportmitarbeitenden und letztlich in messbar tieferen Kosten.

Rückblickend ist auch der Aufbau einer CMDB als zentraler Erfolgsfaktor zu betrachten. Obwohl der Aufbau sehr ressourcenintensiv war, ist der Nutzen definitiv höher einzuschätzen. Auch das Verständnis der Kundenbedürfnisse ist als wesentlicher Erfolgsfaktor zu werten. Eine grosse Rolle spielt bei Vontobel hierbei die Internationalität der Anwender, die durch das Wachstum in Asien und USA zunehmend an Bedeutung gewinnt. Dieser Internationalität wird zunehmend Rechnung getragen, indem Servicezeiten angepasst, diese Standorte besucht und

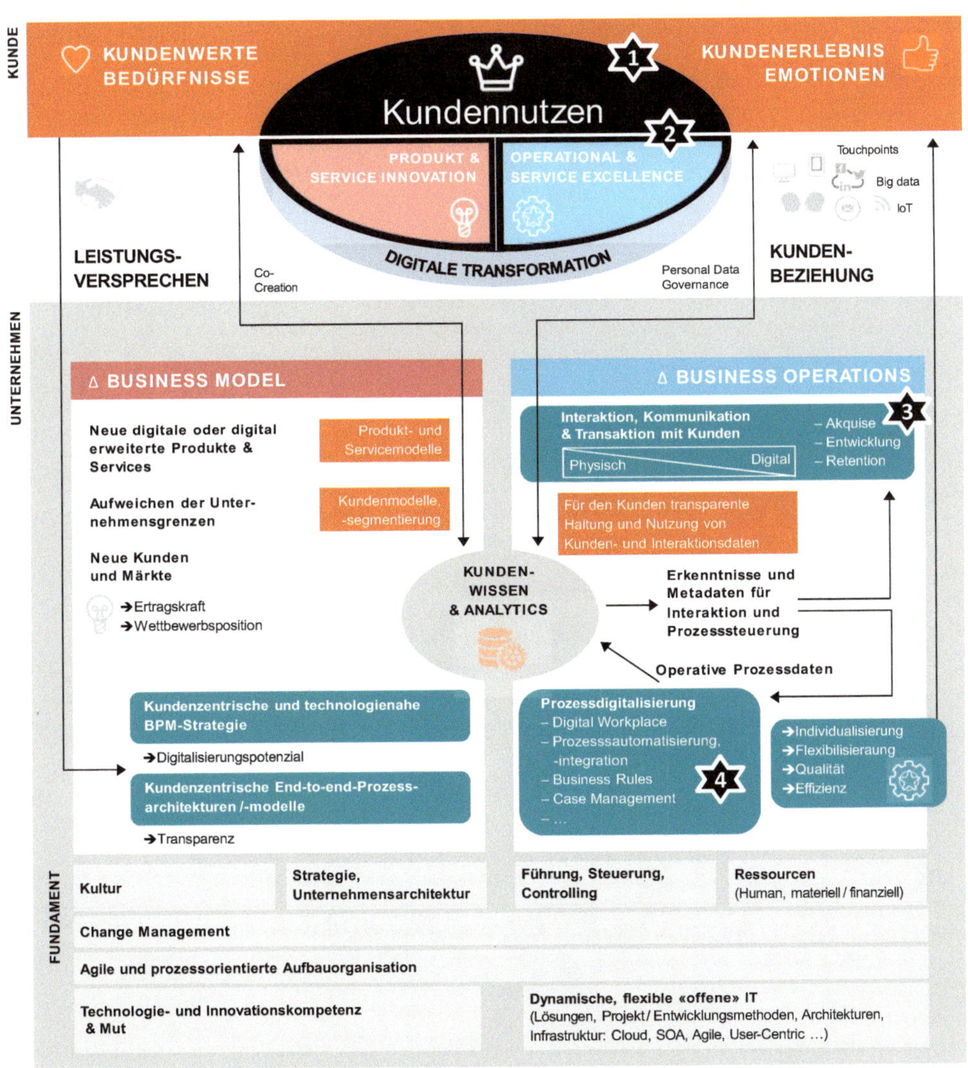

◘ Abb. 7.6 Vontobel Fallstudie – Kernaspekte im Kontext des Studienframeworks

aktiv die lokalen Kundenbedürfnisse erhoben werden. Das war in der Anfangsphase der Transformation aus Ressourcengründen noch nicht in der gleichen Intensität möglich.

Die Fallstudie deckt ein schmales Spektrum der im Rahmen der Studie erforschten Aspekte der digitalen Transformation ab. Das Vorhaben verändert primär die Domäne Business Operations und macht die Relevanz der Prozessdigitalisierung in dieser Domäne deutlich. Auch wenn Systeme wie Jira ServiceDesk schon seit vielen Jahren bekannt sind und auch eingesetzt werden, zeigt dieses Fallbeispiel deutlich, dass vielfach operative Optimierungspotenziale über lange Zeit brach liegen und diese mit herkömmlicher Technik realisiert werden können. Die wesentlichen Erkenntnisse sind in ◘ Abb. 7.6 gekennzeichnet und nachfolgend dargestellt.

Mit welcher Zielsetzung und mit welcher Wirkung wird digital transformiert? Welcher Kundennutzen wird angestrebt bzw. wurde bereits realisiert?

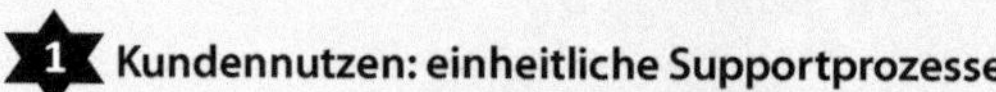

1 Kundennutzen: einheitliche Supportprozesse

Unabhängig vom konkreten Supportfall werden die relevanten Daten einheitlich in das System eingetragen und der Status ist auf Kundenseite ersichtlich. Dies erhöht die Transparenz und schliesslich das Vertrauen, auch wenn der persönliche Kontakt mit dem Supportmitarbeitenden kürzer wird oder gar ganz wegfällt.

2 Operational & Service Excellence: Transparenz und Schnelligkeit

Ein Auslöser für das Vorhaben waren die Mehraufwände, die durch mangelhafte Bearbeitung von Supportanfragen verursacht wurden. Durch die Transparenz der für alle einzusehenden Supportanfragen werden diese zeitnaher erledigt. Ebenso führt die Möglichkeit des Kunden, die Lösung zu bewerten, zu einem Feedbackloop, der sich positiv auf die Qualität auswirkt.

Was wurde bzw. wird digital transformiert?

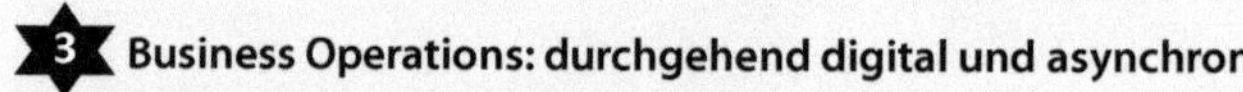

3 Business Operations: durchgehend digital und asynchron

Durch den flächendeckenden Einsatz von Jira ServiceDesk laufen die Supportprozesse primär asynchron ab. Eine synchrone Kommunikation beispielsweise über Telefon ist nur noch in Ausnahmefällen nötig. Dies spielt eine wichtige Rolle bei der Einführung erweiterter Supportzeiten.

Wie und wodurch wird transformiert?

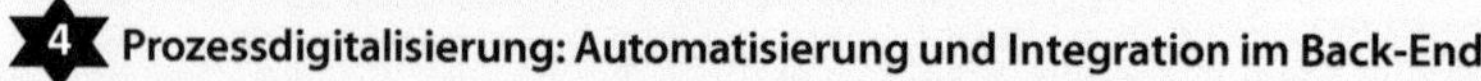

4 Prozessdigitalisierung: Automatisierung und Integration im Back-End

Um einen qualitativ hochstehenden und raschen Support anbieten zu können, müssen eine Vielzahl von Informationssystemen eingebunden sein. Ein Supportsystem ohne Anbindung an die bestehenden betrieblichen Informationssysteme (CMDB, Monitoring, etc.) kann nicht die flächendeckenden Informationen anbieten wie eine hoch integrierte Lösung.

Literatur

Dumas, M., La Rosa, M., Mendling, J., & Reijers, H. A. (2013). *Fundamentals of business process management.* Heidelberg: Springer.

Literatur

Die in diesem Kapitel enthaltenen Bilder und sonstiges Drittmaterial unterliegen ebenfalls der genannten Creative Commons Lizenz, sofern sich aus der Abbildungslegende nichts anderes ergibt. Sofern das betreffende Material nicht unter der genannten Creative Commons Lizenz steht und die betreffende Handlung nicht nach gesetzlichen Vorschriften erlaubt ist, ist für die oben aufgeführten Weiterverwendungen des Materials die Einwilligung des jeweiligen Rechteinhabers einzuholen.

Fallstudie Swisscom: «Die Einführung von Produktions- und Servicekatalogen – Der erste Schritt zur industrialisierten Fertigung»

Andreas Hilber, Denisa Kykalová und Elke Brucker-Kley

© Der/die Autor(en) 2018
E. Brucker-Kley et al. (Hrsg.), *Kundennutzen durch digitale Transformation*,
https://doi.org/10.1007/978-3-662-55707-5_8

Die vorliegende Fallstudie zeigt das Vorgehen und die Erfahrungen der Swisscom Network & IT Operations bei der Standardisierung ihrer Leistungen und der Entwicklung einer neuen Service- und Produktarchitektur. Getrieben durch die steigende Komplexität der Produkte und die wachsenden Qualitätsanforderungen der Kunden galt es, bei gleichzeitiger Erhöhung der Qualität, Kosten zu reduzieren und die Effizienz zu steigern. Inspiration holte sich Swisscom aus der herstellenden Industrie und orientierte sich an der individualisierten Massenproduktion (industrialisierten Fertigung).

8.1   Kontext und Ausgangssituation

Swisscom ist das führende Telekommunikationsunternehmen und eines der führenden IT-Unternehmen der Schweiz und bietet Geschäfts- und Privatkunden Mobilfunk, Festnetz, Internet, Digital-TV und Informatik-Dienstleistungen an. Über den Wholesale-Kanal stellt sie auch Dritten ihre Netz- und IT-Infrastruktur zur Verfügung. Mit 21.600 Mitarbeitenden erwirtschaftete Swisscom 2015 einen Jahresumsatz von rund CHF 11,6 Mia.

Das strategische Ziel der Swisscom – «die beste Begleiterin und vertrauensvolle und inspirierende Partnerin in der vernetzten Welt zu sein» und ihren Kunden immer, überall, sicher und einfach verfügbare Leistungen mit ausserordentlichen Erlebnissen zu bieten (vgl. ◘ Abb. 8.1) – erfordert, dass sie gesellschaftliche, technologische und wirtschaftliche Trends antizipiert und aufnimmt. Als wegweisend für die Zukunft der ICT-Branche schätzt sie dabei die folgenden Trends ein (Swisscom AG 2015):

- Immer online: Die Digitalisierung führt dazu, dass nicht nur Menschen, sondern auch intelligente Applikationen und Geräte zunehmend miteinander vernetzt sein werden.
- Internetbasiert «All IP»: Produkte & Services werden künftig auf Basis des Internet-Protokolls betrieben. Speicherplatz, Rechenleistung und Software werden verstärkt aus dem Internet bezogen.
- Globaler Wettbewerb: Weltweit tätige Mitbewerber profitieren von globalen Skaleneffekten und verändern die Geschäftsmodelle durch eine verstärkte Nutzung von Kundendaten.

Eine diesen Anforderungen entsprechende Netz- und IT-Infrastruktur, welche effizient und zielgerichtet eingesetzt werden kann, ist dabei eine Grundvoraussetzung. Sie muss nicht nur professionell unterhalten und betrieben, sondern auch kontinuierlich ausgebaut und immer wieder neu ausgerichtet werden, um dem wachsenden Bedarf an Leistungen gerecht zu werden: Der Breitbandbedarf im Festnetz verdoppelt sich alle 16 Monate, im Mobilfunk jährlich. Mit neuen Servicedienstleistungen steigt ebenfalls der Bedarf an Datacenterleistungen stetig an.

Doch technologischer Wandel, intensiver lokaler und globaler Wettbewerb und die sich verändernden Kundenbedürfnisse führen dazu, dass die Preise und Volumen im klassischen Geschäft mit nutzungsabhängigen Angeboten kontinuierlich erodieren. Trotzdem müssen hohe Investitionen in die sich verändernde Technologie und den Ausbau der Infrastruktur getätigt werden. Um dieser Entwicklung gerecht zu werden, muss einem Ergebnisrückgang auch durch Steigerung der Effizienz begegnet werden.

Vor diesem Hintergrund beschäftigte sich die Organisationseinheit «Network & IT Operations» (ca. 2300 Mitarbeiter) damit, wie sie künftig ihren Auftrag – den zentralen Betrieb der Infrastruktur – effizient und günstig gestalten, und gleichzeitig die vereinbarte Qualität erhöhen kann. ◘ Abb. 8.2 visualisiert die Aufgabe von «Network & IT Operations» innerhalb des Prozessmodells von Swisscom.

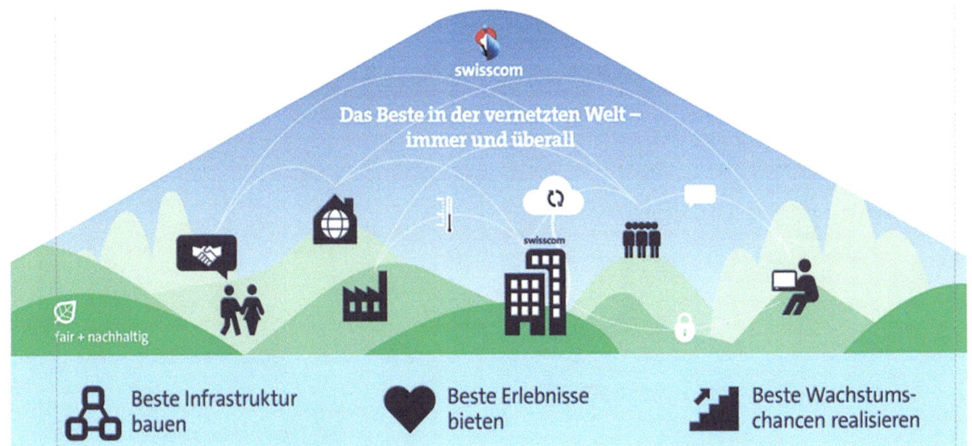

Abb. 8.1 Unternehmensstrategie «Swisscom 2020»

Prozessmodell Swisscom:

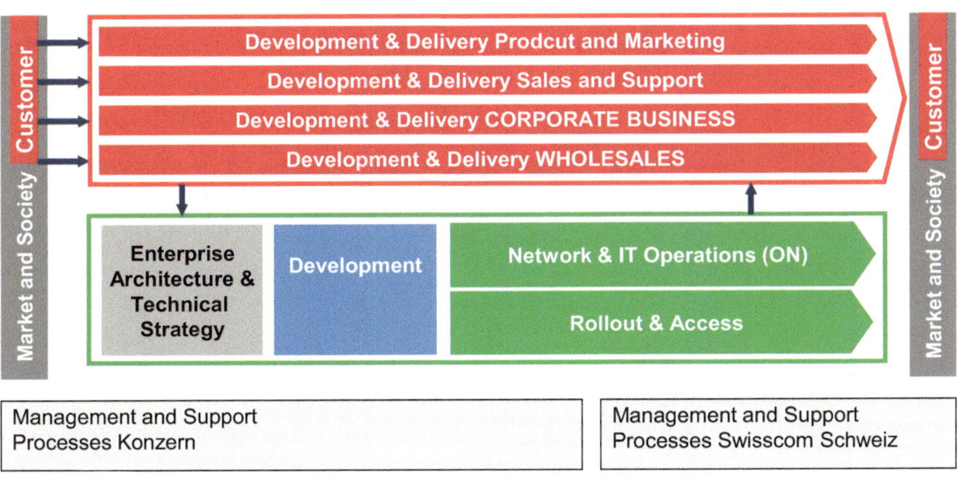

Abb. 8.2 Rolle der Organisationseinheit «Network & IT Operations» im Prozessmodell Swisscom

8.2 Motivation und Zielsetzung

Durch den Zusammenschluss Swisscom IT Services und Swisscom Schweiz im Jahre 2014 wurde die Produktion in einer Einheit zusammengeführt, welche aufgrund ihrer Historien unterschiedliche Kundensegmente bediente und zum Teil überlappende Produktionskataloge

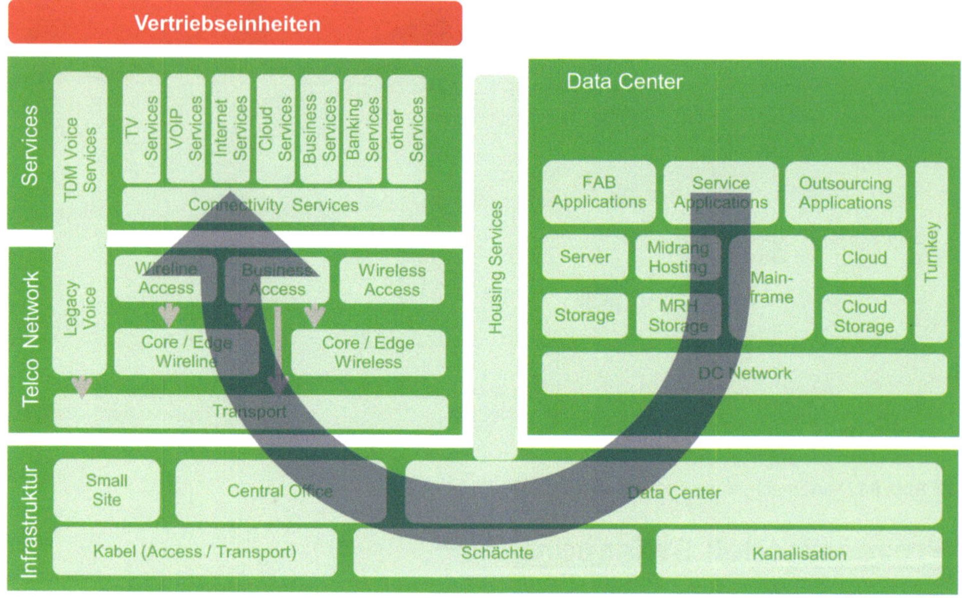

◘ Abb. 8.3 Fertigung in verteilten Fertigungsstrassen über viele OEs hinweg

aufwies. Ein einheitlicher gemeinsamer Katalog wurde als Hebel für die Standardisierung, Zusammenführung und Abstimmung der Leistungserbringung aufeinander erkannt (◘ Abb. 8.3). Dies mit dem Ziel, die Leistungs-, Qualitäts- & Betriebskosten-Transparenz zu adressieren und auf die künftigen Herausforderungen optimal vorbereitet und ausgerichtet zu sein.

Mit dem katalogbasierten Ansatz soll sinngemäss eine Verschiebung von historisch entstandenen und dokumentierten Fertigungsprodukten hin zu strukturierten Fertigungsprodukten und industrialisierter Fertigung stattfinden (◘ Tab. 8.1).

Gleichzeitig darf die Kundenperspektive nicht aus dem Fokus geraten, damit der Kunde seine Bedürfnisse in seiner eigenen Sprache formulieren kann, ohne sich zuerst mit dem technischen Hintergrund der Produkte und der dafür notwendigen Infrastruktur auseinandersetzen zu müssen.

» Die Kunden wollen ein Service-Erlebnis und keine IT-Komponenten! (Andreas Hilber, Head of Process Architecture IT & Network Operation, Swisscom AG)

◘ Tab. 8.1 Eigenschaften der industriellen Fertigung

VON		ZU
Historisch entstandene und dokumentierte Fertigungsprodukte	→	**Strukturierte Fertigungsprodukte und industrialisierte Fertigung**
Hohe Komplexität	→	Funktionale, generische Merkmale
Siloartiger Aufbau	→	Konfigurierbare Modularität
Hohe Integrationskosten	→	Reduzierte Komplexität
Toolabhängigkeit	→	Toolunabhängigkeit

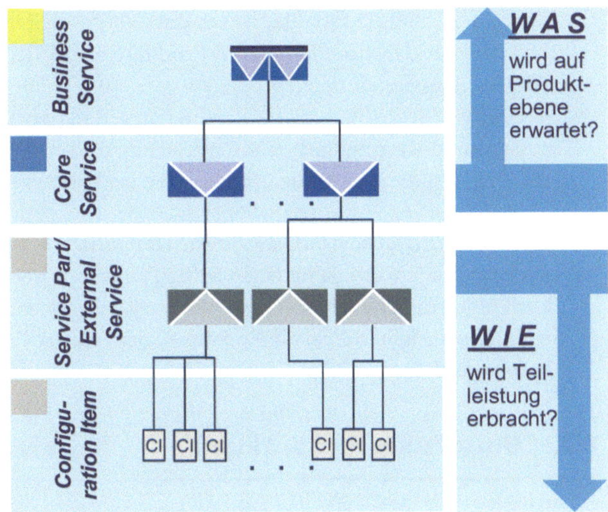

Abb. 8.4 Kernprinzipien der industriellen Fertigung, Trennung vom Was und Wie

Die konsequente Trennung des WAS (Kundenwunsch) und des WIE (für Kunden Lösung erbringen) ist deshalb eines der Kernprinzipien, um die industrialisierte Fertigung umsetzen zu können. Erst ihre Befolgung erlaubt eine konsequente Standardisierung und damit Economy of Scale zu liefern bei gleichzeitiger Ermöglichung von Economy of Scope. Mit anderen Worten, Modularisierung der Leistungserbringung bei gleichzeitiger Standardisierung der Variabilität (Anzahl der Ausprägungen eines einzelnen Moduls).

Industrialisierte Fertigung

Industrialisierung ist ein volkswirtschaftlicher Prozess, der durch signifikante Zunahme von gewerblicher Gütererzeugung mit wachsendem Maschineneinsatz in grossgewerblicher, arbeitsteiliger Produktionsorganisation geprägt ist (Springer Gabler, o.J.).

Durch die Fertigung hoher Güterstückzahlen können verschiedene Rationalisierungsmöglichkeiten genutzt und tiefe Stückkosten erzielt werden. Wegen der wegfallenden häufigen Umrüstungsnotwendigkeit der Produktionsanlagen bietet sich eine Teil-/Automatisierung des Produktionsprozesses an.

Abb. 8.4 demonstriert die Mehrstufigkeit dieser Trennung von WAS und WIE. Ein Core Service ist die kleinste bestell-, liefer- und verkaufbare Leistungseinheit. Vordefinierte Konfigurationsmöglichkeiten und Optionen erlauben eine gewisse Individualisierung. Die Qualität wird in einem SLA vereinbart. Ein Service Part ist ein Halbfabrikat, das in einer Fertigungsstrasse produziert und in verschiedenen Core Services wiederverwendet werden kann. Er umfasst personelle Leistungen (Arbeitsaufträge, Prozesse, Stunden) und techn. Leistungen (HW, SW, Lizenzen etc.). Die Qualität wird in einem OLA definiert.

Von einem solchen Vorgehen verspricht sich Network & IT Operations folgende operative Zielsetzungen zu erreichen und dadurch der Koexistenz zwischen Economy of Scale und Economy of Scope optimal begegnen zu können:

- Economy of Scope: Dank Modularisierung der Produkte wird der Swisscom-Vertrieb befähigt, die Endkunden flexibler, schneller und effizienter zu bedienen und somit Time-to-

Market bei erhöhter Qualität zu senken (Verbundeffekte durch eine gemeinsam genutzte Infrastruktur der modularisierten Produkte ermöglichen eine optimierte Servicebereitstellung beim Kunden).

- Economy of Scale: Reduzierte Produktvariabilität ermöglicht Massenproduktion, Prozessstandardisierung und -automatisierung und eine bessere Steuerung der Betriebskosten. Dies resultiert in reduzierten Kosten und gesteigerter Effizienz.

» Unser Anspruch ist eine industrialisierte Fertigung in einer verteilten ICT-Produktionsumgebung zu schaffen, um damit einen Beitrag zu leisten, den Umsatz- und Ergebnisrückgang durch Steigerung der Effizienz kompensieren zu können. Und dies bei Erhöhung der zur Verfügung gestellten Qualität (Andreas Hilber, Head of Process Architecture, Network & IT Operations, Swisscom AG).

8.3   Umsetzung und Wirkung

- In 5 Stufen zur industrialisierten Fertigung

Anfangs 2015 (Januar bis März) konzipierte Swisscom Network & IT Operations ein fünfstufiges Vorgehenskonzept (◘ Abb. 8.5), welches sie zur industrialisierten Fertigung führen soll. Jede Stufe baut auf der vorangehenden Stufe auf, wobei jede Stufe für sich bereits einen Mehrwert erbringt.

1. Produktionskataloge für interne Betriebs- & externe Markt-Leistungen:
   Auf der untersten Stufe wird durch Dekomposition und Katalogisierung der produzierten Services in einer neuen Service- und Produktarchitektur der Grundstein zur industrialisierten Fertigung gelegt. Die neuen Kataloge sollen zunächst die IST-Situation spiegeln und die internen Produkte (Halbfabrikate) mit neuen Informationen (wie z. B. Herstellungskosten, Konfigurationsdaten, KPI-Zielwerte, Arbeitspläne (Prozess), Stücklisten (HW, SW ...)) angereichert werden. Diese müssen einheitlich erhoben und dargestellt werden, so dass normalisierte Daten entstehen und auf den höheren Stufen weiter genutzt werden können.

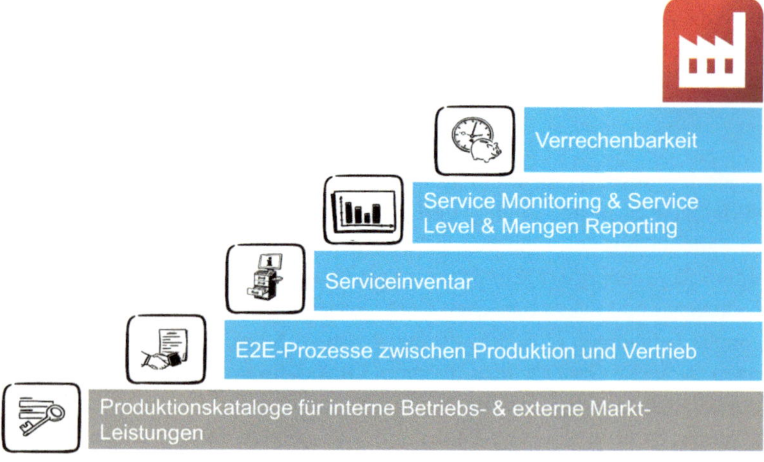

◘ **Abb. 8.5**   Die 5 Stufen zur industrialisierten Fertigung

2. E2E-Prozesse zwischen Produktion und Vertrieb:
   Auf der zweiten Stufe werden die modularisierten und katalogisierten Halbfabrikate aus der Produktion den Verkaufseinheiten zur Verfügung gestellt. Die Durchgängigkeit der Prozesse und die einfachere Handhabbarkeit der informationsreichen Kataloge sollen eine intensive Nutzung der Kataloge an der Front bewirken, was sich wiederum in planbaren Auslieferungs- und Herstellungsprozessen und einer kürzeren Time-to-Market niederschlägt.
3. Serviceinventar:
   Auf der dritten Stufe sollen die effektiv laufenden Service-Instanzen gemäss Verträgen in einem Serviceinventar festgehalten werden, um einerseits ein konsistentes Inventar der Konfigurationselemente (CI, configuration item) über den Product Life Cycle entwickeln und benötigte Anpassungen der Infrastruktur erkennen zu können. Andererseits ermöglicht ein Serviceinventar auch eine kritische Auseinandersetzung mit dem bestehenden Produktangebot und seiner Neuausrichtung.
4. Service Monitoring & Service Level und Mengen-Reporting:
   Ein proaktives Service Level Management hilft, die Herausforderungen der verteilten Produktionsumgebung zu managen.
5. Verrechenbarkeit:
   Die durch die Umsetzung der unteren Stufen entstandene Kostentransparenz ermöglicht weitere Effizienzsteigerung.

- **Phase 1**

Im April 2015 begann Swisscom Network & IT Operations die unterste Stufe des Vorgehensmodells «Produktionskataloge für interne Betriebs- & externe Markt-Leistungen» in einer ersten Phase umzusetzen. Innerhalb von 10 Monaten wurde die gesamte Breite des Produktionsportfolios wie z. B. Connectivity, Grundinfrastruktur IT-Application oder Multimedia mit der anerkannten bE_Methode® einheitlich dekomponiert, zu Services modelliert und als wiederverwendbare, individualisierbare Standardleistungen im Katalog abgebildet. Dieser Katalog beinhaltet vielschichtige Informationen zu:
- den enthaltenen Leistungen (HW, SW, Prozessleistungen/Stunden etc.)
- den wählbaren Funktionen und den möglichen Qualitäts-Leveln
- den Herstellkosten (Stücklisten, Arbeitspläne, Lizenzen, Volumen wie z. B. Speicherbedarf etc.)

Um dabei für alle Produkte gleich vorgehen und die vielfältigen Themen gleichwertig behandeln zu können, bedarf es einheitlicher Merkmalsdefinitionen, Regelwerke und definierter Prozesse. Die Swisscom Operations definierte deshalb 10 Prinzipien für die Produktmodellierung:
1. Die Funktionen und Leistungen der Produkte stehen im Zentrum.
   Der Blickwinkel der Leistungsbezüger (das WAS bzw. der Bedarf des Kunden) ist hierfür relevant. Es sollen individualisierbare Leistungen aus einer Modularisierung von Leistungselement bei gleichzeitiger Standardisierung derer Variabilität entwickelt werden, wobei die möglichst hohe Wiederverwendung von Halbfabrikaten in diesen individuell zusammengestellten Produkten das Ziel sein soll (vgl. auch Prinzip Nr. 6).
2. Koexistenz von Economy of Scope (Servicebereitstellung beim Kunden) & Economy of Scale (individualisierter Massenfertigung).
   Durch die Schaffung von Transparenz über heute bereits produzierte Leistungen und der Entkoppelung des WAS vom WIE (siehe auch ◨ Abb. 8.7) können individuelle Produkte am

Markt angeboten (Scope) und durch Wiederverwendung bestehender Infrastruktur trotzdem in ökonomisch interessanten Massen produziert werden (Scale).

3. Portfolios definieren die Produktverantwortung (für z. B. Plattformleistungen & interne/externe Marktleistungen bei Organisationen).

Um den vielfältigen Bedürfnissen bzw. Sichten innerhalb der verschiedenen Einheiten gerecht zu werden, soll in der Produktverantwortung die Entkopplung von WAS und WIE gespiegelt werden. In den Commercial-Portfolios sollen verkauf- bzw. lieferbare Produkte für Endkunden (WAS), in Production-Portfolios die für die CFUs (= Customer Facing Units = Vertriebseinheiten der Swisscom) produzier- bzw. lieferbaren Leistungen bewirtschaftet werden. Um die benötigten Wertschöpfungstiefen nutzergerecht abbilden zu können, können je nach Bedarf mehrere CFUs und mehrere Production-Portfolios definiert werden.

4. End-to-End(E2E)-Governance der Servicearchitektur.

Die E2E-Governance verbindet die teilweise verschiedenen Vorgaben aus den unterschiedlichen Portfolios. Sie regelt und orchestriert entlang der ganzen Wertschöpfungskette alle relevanten Themen (definiert einheitliche Methoden und E2E-Prozesse, Begriffe, Merkmale, Regeln & Symbole, Releases, Status etc.) und erlaubt es, die richtigen Dinge auch richtig zu tun.

5. Entkopplung Katalog & Serviceinventar (Produkt- & Angebot-Lebenszyklus).

Im Katalog werden die bestellbaren Leistungen (mit allen möglichen Funktionen und Ausprägungen) abgebildet, im Serviceinventar dagegen aktive Instanzen (d. h. z. B. Angebote und Vertragsentwürfe) hinterlegt (◘ Abb. 8.6).

6. Entkopplung von Core Service & Service Part.

Eine durchgehende Methodik bei der Modulierung von Services und die Entkopplung zwischen der Ebene Core-Service (lieferbare Einheit) und Service Part (Halbfabrikat) schafft die Grundlage für die individualisierte Wiederverwendung von Halbfabrikaten bzw. Infrastruktur.

7. Entkopplung von Service Level (SLA) & Operational Level (OLA) Agreements.

In der industriellen und verteilten Produktion sollen Vereinbarungen einheitlich, standardisiert und durchgängig getroffen werden, um interne und externe Kundenbeziehungen (durch SLAs) und interne Leistungserbringungsbeziehungen (durch OLAs) effizient zu «objektivieren» bzw. zu steuern.

8. Entkopplung von Prozessleistungen, Status & Releases je Servicearchitektur-Ebene.

Im Produktentwicklungsprozess soll für eine neue Anforderung die Phase «Setup» nur einmalig durchlaufen werden, d. h. Anpassungen werden gleichzeitig auf allen Ebenen ausgelöst. Sobald die Anforderungen aller Ebenen in «ready for service» sind, wird die Betriebsphase angestossen. Auf diese Weise erfolgt die Evolution von Services in kleinen Schritten durch verschiedene Releases und der Betrieb einer neuen Anforderung kann wiederkehrend aufgenommen bzw. in beliebig vielen Services wiederverwendet werden.

9. Entkopplung von Service Management & Production Management.

Analog zu Prinzip Nr. 7 müssen das Production Management und das Service Management getrennt und entsprechende Rollen aufeinander abgestimmt werden. Core Services, Service Packages & Business Services gehören dabei zum Service Management und werden mithilfe von Service Level & Mengen Reports gesteuert und überwacht. Service Assets und Configuration Items werden im Rahmen des Production Management mithilfe von Operation Level Reports gesteuert und überwacht.

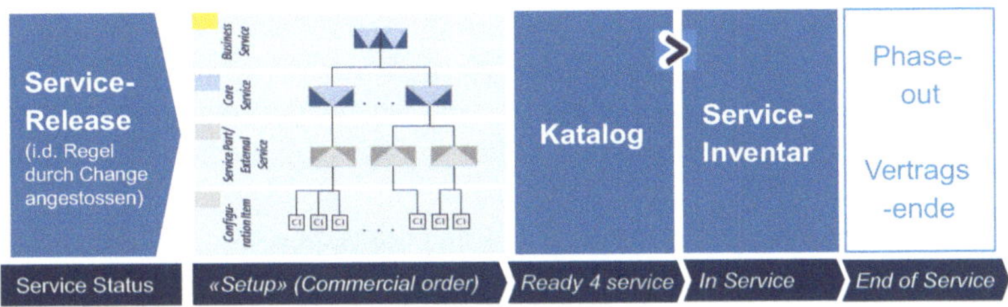

☐ Abb. 8.6 Services-Lebenszyklus

10. Financial, Quality & Capacity Controlling (Mengen, Kosten, Qualität, Umsätze).
    Im Bereich Service Management werden Kennzahlen zu E2E-Verfügbarkeit von Systemen und deren Performance, im Bereich Production Management Kennzahlen für die Infrastruktur- und Plattformverfügbarkeit ausgewiesen und überprüft.

Basierend auf den 10 Prinzipien wurden mithilfe der folgenden und weiteren Fragen die internen Produktmanager zu den existierenden Services befragt, darauf aufbauend eine neue Service- und Produktarchitektur abgebildet, die dekomponierten Services richtigen Ebenen zugeordnet und erfasst:

- Welcher Nutzen (Funktionen, Features) soll mit dem Produkt X beim Kunden erzeugt werden?
- Wie modular (Optionen, Varianten) muss das Produkt sein?
- Welche Service-Level-Zielwerte können vereinbart werden?
- Welche Teilleistungen können aus anderen Portfolios oder extern bezogen werden?
- Wo liegen die Verantwortungsbereiche in der bestehenden Organisation?
- Können die Service Parts wiederverwendet werden?

- **Ergebnisse Phase 1 «Produktionskataloge für interne Betriebs- & externe Markt-Leistungen»**

Seit April 2016 sind die neuen Kataloge – konsequent und strikt methodisch in Portfolios entlang der Wertschöpfungskette strukturiert – verfügbar. Sie bilden leistungsorientierte und IT-Stack-unabhängige Servicebäume, wodurch die Portfolio-übergreifende Integration von Leistungen sichergestellt wird. Durch die Baumstruktur sind auch die Leistungs- und Kosteninformationen einfach aggregierbar.

Während der Produktmodellierung stellte sich Network & IT Operations die Frage, ob alle potenziell möglichen Ausprägungen der Leistungen und Infrastruktur (z. B. alle Typen von Betriebsservern) analysiert und abgedeckt werden sollen. Es wurde bewusst entschieden, nicht alle Details im ersten Schritt aufzunehmen, sondern schnell die Gesamtbreite des Portfolios abzudecken und allfällige Lücken im Gebrauch zu bereinigen.

Erste positive Ergebnisse stellten sich bereits während der Erstellung des Kataloges ein. So fragten die Produktmanager bereits in dieser Phase nach den standardisierten Produkten nach, was ein wichtiger Beitrag und gewünschter Effekt für die Wiederverwendung von bestehenden Leistungen ist.

» Die Produktkataloge liefern die Grundlage für die industrialisierte Fertigung (Andreas Hilber, Head of Process Architecture Network & IT Operations, Swisscom AG).

- Nächste Schritte

Die erste Projektphase («Produktkataloge für interne Betriebs- & externe Markt-Leistungen») erreichte mit der Bereitstellung normalisierter Servicedaten den angestrebten Status, der notwendig ist, um in die zweite Projektphase (End-to-End-Prozesse zwischen Produktion und Vertrieb) überzugehen.

Im April 2016 hat Swisscom Network & IT Operations diese zweite Phase gestartet. Im Fokus stehen die Durchgängigkeit, Standardisierung und Automatisierung der datengetriebenen End-to-End-Prozesse und die deutliche Vereinfachung der Katalognutzung für die Mitarbeitenden (interne Leistungsbezüger) durch die Realisierung einer internen Online-Shop-Lösung. Damit soll die Wiederverwendung der Katalogelemente erhöht werden.

8.4   Fazit

Die vorliegende Fallstudie zeigt das Vorgehen und die Erfahrungen der Swisscom Network & IT Operations bei der Standardisierung ihrer Leistungen und der Entwicklung einer neuen Service- und Produktarchitektur. Getrieben durch die steigende Komplexität der Produkte und die wachsenden Qualitätsanforderungen der Kunden, welche die Betriebskosten erhöhen, galt es, bei gleichzeitiger Erhöhung der Qualität Kosten zu reduzieren und die Effizienz zu steigern. Inspiration holte sich Swisscom aus der herstellenden Industrie und orientierte sich an der individualisierten Massenproduktion (industrialisierten Fertigung). Um das langfristige Ziel, «leading-edge ICT Provider» zu erreichen, wurden fünf Stufen definiert, die einen Rahmen für eine Einführung in Phasen und für den Einsatz und die kontinuierliche Verbesserung dieser Methode im täglichen Betrieb bilden.

Mit der Umsetzung der ersten Phase wurde der Grundstein für die Einführung der industrialisierten Fertigung gelegt. Eine neue Produkt- und Servicearchitektur wurde entwickelt, Services dekomponiert und als wiederverwendbare, individualisierbare Standardleistungen in transparenten, homogenen und entlang der Wertschöpfungskette strukturierten Katalogen abgebildet. Dies wurde insbesondere durch die konsequente Trennung des WAS und des WIE bzw. die Entkopplung von Produkt- und Produktionssicht (◘ Abb. 8.7) ermöglicht und auf verschiedenen Ebenen appliziert Die dabei entstandenen normalisierten Daten bilden die Voraussetzung, um die weiteren Stufen der Transformation in Angriff nehmen zu können.

Gleichzeitig wurden Prinzipien und Methoden entwickelt, die nach der erstmaligen Ist-Aufnahme und -Abbildung der Produkte auch weiterhin eingesetzt werden, um die Kataloge aus der Projekt- in die Betriebsphase zu überführen und ihre künftige aktive Bewirtschaftung sicherzustellen. Dadurch wird sich auch der Bereitstellungsprozess verändern, der bis dato einen starken Projektcharakter aufwies.

> **Hard ist soft und soft ist hard – erfolgreiches Katalogmanagement setzt eine Kulturveränderung mit motivierten Mitarbeitenden voraus (Andreas Hilber, Head of Process Architecture, Network & IT Operations, Swisscom AG).**

Die Wirkung der bereits erreichten Änderungen quantifiziert Swisscom Network & IT Operations mit einer Effizienzsteigerung von drei bis fünf Prozent. Erhöht wurde auch die Akzeptanz der internen Leistungsbezüger, die die Transparenz der Servicekomponenten sehr schätzen und diese bewusst und gezielt anwenden. Nun gilt es, diesen «Spirit» weiter zu tragen und alle Mitarbeitenden vom Nutzen des Kataloges zu überzeugen. Die wichtigsten Faktoren, die zu diesem Erfolg geführt haben, fasst ◘ Abb. 8.8 zusammen.

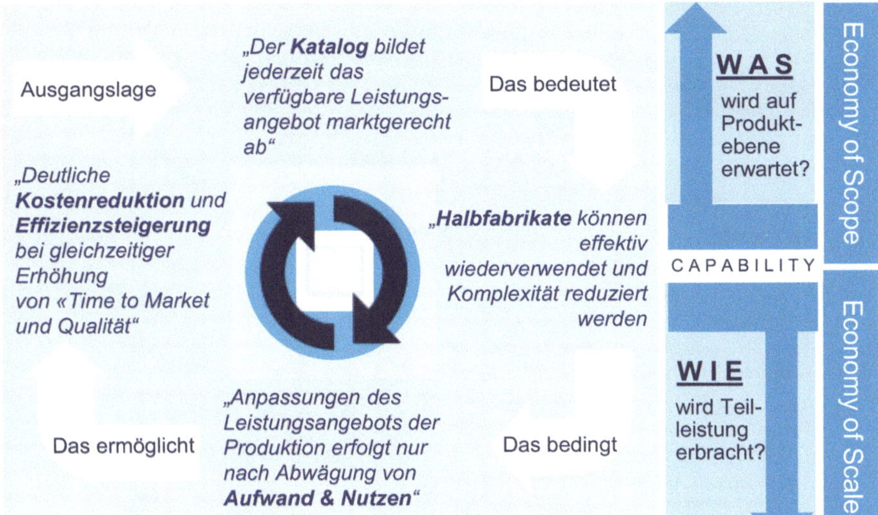

■ Abb. 8.7 Gesamtübersicht Ziele, Vorgehen, Lösungsansatz

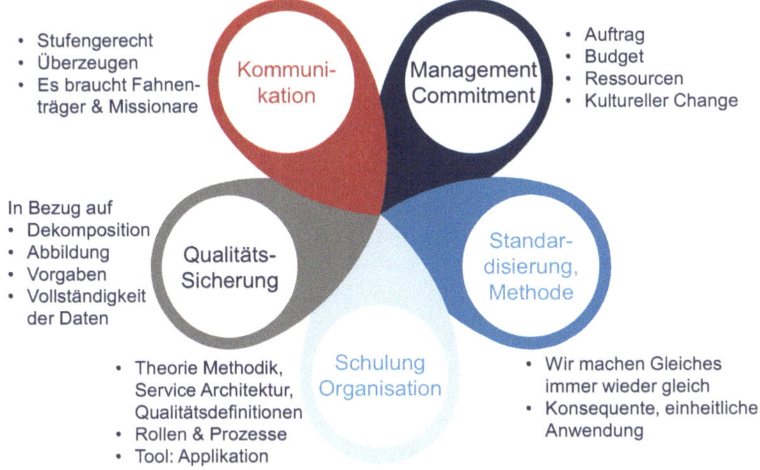

■ Abb. 8.8 Erfolgsfaktoren

■ Einbettung in das Studienframework – Kundennutzen durch digitale Transformation?

Im Unterschied zu Unternehmen in manch anderen Branchen, die über Relevanz und Fokus der Digitalisierung noch nachdenken, ist sie für Swisscom Kerngeschäft. Dem Betrieb einer Netzwerk- und IT-Infrastruktur, deren Zweck es ist, Geschäfts- und Privatkunden, Partnern und Mitarbeitenden

«Das Beste in der vernetzten Welt – immer und überall zu bieten» (Swisscom AG 2015), kommt dabei zweifelsfrei eine Schlüsselrolle zu. In diesem Sinne stellt die Swisscom-Strategie 2020 die Ziele «beste Erlebnisse bieten» und «beste Infrastruktur bauen» auf eine Ebene. Das eine ist ohne das andere nicht möglich. Die vorliegende Fallstudie macht diesen Wirkungszusammenhang deutlich. Sie zeigt auf, dass ein effizienter und hochstandardisierter IT-Betrieb

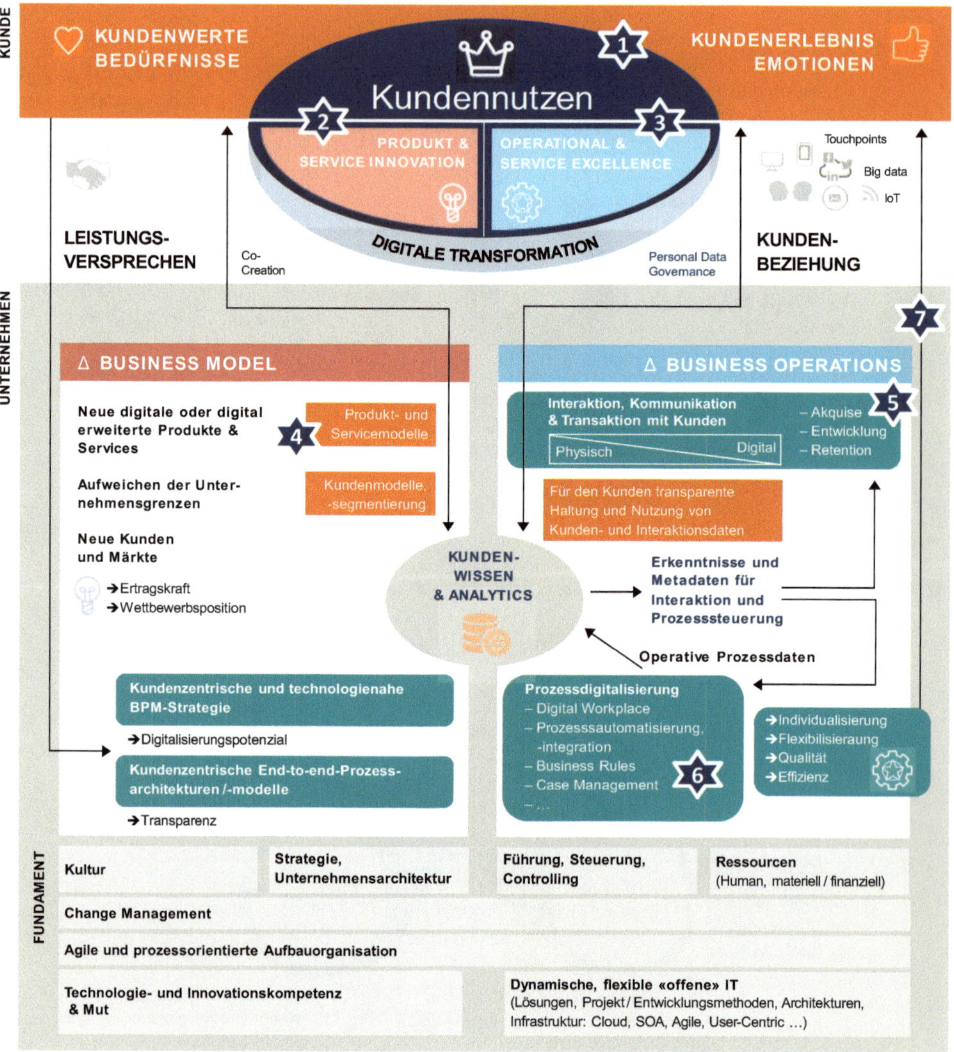

Abb. 8.9   Swisscom Fallstudie – Kernaspekte im Kontext des Studienframeworks

nicht nur für Operational & Service Excellence steht, sondern sich auch auf die Fähigkeit, Produkte und Services rasch zu innovieren und auf das Kundenerlebnis auswirkt.

Die Fallstudie deckt somit ein breites Spektrum an Aspekten aus dem Studienframework ab, die in ◘ Abb. 8.9 gekennzeichnet und nachfolgend ausgeführt sind.

Mit welcher Zielsetzung und mit welcher Wirkung wird digital transformiert? Welcher Kundennutzen wird angestrebt bzw. wurde bereits realisiert?

 **Kundennutzen: Transparenz & Zugänglichkeit**

Die Fallstudie zeigt, dass Prinzipien wie Konsistenz und Einfachheit für Swisscom nicht nur für die Gestaltung von Endnutzerdiensten gilt, sondern auch für den IT-Betrieb. Die Reduktion von Komplexität macht die Infrastruktur nicht nur für Network & IT Operations beherrschbarer und effizienter, sondern macht sie auch transparenter und begreifbarer für die Leistungsbezieher. Verfügbare Produkte, deren Leistungsumfang und Herstellkosten sind aus den Katalogen rasch ersichtlich und auswählbar.

 **Produkt- & Service Innovation: Time-to-Market**

Standardisierung und Zugänglichkeit bewirken, dass Leistungen, aufgrund ihrer Eigenschaften schneller abgerufen werden können. Die Entwicklung neuer Produkte und Services wird beschleunigt, da bestehende Komponenten wiederverwendet werden können, anstatt bei jedem Bedarf Anforderungen aufs Neue zu spezifizieren.

 **Operational Service Excellence: Economies of scale & scope**

Durch die Wiederverwendbarkeit nach dem Vorbild der Halbfabrikate in der industriellen Fertigung werden Skaleneffekte erzielt (drei bis fünf Prozent realisierte Effizienzsteigerung). Leistungsbreite und Leistungstiefe sind aus Kundensicht erhöht, da die Produktkataloge ein grosses Spektrum an individuell kombinierbaren Produkten integrieren.

Was wurde bzw. wird digital transformiert?

 **Business Model: «Produkt- und Service-Modelle»**

Swisscom Network & IT Operations hat sich mit den angebotenen Produkten und Dienstleistungen auseinandergesetzt und in einer Produkt- und Servicearchitektur neu strukturiert. Grundprinzip der Produktmodellierung ist die Frage «Was erhält der interne oder externe Kunde an nutzbaren Leistungen?» («Know-Your-Product»).

 **Business Operations**

Mit dem beschriebenen 5-Stufen-Konzept werden die kritischen Geschäftsfähigkeiten, die Swisscom Network & IT Operations als «leading-edge ICT Betrieb mit internationaler Reputation» anstrebt (Produktkataloge, durchgängige Prozesse, Serviceinventar, Service Engine etc.), definiert, schrittweise umgesetzt und kontinuierlich verbessert («Know-Your- Capabilities»)

Wie und wodurch wird transformiert? (Technologieeinsatz, Elemente der Prozessdigitalisierung)

 **Produktdaten und Automatisierung**

Mit den Produktkatalogen, die die Services (Hardware, Software und Prozessleistungen) dekomponiert, standardisiert und einheitlich abbildet, wurde die Grundlage für automatisierte und datengetriebene Serviceprozesse geschaffen. Der nächste Schritt – Automatisierung durchgängiger Prozesse – wurde gestartet.

 **Online Shop**

Die Interaktion mit Swisscom-internen Leistungsbezügern wird in Phase 2 durch die Bereitstellung der Kataloge in einem internen Online-Shop realisiert. Dies ist ein erster Schritt, um automatisierte Produktion in durchgängige End-to-End-Prozesse zu integrieren.

Literatur

Springer Gabler Verlag (ohne Jahr) (Hrsg.). Gabler Wirtschaftslexikon, Stichwort: Industrialisierung. http://wirtschaftslexikon.gabler.de/Definition/industrialisierung.html. Abgerufen am 16.6.2016.

Swisscom AG (2015). Unternehmensstrategie «Swisscom 2020». https://www.swisscom.ch/de/about/unternehmen/strategie.html. Abgerufen am 16.6.2016.

Fazit und Ausblick

Kapitel 9   Fazit: Prozessmanagement als Gestaltungshebel
der digitalen Transformation? – 127

Fazit: Prozessmanagement als Gestaltungshebel der digitalen Transformation?

Elke Brucker-Kley, Thomas Keller und Denisa Kykalová

© Der/die Autor(en) 2018
E. Brucker-Kley et al. (Hrsg.), *Kundennutzen durch digitale Transformation*,
https://doi.org/10.1007/978-3-662-55707-5_9

Die Studie kommt zum Schluss, dass das Hype-Thema «digitale Transformation» die Chance bietet, das Prozessmanagement in einem neuen Licht zu betrachten. Der Beitrag, den das Prozessmanagement zur Gestaltung des digitalen Wandels leisten kann, ist unbestritten. Isoliert sind die damit verbundenen Herausforderungen jedoch nicht zu bewältigen. Das Prozessmanagement muss sich aktiv mit den Paradigmen, Methoden und Werkzeugen anderer Managementdisziplinen auseinandersetzen. Gelingt es Synergien mit den Kräften des Innovationsmanagements, Enterprise Architecture Managements, Wissensmanagements und Customer Experience Managements zu nutzen, können Chancen, aber auch Grenzen der Prozessdigitalisierung sehr viel wirksamer ausgelotet werden. Ein derart technologienahes und datenzentrisches Prozessmanagement, das sowohl die Mitarbeitenden- als auch die Kundenperspektive einnimmt, kann eine aktive Rolle bei der zielgenauen Planung und Gestaltung des digitalen Wandels im Front- und Back-End von Unternehmen spielen.

9.1   Status Quo «Kundennutzen durch Digitale Transformation»: Fazit aus der Online-Befragung

Welche Rolle spielt das Prozessmanagement als Gestaltungselement der digitalen Transformation? Ziel der quantitativen Online-Befragung war es, den Status quo des Methoden- und Werkzeugeinsatzes innerhalb und an den Schnittstellen der drei Wirkungsfelder «Prozessmanagement – Kundennutzen – Digitalisierung» zu erheben und daraus Erkenntnisse über die Bereitschafft des Prozessmanagements für den digitalen Wandel abzuleiten.

Die digitale Transformation ist nicht nur ein mediales Phänomen, sondern zeigt sich sehr konkret in einer Vielzahl von Massnahmen und Aktivitäten in den Unternehmen. Dabei wenden sie sich keinesfalls nur der «Sonnenseite» der Digitalisierung in Form mobiler Applikationen oder technologischer Gadgets zu, sondern befassen sich intensiv mit Defiziten in der Durchgängigkeit ihrer Prozesse und mit der Modernisierung ihrer Arbeitsplätze. Das fachliche und technische Prozessmanagement ist also gefordert, aber das volle Potenzial für die Maximierung des Kundennutzens ist noch nicht ausgeschöpft. Die Erkenntnisse aus der quantitativen Online-Befragung (❏ Abb. 9.1) führen zu folgendem Fazit:

- **Strategische Ausrichtung des Prozessmanagements – kundenzentrisch und technologienah?**
  Transparenz ist immer noch die wichtigste Motivation für das Prozessmanagement. Doch Kundenzufriedenheit gewinnt an Relevanz und wird ähnlich hoch priorisiert wie Effizienz, die mehr als 80 % der Unternehmen als Zielsetzung nennen, aber nur noch rund ein Viertel der Unternehmen als höchste Priorität des Prozessmanagements betrachtet. Unternehmen nutzen die durch das Prozessmanagement gewonnene Transparenz zumindest punktuell, um für die Kundenzufriedenheit kritische Prozesse, Standardisierungs- und Automatisierungspotenzial oder Digitalisierungspotenzial für schwach strukturierte Prozesse oder Kundeninteraktionen zu identifizieren. Systematisch genutzt werden diese Analysen jedoch von weniger als einem Drittel der befragten Unternehmen. Für das Prozessmanagement besteht also durchaus noch Potenzial, stärkere Impulse für die Digitalisierung und kundenorientierte Gestaltung der Prozesse zu setzen.

- **Prozessdigitalisierung – durchgängig und flexibel?**
  Medienbrüche gehören immer noch zum Alltag in Unternehmen. Durchgängigkeit ist auch nicht unbedingt gegeben, wenn Unternehmen digitale Kanäle optimieren oder erweitern. 44 % der Unternehmen geben an, keine Methoden einzusetzen, um Prozesse vom und zum Kunden,

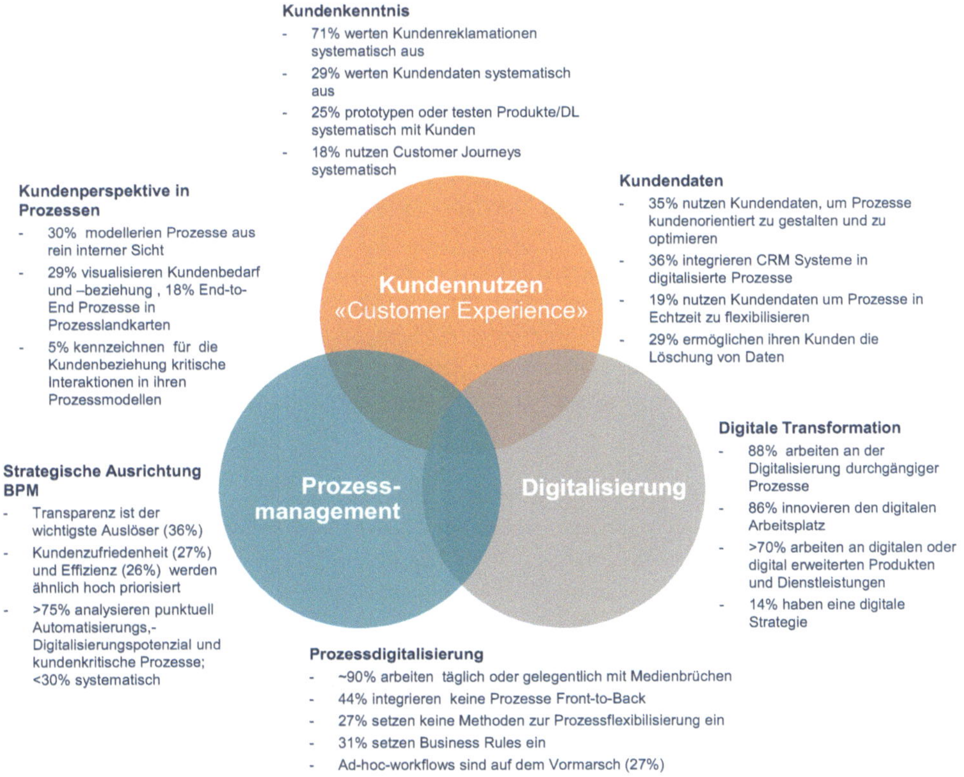

Abb. 9.1 Zusammenfassung der Ergebnisse der quantitativen Online-Befragung

das heisst Front-to-Back, durchgängig zu realisieren. Dies lässt befürchten, dass viele der aktuell im Rahmen von Digitalisierungsinitiativen realisierten Front-End-Lösungen ohne durchgängige Anbindung an die Back-End-Systeme bleiben und zu Silos werden. Die flexible oder gar individuelle Anpassung von Prozessen an den Kundenkontext ist im Zeitalter der «Customer Experience» noch keinesfalls Alltag. 27 % der Unternehmen setzen keinerlei Methoden für die Flexibilisierung ihrer Prozesse ein. Wenn sie es tun, dann kommen in Form von Geschäftsregeln etablierte Technologien zum Einsatz, die für komplexe, aber gut formalisierbare Anwendungsfälle greifen. Innovativere, wissensbasierte und selbstlernende Methoden wie beispielsweise Adaptive Case Management, die auch schwach strukturierte und wissensintensive Prozesse digitalisieren könnten, fristen hingegen weiterhin ein Schattendasein. Erfreulich ist der vermehrte Einsatz von Ad-hoc-Workflows im Vergleich zur Studie des Vorjahres, da sie Prozessbeteiligten mehr Freiheit für die Ausgestaltung konkreter Prozessinstanzen in schwach strukturierten Prozessen geben.

- Digitale Transformation – Front-End versus Back-End, strategisch versus opportunistisch?

Die Hypothese, dass sich Unternehmen aktuell vor allem den medienwirksamen Front-End-Themen der Digitalisierung widmen, hat sich nicht bestätigt. Unternehmen haben offensichtlich erkannt, dass sie sich zunächst den zunehmend dringlichen Durchgängigkeitsdefiziten ihrer Prozesse zuwenden müssen (88 %), bevor sie die «digitalen Tore» zum Kunden aufstossen können. Auch die Schaffung innovativer digitaler Arbeitsplätze geniesst Vorrang (86 %). Entweder reagieren Unternehmen auf den Druck einer neuen Generation von Mitarbeitenden oder sie sehen Mobilität und moderne Kollaboration als Voraussetzung für eine bessere Interaktion mit Partnern und Kunden. Innovation und Customer Experience treten dabei jedoch nicht in den Hintergrund. Unternehmen arbeiten intensiv an digital erweiterten (81 %) oder neuen digitalen Produkten und Dienstleistungen (72 %) und investieren in neue Technologien an der Schnittstelle zum Kunden (z. B. Mobile, IoT, Social Media) oder experimentieren zumindest mit diesen (77 %). KMUs sind leicht zurückhaltender bei technologie- und kostenintensiven Themen, wie der Optimierung der User Experience, Big Data oder einer serviceorientierten Architektur. Die Frage, ob diese Aktivitäten opportunistisch oder top-down von einer unternehmensweiten digitalen Strategie getrieben sind, lässt sich aktuell nicht abschliessend beantworten. Nur 14 % der Unternehmen haben eine digitale Transformationsstrategie, aber weitere 44 % geben an, an einer solchen zu arbeiten oder zumindest eine solche in Betracht zu ziehen.

- **Kundenbedürfnisse – Fragebogen oder Customer Journey?**
Klassische retrospektive und quantitative Methoden, um Kundenbedürfnisse zu erheben, wie die Auswertung von Reklamationen, Kundenzufriedenheitsumfragen oder Kundenzufriedenheitskennzahlen sind immer noch dominant. Methoden, die darauf ausgerichtet sind, Kundenbedürfnisse frühzeitig zu erheben, gewinnen aber durchaus an Relevanz. 25 % «prototypen» oder testen neue Produkte, Dienstleistungen oder Interaktionsformen vor der Markteinführung systematisch. Mehr als die Hälfte der Unternehmen setzen Customer Journeys ein, 18 % bereits systematisch.

- **Kundenperspektive – Was leisten Prozesslandkarten und -modelle?**
Obwohl Kundenzufriedenheit ein hoch priorisiertes Ziel des Prozessmanagements ist, werden Prozesslandkarten, die zentralen Kommunikationsinstrumente des strategischen Prozessmanagements, von weniger als einem Drittel der Unternehmen genutzt, um Kundenbedarf und Kundenbeziehungen zu visualisieren. Die konsequente End-to-End-Ausrichtung zeigt sich nur bei 18 % der Prozesslandkarten. 30 % der Unternehmen räumen ein, Prozesse ausschliesslich aus der internen Perspektive zu modellieren. Dass Prozessmodelle damit bedingt einsetzbar sind, um Prozessverantwortliche und Prozessbeteiligte bei der kundenorientierten Optimierung von Prozessen zu unterstützen liegt auch daran, dass kaum Details zu den Kundeninteraktionen hinterlegt werden und auch die für die Kundenbeziehung kritischen Aktivitäten und Interaktionen nicht speziell gekennzeichnet werden.

- **Kundendaten – Grundlage für die Prozessoptimierung und flexible Prozessausführung?**
Obwohl Unternehmen Kundendaten ausgeprägt sammeln und auswerten, werden sie für die Prozessgestaltung und -ausführung noch nicht umfassend genutzt. Nur etwa ein Drittel der Unternehmen nutzt Kundendaten für die kundenorientierte Prozessoptimierung und -gestaltung. Nur 19 % nutzt Kundendaten, um Prozesse in Echtzeit zu flexibilisieren. Eine Ursache könnte in der noch nicht optimal ausgeprägten Integration der CRM-Systeme in die Prozessausführung liegen. In Sachen Datenherrschaft spüren die Unternehmen grösstenteils noch keinen Druck, die Transparenz und Mitbestimmungsmöglichkeiten ihrer Kunden über das gesetzliche Mindestmass hinaus zu erweitern.

9.2 Erfolgsmuster: «Kundennutzen durch Digitale Transformation» – Fazit aus den Fallstudien

Welchen Beitrag kann das Prozessmanagement – über Standardisierung und Effizienzsteigerung hinaus – für die Gestaltung des technologischen Wandels und die Maximierung des Kundennutzens leisten? Welche Rolle spielt dabei die Digitalisierung von Prozessen und Kundenerlebnissen?

Während die Ergebnisse der Online-Befragung ein rein quantitatives Bild vom Status quo vermitteln, erlaubten die Interviews und der eintägige Praxisworkshop mit fünf Unternehmen einen vertieften Einblick in verschiedene Anwendungsszenarien und Lösungsansätze. Die Interviews mit den Firmenvertretern im Vorfeld des Workshops, die Präsentationen und Diskussionen im Workshop sowie die Analyse und Aufbereitung der Fallstudien im Anschluss (Kap. 4–8) schärften nicht nur die Hypothesen, sondern erlauben Rückschlüsse auf mögliche Erfolgsmuster für den Einsatz des Prozessmanagements als Hebel für den digitalen Wandel. Die identifizierten Erfolgsmuster, eingeordnet in das Rahmenwerk der Studie (Abschn. 1.3) sind nachfolgend zusammengefasst (◨ Abb. 9.2).

⯌1 Kundennutzen durch digitale Transformation?

- Externe und interne Kunden mit neuen digitalen oder digital erweiterten Produkten, Dienstleistungen und Interaktionsmöglichkeiten zu überzeugen, gelingt Unternehmen immer noch, indem sie offensichtliche Defizite beziehungsweise Optimierungspotenziale erkennen und adressieren. Kürzere Reaktionszeiten, im Idealfall Echtzeit-Reaktionen und mehrstufige Prozesse oder Wege, die entfallen (eUmzugZH, AMAG), oder eine verbesserte Service- und Beratungsqualität durch die optimierte Verfügbarkeit von Informationen (Swiss Re), mögen keinen «Wow-Effekt» erzeugen, werden von Kunden in allen untersuchten Fallstudien aber geschätzt und noch nicht als selbstverständlich empfunden. Möglich ist dies immer dann, wenn durch diese Optimierungen für Kunden ein relativer Nutzen im Vergleich zu Erfahrungen in der Vergangenheit oder mit anderen Dienstleistungen oder Anbietern entsteht. Kundennutzen als relative Grösse anzuerkennen, hilft Unternehmen, auch ihre digitalen Transformationsaktivitäten zu relativieren, das heisst, abhängig von Reifegrad einer Branche oder eines Marktes pragmatisch vorzugehen und in einem ersten Schritt naheliegende spürbare Verbesserungen für Kunden zu realisieren.
- Betreten Unternehmen mit der Digitalisierung einer Dienstleistung Neuland (AMAG Leasing, eUmzugZH), braucht es hingegen andere Ansätze. In diesen Fällen führt die frühzeitige Einbeziehung der Kundenperspektive zum Erfolg. Kundenbedürfnisse lediglich anzunehmen und in Anforderungen zu formulieren, genügt in diesen Fällen nicht. Interviews zu Haltungen und Erwartungen, Prototyping und Testen verschiedener Szenarien mit Kunden, bevor ein digital erweitertes oder vollständig digitalisiertes Angebot finalisiert und eingeführt wird, stellt sicher, dass Einstiegspunkte, Prozesse und Oberflächen bedarfsgerecht und intuitiv gestaltet werden.
- Die Reduktion von Komplexität steht im Mittelpunkt von Initiativen, die in erster Linie auf Effizienzsteigerung aus interner Perspektive ausgerichtet sind. In der Wirkung zeigt sich jedoch, dass auch Kunden von Standardisierung und Harmonisierung profitieren, indem Leistungen, einfacher zugänglich, transparenter und verständlicher werden (Vontobel, Swisscom). Einfachheit und Konsistenz erzeugen Kundennutzen und lassen sich als Erfolgsmuster auch auf externe Kunden anwenden.

 **Durchgängige Prozesse für Operational & Service Excellence**

- Positive Kundenerlebnisse entstehen, wenn Prozesse durchgängig sind. Gleichzeitig lieferten Defizite in der Durchgängigkeit der Prozesse in allen vorliegenden Fallstudien überzeugende Business Cases für die digitale Transformation.

- Synchrone Kommunikation mit Kunden in digitalen Kanälen zeichnet überzeugende Online-Angebote aus, die Kunden ohne Verzögerung und in einem Schritt die gewünschten Leistungen bereitstellen (AMAG, eUmzugZH). Dies setzt jedoch ein hohes Mass an Automatisierung, implementierter Geschäftslogik (z. B. durch Geschäftsregeln), hohe Datenqualität und Integration im Back-End voraus (Amag, Swiss Re). Interne Kunden und Supportprozesse sind dabei nicht zu vernachlässigen. Ist es Unternehmen gelungen, diese bereits durchgängig zu digitalisieren, können die Erfahrungen und Infrastrukturen als Grundlage für überzeugende Serviceprozesse auch für externe Kunden dienen (Vontobel).

- Integration ist ein Erfolgsschlüssel in allen vorliegenden Fallstudien. Gelingt es CRM-Systeme oder Kundendatenbanken, interne und externe Systeme, Datenquellen und Ablagen auf effiziente Art und Weise zu integrieren, beschleunigt dies die Implementierung durchgängiger Prozesse. Service-orientierte Architekturen (AMAG, eUmzugZH) und plattformbasierte Ansätze über BPM-Lösungen (Swiss Re) stellen effiziente und unternehmensweite Grundlagen für die Prozessintegration zur Verfügung.

Produkt- & Service-Innovationen befähigt durch ein digitalisiertes Rückgrat

- Unternehmen, die Prozesse im Back-End bereits durchgängig digitalisiert haben, können Innovationschancen im Front-End rascher ergreifen und sich so Wettbewerbsvorteile sichern (AMAG). Werden solche Potenziale erkannt, können sich Geschäftsbereiche oder -funktionen neu positionieren und ihre Rolle in der Organisation beziehungsweise der Wertschöpfungskette verändern (AMAG, Vontobel).

- Moderne und intuitive digitale Arbeitsplätze sind wichtige Voraussetzungen für Unternehmen, deren Strategien auf die Erschliessung neuer Märkte und Kundensegmente ausgerichtet sind (Swiss Re, Vontobel). Neue, häufig global verteilte Mitarbeitende sind so rasch produktiv und können in global harmonisierten Prozessen und Instrumenten kollaborieren und Kunden bedienen. Unternehmen, die den digitalen Arbeitsplatz auf diese Weise innovieren, finden das optimale Mass an Standardisierung und Flexibilisierung, um Wissensarbeitende von Routinearbeiten zu entlasten und in ihren Entscheidungen zu unterstützen.

- Auch die Standardisierung in Bereitstellungsprozessen kann Produkt- und Service-Innovationen unterstützen, indem sie die Time-to-Market verkürzt (Swisscom). Dabei wenden Unternehmen Ansätze aus der industriellen Fertigung nicht nur auf Prozesse, sondern auch auf Produkte und Dienstleistungen an. Resultate sind Produkt- und Dienstleistungskataloge mit einer grossen Leistungsbreite und -tiefe, aus denen im Baukastenprinzip Leistungen individuell kombiniert und bezogen werden können.

- Plattformen, die Partner vernetzen, um neue Dienstleistungen und Produkte zu erbringen und durchgängige Prozesse über die Unternehmensgrenzen hinaus mit Partnern in der Wertschöpfungskette ermöglichen, können das Geschäftsmodell erweitern oder verändern. Im öffentlichen Sektor lassen sich die Ergebnisse solcher E-Government-Innovationen in Referenzmodellen abbilden und so deren flächendeckende Ausdehnung für die Bevölkerung beschleunigen (eUmzugZH).

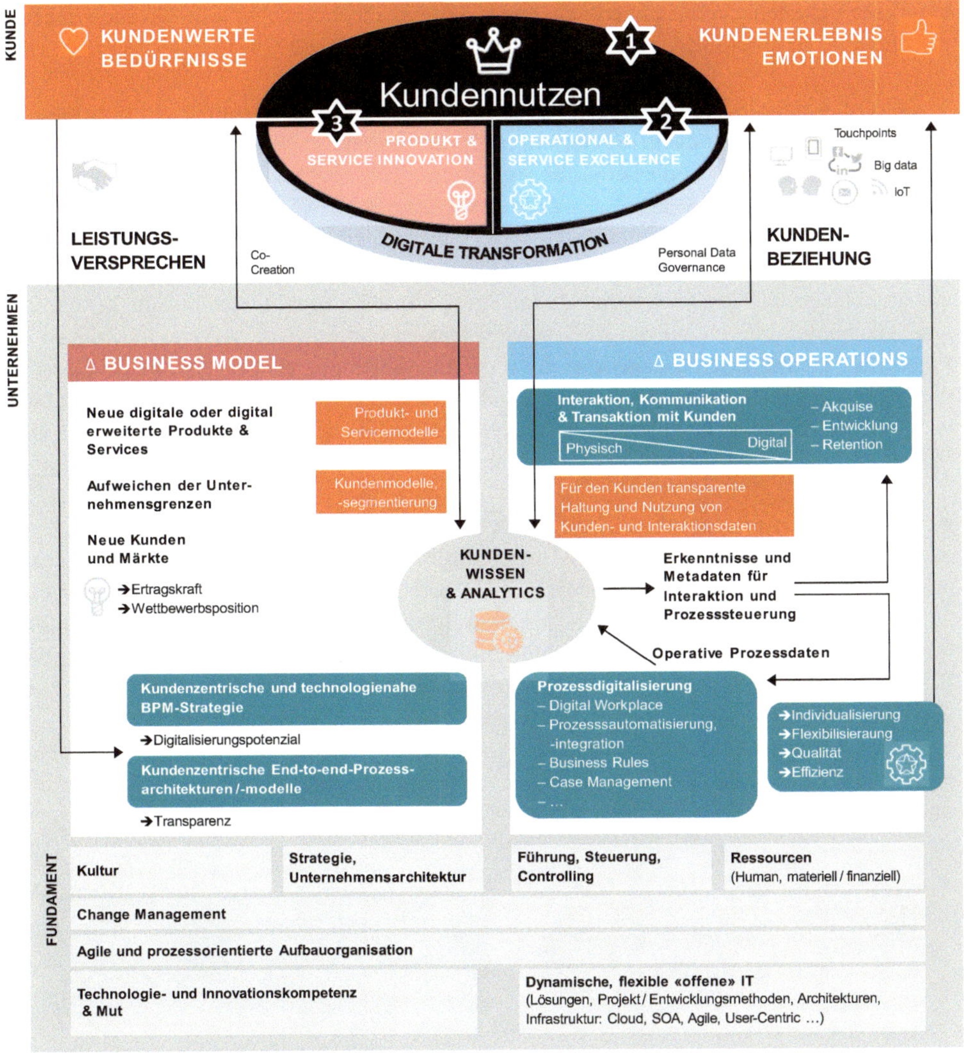

Abb. 9.2 Kundennutzen durch digitale Transformation? – Rahmenwerk der Studie

9.3 BPM Quo Vadis? – Prozessmanagement als Gestaltungshebel der Digitalen Transformation

Bietet das Hype-Thema «digitale Transformation» die Chance, Prozessmanagement in einem ganz neuen Licht zu betrachten? So lautete die Eingangsfrage der BPM-Studie 2016. Der Beitrag, den das Prozessmanagement zur Gestaltung des digitalen Wandels leisten kann, ist unbestritten. Isoliert sind die damit verbundenen Herausforderungen jedoch nicht zu bewältigen. Das Prozessmanagement muss sich aktiv mit den Paradigmen, Methoden und Werkzeugen anderer Managementdisziplinen auseinandersetzen. Gelingt es Synergien mit den Kräften des Innovationsmanagements, Enterprise Architecture Managements, Wissensmanagements und

Customer Experience Managements zu nutzen, können Chancen, aber auch Grenzen der Prozessdigitalisierung sehr viel wirksamer ausgelotet werden (Abb. 9.3).

- **Technologienah und strategisch – BPM und Geschäftsarchitekturen als Impulsgeber**
Transparenz und Effizienz sind die etablierten Gradmesser für die Wirksamkeit des Prozessmanagements. Unternehmen, die bereits über ein strategisch ausgerichtetes, unternehmensweites Prozessmanagement sowie Prozesslandkarten verfügen, können diese wertvolle Ausgangsbasis nutzen, um Digitalisierungspotenziale systematisch zu identifizieren. Voraussetzung ist eine enge Verzahnung der Prozessarchitektur und -modelle mit der Geschäfts- und Informationssystemarchitektur. Die konzertierte Modellierung von Prozessen, Geschäftsfähigkeiten, Rollen, Stakeholdern, Zielen bis hin zu Geschäftsobjekten und Business Services im Kontext des Enterprise Architecture Management kann die Identifikation relevanter Business Cases für die Prozessdigitalisierung systematisieren und deren nahtlose Spezifizierung in implementierungsfähige Use Cases beschleunigen. In diesem Modus kann das Prozessmanagement auch Impulse für das Innovationsmanagement in interdisziplinären Teams geben.

- **Flexibel und transparent – «Data-Centric BPM»**
Bereits in der BPM-Studie 2015 zum Thema «Prozessintelligenz» wurde die schwach ausgeprägte Nutzung operativer Prozessdaten in Unternehmen thematisiert (Brucker-Kley et al. 2015). Die Studie 2016 bestätigt dieses Defizit in Bezug auf die Nutzung von Kunden- und Bewegungsdaten für die Optimierung und Flexibilisierung von Prozessen. Reaktionsfähigkeit in Echtzeit bedeutet hohe Anforderungen und die Daten- und Prozessintegration. Das fachliche und operative Prozessmanagement kann wertvolles Wissen über Kunden nur nutzen, wenn es Kompetenzen mit den Disziplinen Business Intelligence und Data Governance bündelt. Nicht ausser Acht gelassen werden darf dabei der Anspruch der Kunden auf eine selbstbestimmte und transparente Haltung und Nutzung der Daten.

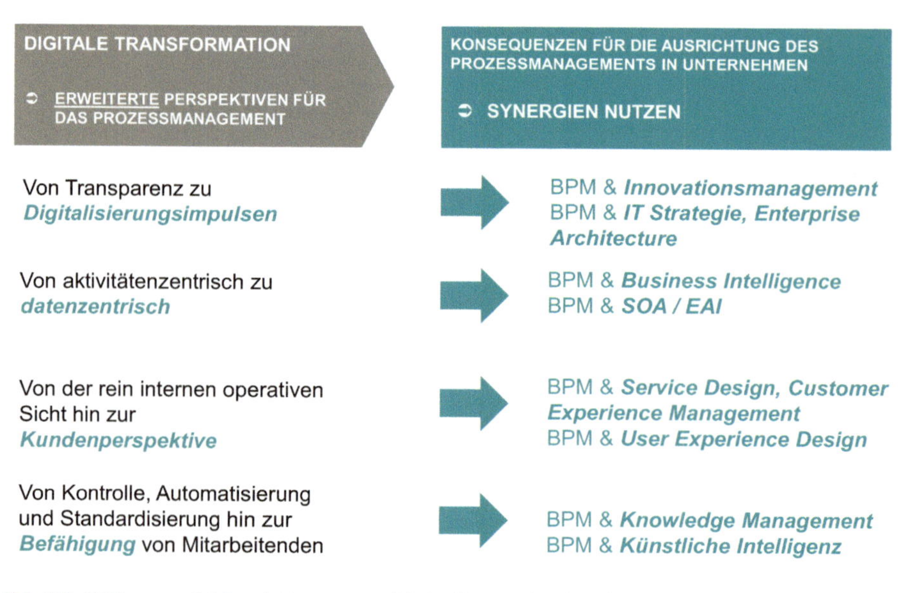

Abb. 9.3 BPM quo vadis? Entwicklungspotenziale im Kontext des digitalen Wandels

- **Wissenbasiert und intuitiv – «Employee-Centric BPM»**

Die Schaffung innovativer und attraktiver «Digital Workplaces» ist ein aktuell intensiv bearbeitetes Aktionsfeld von Unternehmen im Kontext der digitalen Transformation. Einerseits haben Unternehmen also erkannt, dass moderne Arbeitsplätze eine wesentliche Voraussetzung für modernes und kundenorientiertes Arbeiten darstellen. Andererseits fristen selbstlernende Methoden (z. B. Adaptive Case Management), die Wissensarbeitende im Push-Modus mit relevanten Informationen und Handlungsalternativen versorgen, immer noch ein Schattendasein. Will das Prozessmanagement einen Beitrag zur Unterstützung wissensintensiver Prozesse und attraktiver digitaler Arbeitsplätze leisten, muss es den Horizont über die Automatisierung standardisierter Prozesse hinaus in Richtung Knowledge Management und Künstliche Intelligenz erweitern.

- **Perspektivenwechsel – «Customer-Centric BPM»**

Unternehmen setzen zunehmend Methoden ein, um Kundenerlebnisse zu verbessern und Kundenbedürfnisse frühzeitig in die Entwicklung neuer Produkte und Dienstleistungen einzubeziehen. Die konsequente Einnahme der Kundenperspektive ist bei der Entwicklung von Personas oder Customer Journeys selbstverständlich. Das Prozessmanagement hingegen entwirft und optimiert Prozesse in der Regel aus rein interner, operativer Perspektive. Herausragende Kundenerlebnisse bedingen jedoch sowohl eine optimale Gestaltung der Customer Touchpoints als auch durchgängige Prozesse. Die Potenziale eines Zusammenwirkens von Prozessmanagement und Marketing sowie Customer Experience Management gilt es daher zu nutzen, unter anderem um besser abzuschätzen, wann und wo Prozessdigitalisierung den Kundennutzen erhöhen oder gar minimieren oder zerstören kann.

Literatur

Brucker-Kley, E., Kykalová, D., Grünert, D., Keller, T., Schertenleib, R., Schlatter, U., & Schwer, K. (2015). Business Process Management 2015: Status quo und Best Practices »Prozessintelligenz« – Eine Studie des Instituts für Wirtschaftsinformatik. Winterthur: ZHAW School of Management and Law.

Anhang

Anhang zur quantitativen Studie

Denisa Kykalová

© Der/die Autor(en) 2018
E. Brucker-Kley et al. (Hrsg.), *Kundennutzen durch digitale Transformation*,
https://doi.org/10.1007/978-3-662-55707-5_10

10.1   Teilnehmerkreis der Online-Befragung

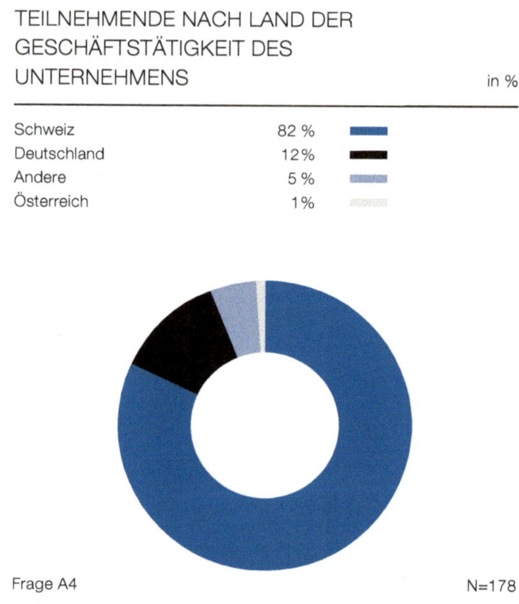

◧ Abb. 10.1   Teilnehmende nach Land der Geschäftstätigkeit des Unternehmens

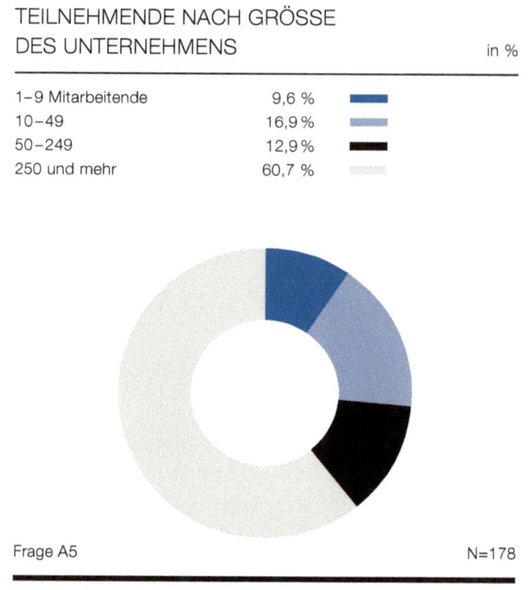

◧ Abb. 10.2   Teilnehmende nach Grösse des Unternehmens

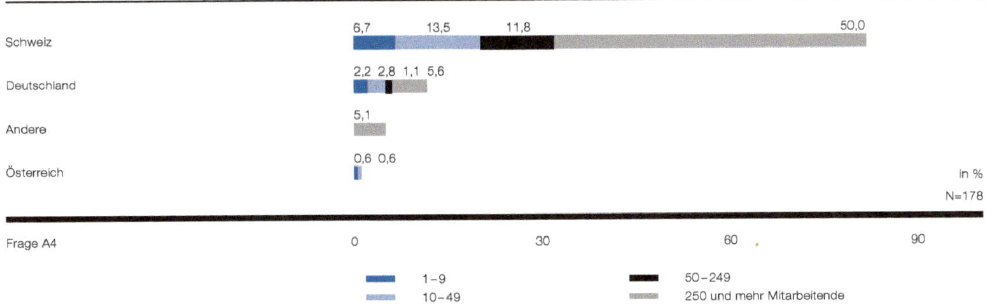

Abb. 10.3 Teilnehmende nach Land und Unternehmensgrösse

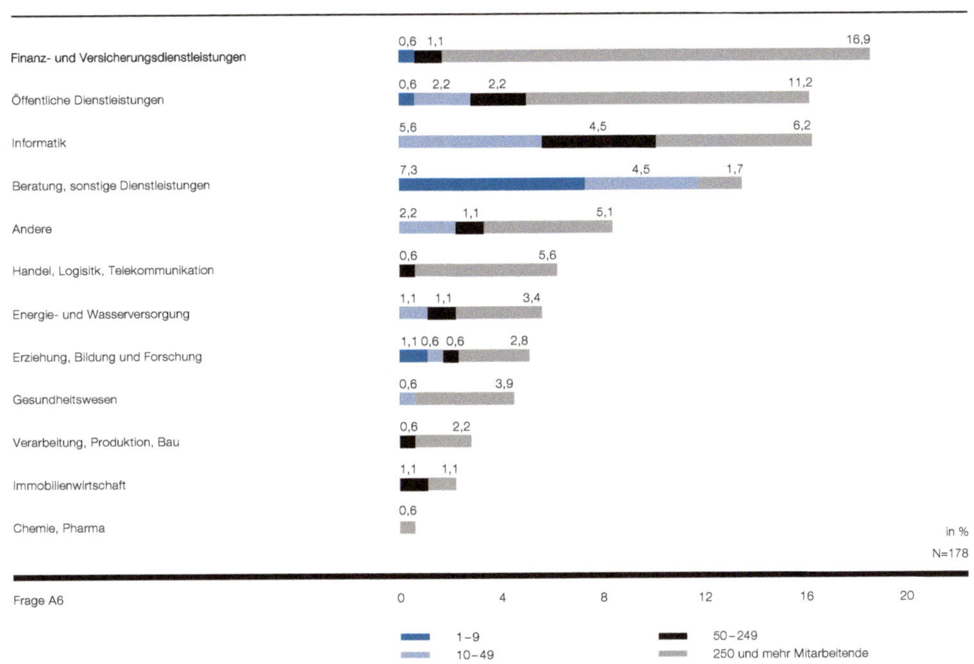

Abb. 10.4 Teilnehmende nach Branchengruppe

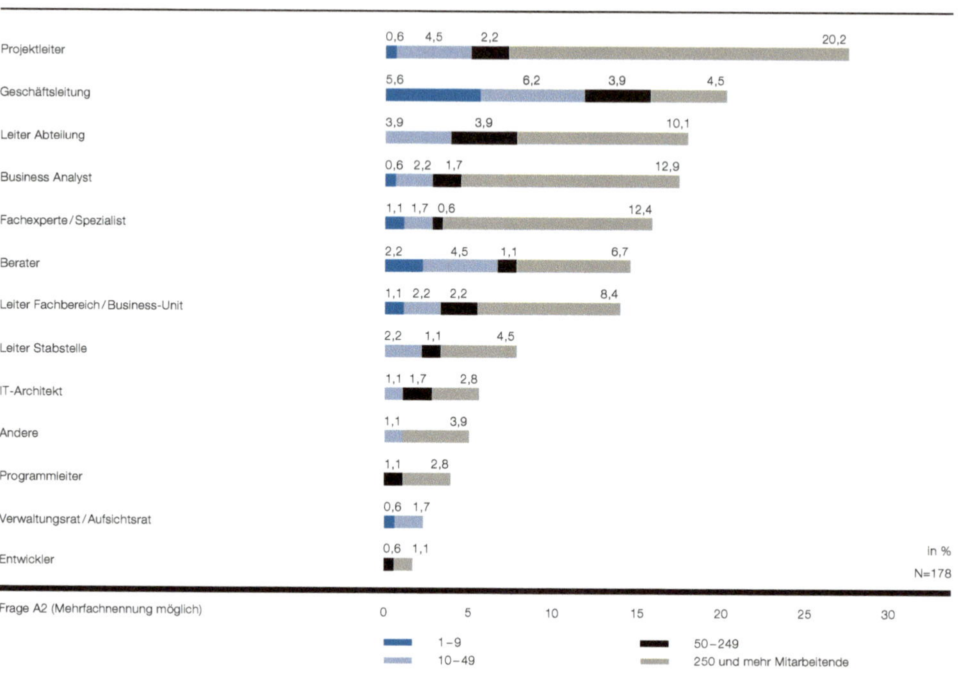

▣ Abb. 10.5   Teilnehmende nach Position

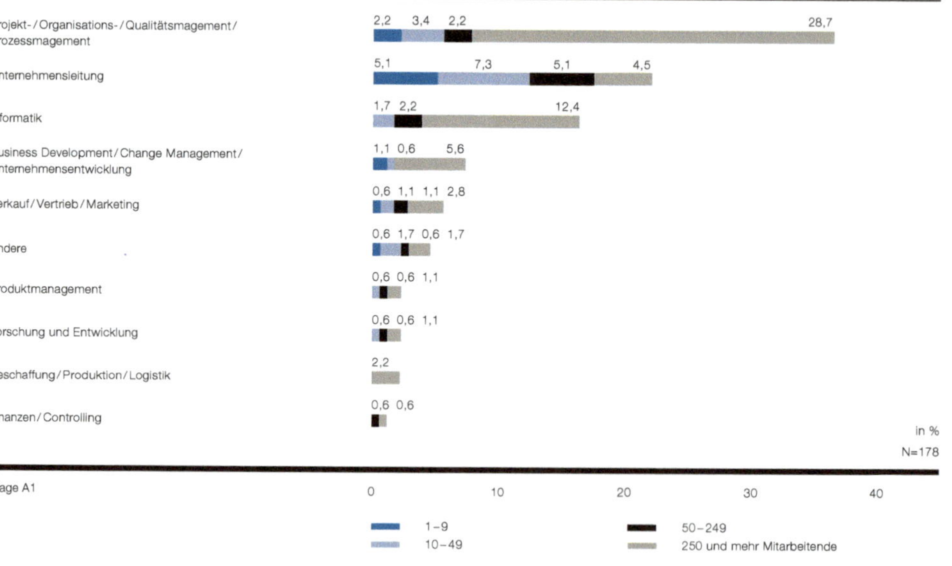

▣ Abb. 10.6   Teilnehmende nach Funktionsbereich

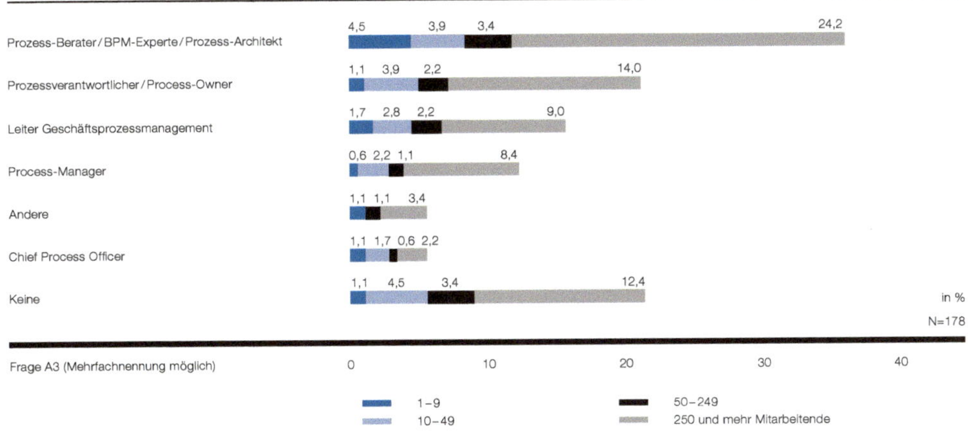

◘ Abb. 10.7   Teilnehmende nach Wahrnehmung einer Prozessfunktion

10.2   Fragenkatalog der Online-Befragung

	Fragen und Antwortmöglichkeiten	Antworttyp
A – Allgemeine Fragen		
A1	**In welchem Funktionsbereich Ihres Unternehmens sind Sie tätig?**	Single
	Unternehmensleitung	
	Forschung und Entwicklung	
	Beschaffung/Produktion/Logistik	
	Verkauf/Vertrieb/Marketing	
	Business Development/Change Management/Unternehmensentwicklung	
	Projekt-/Organisations-/Qualitätsmanagement/Prozessmanagement	
	Produktmanagement	
	Finanzen/Controlling	
	Personalwesen	
	Informatik	
	Anderes – Bitte nennen:	
A2	**Welche Position haben Sie in Ihrer Organisation?**	Mehrfach
	Verwaltungsrat/Aufsichtsrat	
	Geschäftsleitung	
	Leiter Fachbereich/Business-Unit	
	Leiter Stabstelle	
	Leiter Abteilung	
	Business Analyst	
	Entwickler	
	Projektleiter	
	Programmleiter	
	Berater	
	IT-Architekt	
	Fachexperte/Spezialist	
	Anderes – Bitte nennen:	

Fragen und Antwortmöglichkeiten	Antworttyp
A3 Üben Sie eine Prozessfunktion aus?	Mehrfach
Keine	
Chief Process Officer	
Leiter Geschäftsprozessmanagement	
Prozess-Berater/BPM-Experte/Prozess-Architekt	
Prozessverantwortlicher/Process-Owner	
Prozess Manager	
Andere – Bitte nennen:	
A4 In welchem Land ist Ihre Organisation primär tätig?	Mehrfach
Schweiz	
Deutschland	
Österreich	
Anderes – Bitte nennen:	
A5 Wie viele Mitarbeitende zählt Ihre Organisation weltweit?	Single
1–9	
10–49	
50–249	
250 und mehr	
A6 Welcher Branche gehört Ihre Organisation an?	Single
Energie- und Wasserversorgung	
Verarbeitung, Produktion, Bau	
Chemie, Pharma	
Immobilienwirtschaft	
Handel, Logistik, Telekommunikation	
Öffentliche Dienstleistungen	
Gesundheitswesen	
Beratung, sonstige Dienstleistungen	
Finanz- und Versicherungsdienstleistungen	
Erziehung, Bildung und Forschung	
Informatik	
Andere – Bitte nennen:	

Fragen und Antwortmöglichkeiten	**Antworttyp**
B – BPM-Ziele & Digitalisierungs-Aktivitätsbereiche	
B1 **Welche strategischen Ziele treiben ihr Prozessmanagement? Bitte kreuzen Sie die DREI aktuell wichtigsten an.**	Mehrfach
Transparenz (für z. B. Prozessbewusstsein, Qualitätssicherung, Erfüllung Regulatorischer Vorschriften, Risikomanagement)	
Wirtschaftlichkeit (Effizienz, Produktivität, Ertragskraft)	
Flexibilität (Personalisierung von Prozessinstanzen, rasche Anpassung von Prozessen an sich ändernde Rahmenbedingungen)	
Kundenzufriedenheit/-nutzen	
Innovation (Produkte, Dienstleistungen, Geschäftsmodell)	
Andere – Bitte nennen:	
B1a **Bitte priorisieren Sie diese Ziele, indem Sie sie in die richtige Reihenfolge auf der rechten Seite ziehen (höchste Priorität= zuoberst)**	Priorisierung
B2 **Haben Sie Projekte oder Geschäftsfähigkeiten in den folgenden Bereichen der digitalen Transformation?**	nein – wird evaluiert/getestet – wird aktuell realisiert – bereits realisiert
Einsatz neuer Technologien an der Schnittstelle zu externen Kunden und Endgeräten/Dingen (Social Media, Mobile, Cloud, Internet der Dinge)	
Einsatz neuer Verfahren der Datensammlung und Analyse (Big Data, Kundenkontext, Lokalisierung, predictive analytics)	
Einsatz neuer Technologien, um Mitarbeitende flexibler/mobiler und effektiver zu unterstützen (digital workplace)	
Automatisierung/Digitalisierung durchgängiger Prozesse (Workflow, Prozessintegration)	
Digitale Erweiterung bestehender Produkte/Dienstleistungen	
Entwicklung neuer digitaler Produkte/Dienstleistungen	
Aufbau/Teilnahme an digitalen Plattformen/Netzwerken mit Partnern (zur Realisierung unternehmensübergreifender Prozesse und Angebote)	
Sicherstellung von Datenschutz und Datensicherheit im Kontext der Digitalisierung von Prozessen und Kundeninteraktionen	
Optimierung der User Experience (Nutzungserlebnis von Websites, Apps und anderen SW-Oberflächen)	
Wir haben eine unternehmensweite Strategie und Roadmap für die digitale Transformation	
Andere – Bitte nennen:	

Fragen und Antwortmöglichkeiten	Antworttyp
C – Kundenorientierung	
C1 **Beschäftigt sich Ihre Organisation mit Themen, die die Interaktionen mit Ihren externen Kunden betreffen?**	nie – punktuell/taktisch – systematisch/strategisch
Erweiterung oder Optimierung digitaler Touchpoints/Kanäle	
Erweiterung oder Optimierung physischer Touchpoints/Kanäle (Läden, Verkaufspersonal etc.)	
Durchgängige Kundenerfahrung unabhängig vom Touchpoint/Kanal (physisch und digital)	
Personalisierte Angebote und Kundeninteraktionen (basierend auf Datenauswertung und Kundenkenntnis)	
Flexible, individuell vom Kunden mitgestaltbare Produkte, Dienstleistungen, Interaktionen oder Oberflächen digitaler Touchpoints	
Transparenz und Mitbestimmung der Kunden bei der Sammlung, Haltung und Auswertung persönlicher Daten (Personendaten und Interaktions-/Transaktionsdaten)	
Flexiblere/kompetentere/schnellere Bedienung des Kunden durch Hilfsmittel in der Hand von Mitarbeitenden mit Kundenkontakt (z. B. Wissensdatenbank auf mobilem Gerät)	
Andere – Bitte nennen:	
C2 **Passen folgende Aussagen auf Ihr Unternehmen?**	nein – teilweise – ja
Wir sind mit unseren Aktivitäten im Hinblick auf die Kenntnis der Kundenbedürfnisse führend in unserer Branche	
Kundenorientierung ist in unserer Marketing-/Unternehmensstrategie verankert	
Wir verfügen über die notwendigen Ressourcen (finanziell, personell, Infrastruktur) um die Ausrichtung auf Kundenbedürfnisse voranzutreiben	
C3 **Was unternehmen Sie, um die Bedürfnisse Ihrer Kunden und Ihrer Mitarbeitenden zu erheben?**	nie – gelegentlich – systematisch/regelmässig
Wir analysieren die bei uns eingehenden Beschwerden von Kunden	
Wir befragen Kunden mit Hilfe quantitativer Methoden (z. B. mit Fragebogen)	
Wir befragen Kunden mit Hilfe qualitativer Methoden (z. B. Interviews, Gruppendiskussionen)	
Wir prüfen die Kundenakzeptanz von neuen Angebotskonzepten (Prototypen) direkt mit Kunden (z. B. in Produkttests) bevor wir neue Produkte, Dienstleistungen, Interaktionsformen einführen	
Wir nutzen die «Customer Journey», um Bedürfnisse unserer Kunden prozess- und interaktions-orientiert zu erheben	

Fragen und Antwortmöglichkeiten	Antworttyp
Wir beobachten Kundenmeinungen in Bezug auf unser Unternehmen im World Wide Web (Social Media Monitoring)	
Wir haben Zugriff auf eine Kunden-Community, die bei kundenspezifischen Fragestellungen/Themen aktiv mit uns zusammenarbeitet	
Wir nutzen die «Employee Journey«, um die Berührungspunkte der Mitarbeitenden von der Rekrutierung an abzubilden, und die Arbeitsumgebung danach zu gestalten	
Wir erheben Kennzahlen, die implizit Rückschlüsse auf die Kundenzufriedenheit bzw. den Kundennutzen zulassen (z. B. Verweilzeit auf der Website, Zuwachs Up- und Cross-selling, Anzahl Service-Anfragen, Anzahl Reklamationen)	
Wir sammeln Daten über Einzelkunden und/oder Kundensegmente und werten sie aus	
Andere – Bitte nennen:	
C3a Nutzen Sie die Erkenntnisse der «Customer Journey» für die kundenorientierte Gestaltung/Optimierung Ihrer Prozesse? Ja Nein *Kann ich nicht beurteilen*	Single
C3b Nutzen Sie die Erkenntnisse der «Employee Journey» für die mitarbeiterorientierte Gestaltung/Optimierung Ihrer internen Prozesse und Abläufe (z. B. Rekrutierung, Personalentwicklung)? Ja Nein *Kann ich nicht beurteilen*	Single
C4 Aus welchen Quellen und wie häufig erheben Sie Kundendaten und Daten, die sie nutzen, um Rückschlüsse auf das Kundenverhalten zu ziehen? Dediziert erstellte Kundendatenbanken bzw. CRM-Systeme (Customer Relationship Management) Kern- und Transaktionssysteme Auswertungen von Kundenumfragen und Kundenfeedbacks/-reklamationen Soziale Medien (Soziale Netzwerke, Foren, Blogs, Bewertungsplattformen etc.) Sensoren/Wearables/Dingen (Internet of Things) Auswertungen von Bewegungs- und Kontextdaten (aus Web-Analyse- bzw. anderen Tracking-Tools, Lokalisierungsdaten) *Andere – Bitte nennen:*	nie – gelegentlich – systematisch/regelmässig

	Fragen und Antwortmöglichkeiten	Antworttyp
C5	**Wir nutzen unsere Kundendaten …**	Mehrfach
	… um Tendenzen, Muster und Entwicklungen zu erkennen und diese für individuelle Empfehlungen oder Reaktionen zu nutzen (predictive analytics)	
	… um neue Produkte und Dienstleistungen zu entwickeln oder bestehende anzupassen	
	… um das Kundenerlebnis für bestehende Kunden zu verbessern (z. B. Optimierung Website, Ladengestaltung)	
	… für die Prozessausführung, um einen Prozessverlauf in Echtzeit kunden-/kontextspezifisch anpassen zu können	
	… für das Prozessdesign, um Prozesse mit Blick auf Kundenorientierung zu gestalten und zu optimieren	
	… nicht	
	Andere – Bitte nennen:	
C6	**Können ihre Kunden auf die Daten, welche Sie über sie sammeln, Einfluss nehmen? «Unsere Kunden …**	Mehrfach
	… wissen nicht, welche Daten wir über sie sammeln	
	… geben uns ihr Einverständnis, bestimmte Daten über sie zu sammeln	
	… können veranlassen, dass bestimmte Daten nicht gesammelt oder gelöscht werden	
	… können bestimmen, ob und wofür wir ihre Daten auswerten	
	… können bestimmen, welche Informationen sie von uns regelmässig erhalten wollen»	
	Andere – Bitte nennen:	
C7	**Unser CRM-System …**	Mehrfach
	Wir haben kein CRM-System	
	Wir unterhalten eine oder mehrere Kundendatenbanken/CRM-Systeme	
	… liefert Kundendaten in vollständig oder teilweise automatisierte Prozesse (Schnittstelle/Systemintegration)	
	… wird mit Daten aus der operativen Prozessausführung befüllt (Transaktionsdaten, Interaktionsdaten)	
	… liefert kundenbezogene Daten für Analysen und Berichte	
	Andere – Bitte nennen:	

	Fragen und Antwortmöglichkeiten	Antworttyp
D – Operational und Service Excellence & BPM		
D1	**Gehören folgende Tätigkeiten in Ihrem Unternehmen zum Alltag?**	nie – gelegentlich – systematisch/regelmäßig
	Drucken von Dokumenten zur Erledigung von Aufgaben	
	Scannen von Dokumenten	
	Mehrfacheingaben von gleichen Informationen in unterschiedliche Informatiksysteme	
	Handschriftliches Unterschreiben von Dokumenten (im Gegensatz zu digitaler Unterschrift)	
	Individuelle Suche von Informationen (in unterschiedlichen Systemen und Nachfragen bei Personen), um Entscheide treffen zu können	
D2	**Erheben/Identifizieren Sie folgende entscheidungsunterstützenden Informationen?**	nie – gelegentlich – systematisch/regelmäßig
	Erfolgskritische Prozesse (Wettbewerbsperspektive)	
	Für die Kundenerfahrung oder -zufriedenheit kritische Prozesse	
	Standardisierungs- und Automatisierungspotenzial	
	Digitalisierungspotenziale (über reine Standardisierung/Automatisierung hinaus, z. B. Kollaboration, Kundeninteraktion, Flexibilisierung etc.)	
	Potenzial für Prozessintegration über Unternehmensgrenzen hinweg (mit Partnern, Lieferanten)	
	Out/Sourcing-Potenzial	
	Optimierungspotenzial der User Experience (Nutzungserlebnis von Websites, Apps und anderen SW-Oberflächen)	
	Andere – Bitte nennen:	
D2a	**Wo legen Sie den Fokus bei der Optimierung der User Experience (Nutzungserlebnis von Websites, Apps und anderen SW-Oberflächen)?**	Mehrfach
	Auf externe Kunden	
	Auf Mitarbeitende	
	Auf Partner/Kooperationen	
	Andere – Bitte nennen:	
D3	**Visualisieren Sie Kundeninteraktionen und -bedarf in Ihren Prozessmodellen und -Landkarten?**	Mehrfach
	Nein, wir modellieren weder Prozesslandkarten noch Prozesse	
	Nein, wir modellieren Prozesse nur aus unserer internen Sicht, ohne die Kunden und die Interaktionen mit Ihnen explizit zu modellieren	
	Ja, in unseren Prozesslandkarten	
	Ja, in einzelnen Prozessmodellen	
	Andere – Bitte nennen:	

	Fragen und Antwortmöglichkeiten	Antworttyp
D4	**Wie visualisieren Sie Kundeninteraktionen in Ihren Prozesslandkarten?**	Mehrfach
	Wir visualisieren den Kunden unspezifisch als Block auf der obersten Ebene unserer Prozesslandkarte	
	Wir visualisieren unterschiedliche Kundengruppen auf unserer Prozesslandkarte	
	Wir visualisieren unsere Wertschöpfung als End-to-End-Prozesse auf Ebene Prozesslandkarte (konsequent ausgehend vom Kundenbedarf und durchgehend bis zur Leistungserfüllung für den Kunden)	
	Wir kennzeichnen Prozesse, bei denen wir Kundenkontakt haben und welche für Kundenzufriedenheit/-erfahrung besonders kritisch sind	
	Andere – Bitte nennen:	
D5	**Wie visualisieren Sie Kundeninteraktionen in Ihren einzelnen Prozessmodellen?**	Mehrfach
	Wir visualisieren am Prozess beteiligten Kunden mit einem Symbol (Pool, Lane, Swimmlane, …)	
	Wir unterscheiden zwischen Kundengruppen durch Nutzung verschiedener Symbole, Farben oder anderer Markierungen	
	Wir beschriften die Interaktionen mit Detailinformationen oder stellen diese visuell durch Symbole/Farben dar (z. B. Beschriftung der Nachrichtenflüsse mit Kommunikationskanaltyp wie Telefon, E-Mail, Brief, Online etc.)	
	Wir stellen die mit dem Kunden ausgetauschten Geschäftsobjekte mit einem Symbol dar und geben den angestrebten Zustandsstatus an	
	Wir kennzeichnen die für Kundenzufriedenheit kritischen Interaktionen speziell	
	Andere – Bitte nennen:	
D6	**Welche Methoden setzen Sie ein, um die Flexibilität und Kontextsensitivität Ihrer Prozesse zu ermöglichen?**	Mehrfach
	Keine	
	Formalisierte Geschäftsregeln (um die Ausführung komplexer Prozesse zu steuern, z. B. durch eine Business Rules Engine)	
	Formalisierte Ereignisregelung (um auf Ereignisse in der Prozessausführung reagieren zu können, z. B. durch eine Event Engine)	
	Zugriff auf Wissensbasen (um Entscheide in der Prozessausführung zu unterstützten)	
	Adaptive Case Management (um Entscheidungen und Prozesssteuerung in wissensintensiven und nur teilweise vordefinierbaren Prozessen zu unterstützen)	
	Ad-hoc Workflows (um Prozessbeteiligte/Fachexperten bei der Auslösung/Auswahl/Definition von Aktivitäten in nicht vordefinierbaren Prozessen zu unterstützen)	

Fragen und Antwortmöglichkeiten	Antworttyp
Agile Methoden (um Fachexperten die kollaborative und intuitive Modellierung und Anpassung von Prozessen im Rahmen der Prozessausführung zu ermöglichen, z. B. flexibles, beschleunigtes und praxisnahes Prozess(re)design)	
Prädiktive und selbstlernende Methoden (um auf der Grundlage von Erfahrungsdaten aus vergangenen Prozessdurchläufen, Rückschlüsse auf den Ablauf aktueller und künftiger Prozesse zu ziehen, z. B. durch data mining)	
Andere – Bitte nennen:	
D7 **Welche Methoden setzen Sie ein, um die IT-gestützte Ausführung von Prozessen durchgängig von und zum Kunden zu realisieren?**	Mehrfach
Keine, die Ausführung unserer Prozesse ist nicht durchgängig, d. h. Medienbrüche sind vorhanden	
Spezifische Applikationen/Komponenten/Formulare, die in eine Website oder App integriert sind und die Dateneingaben des Kunden direkt (ohne Systembrüche) an ein internes System übertragen (z. B. via XML, Webservices) → «Outside-In»	
Anpassung von intern genutzten Applikationen (Oberfläche, Funktionalitäten), so dass sie auch externen Kunden zur Verfügung gestellt werden können → «Inside-Out»	
Eine BPM/Workflow-Lösung/Plattform/Suite, die Prozesse durchgängig vom Kunden-Frontend (Website, Portal, App) hin zu den Backend-Systemen und Datenspeichern implementiert bzw. integriert	
Andere – Bitte nennen:	

Fragen und Antwortmöglichkeiten	Antworttyp
E – Technologie	
E1 **Mit welchen Mitteln reagiert Ihre Informatik auf die Herausforderungen des unternehmerischen und technologischen Wandels?**	Mehrfach

Gar nicht

Durch Serviceorientierung (SOA)

Durch die Adoption von neuen Produkten bzw. neuen Produktfunktionalitäten

Durch Agile Methoden im Projektmanagement und in der Softwareentwicklung

Durch eine bimodale Architektur, die es erlaubt stabile Kern- und Supportapplikationen auf der einen Seite und agile kurzlebigere Lösungen auf der anderen Seite in zwei verschiedenen Umgebungen zu entwickeln und zu betreiben

Durch die kurzfristige Beschaffung oder Entwicklung von sehr spezifischen best-of-breed Lösungen für einzelne Anwendungsfälle

Durch gezieltes Outsourcing bzw. Anbindung von Drittanbietern (z. B. Cloudlösungen), um einen Anwendungsfall komplett oder teileweise abzudecken

Durch die Unterstützung von mobilen Endgeräten (Apps und/oder mobilfähige Webseiten für Mitarbeitende und/oder Kunden)

Durch den Aufbau/Betrieb von Kundenportalen

Andere – Bitte nennen: